John Selby / Zachary Zelig

Das Erwachen
der Kundalini

Anleitung, Übung
und Meditation

Deutsche Erstausgabe

WILHEM HEYNE VERLAG
MÜNCHEN

HEYNE ESOTERISCHES WISSEN
Herausgegeben von Michael Görden
Nr. 08/9680

Für meine liebe Freundin
Kristine von Jutrczenka

Umwelthinweis:
Diese Buch wurde auf
chlor- und säurefreiem Papier gedruckt.

Aus dem Amerikanischen übertragen von Eluan Ghazal

Originaltitel:
KUNDALINI AWAKENING
Erschienen bei Bantam Books, New York, USA

ISBN 3-453-09345-3

Inhalt

Einleitung

In den großen spirituellen Traditionen der Welt finden wir die weise Lehre, daß wir in jedem Augenblick immer genau das erleben, was wir erfahren müssen, um zu einer höheren Ebene der mystischen Selbstverwirklichung fortzuschreiten. Das bedeutet, daß uns das Universum, wenn wir uns nur darauf einstellen, genau in diesem Augenblick den Zugang zu eben den spirituellen Einsichten und Belehrungen gewährt, zu denen wir jetzt bereit sind.

Ich erinnere mich lebhaft daran, wie mich dieser scheinbar magische Prozeß schon im Jahre 1966 auf die Kundalini-Meditation aufmerksam gemacht hat. Es war in einer kalten Novembernacht an der Princeton University, wo ich damals studierte. Wenn ich Ihnen von dem Drama meiner ersten Begegnung mit dem Kundalini-Bewußtsein erzähle, werden Sie vielleicht die spirituelle Erregung und die Verheißung der Meditationstechniken unmittelbar verspüren, die wir in diesem Buch erforschen wollen.

Ich hatte für diesen Abend ein zeitiges Abendessen mit einem guten Freund geplant. Zur verabredeten Zeit rannte ich die zwei Treppen zu den Schlafsälen hoch und betrat seinen Raum, ohne vorher anzuklopfen. Völlig unerwarteterweise fand ich mich plötzlich vor einer wunderschönen Frau wieder, die mit untergeschlagenen Beinen auf dem Bett meines Zimmergenossen saß. Ihr Rückgrat war vollkommen aufrecht, sie hatte die Augen geschlossen, von ihrem Gesicht ging ein Strahlen aus.

Voller Ehrfurcht stand ich vor ihr. Ich hatte Abbildungen von verschiedenen Malereien und Statuen von antiken Buddhas gesehen, die in tiefer Kontemplation versunken waren. Aber da ich in einer bäuerlichen Viehzuchtumgebung aufgewachsen war, wo fernöstliche Meditation einfach nicht existierte, hatte ich niemals zuvor eine lebende Person in einem so mächtigen Zustand innerer Reflexion angetroffen.

Als ich diese Frau so vor mir sitzen sah – ihre Hände ruhten auf ihren Knien, die Handflächen waren nach oben gekehrt, ihre Brüste hoben und senkten sich gleichmäßig, während sie atmete, sie lächelte mit entspannten Lippen wie eine Mona Lisa – da erkannte ich unmittelbar, daß in ihr etwas Außergewöhnliches stattfinden mußte. Fast sichtbar ging eine Art von friedvoller spiritueller Energie von ihr aus. Ich fühlte mich mit etwas grundsätzlich Neuem konfrontiert – mit etwas, das in mir sowohl Angst wie auch intensive Faszination erweckte.

Da stand ich nun und starrte auf sie, aber bevor ich meine Fassung wiedererlangte und das Zimmer verlassen wollte, um ihre Meditation nicht zu stören, öffneten sich ihre Augen langsam und blickten direkt in die meinigen. Keiner von uns sprach ein Wort. Von einem Augenblick zum anderen fühlte ich mich in ein Reich jenseits der normalen Bewußtseinsebenen getragen. Ihr Gesichtsausdruck weitete sich zu einem freundlichen, glückseligen Lächeln. Ich empfand ein höchst eigenartiges und angenehmes Gefühl in der Herzgegend – ein Gefühl, das ich inniger kennenlernte, als ich mit meinen eigenen Kundalini-Übungen begann.

Inzwischen hörten wir Schritte die Treppe heraufkommen, und das brachte uns in gewöhnlichere Bewußtseinszustände zurück. Mein Freund kam ins Zimmer gelaufen und stellte mir die junge Frau als seine Schwester von der Westküste vor, die unerwarteterweise eingetroffen war. Viel mehr wurde nicht gesagt, dann gingen wir zum Abendessen.

Irgendwann zwischen Salat und gebackenen Kartoffeln begann die junge Frau ihrem Bruder über einen spirituellen Lehrer aus Asien zu erzählen, mit dem sie studierte – ein sehr junger, aber bereits voll erleuchteter Mensch, der ihr Verständnis vom Leben vollständig verändert hatte. Ihr Bruder, der kurz vor seinem naturwissenschaftlichen Examen stand und solche esoterischen Themen für den Gipfel unwissenschaftlicher Torheit hielt, begann sofort über ihr Bekenntnis zu witzeln. Sie nahm seinen groben Angriff ohne Widerrede hin und erzählte nichts weiter über ihren neuen spirituellen Weg.

Im Gegensatz dazu hatte ich als erstes den glückseligen, transzendenten Zustand miterlebt, in den ihre Meditationstechnik sie eine Stunde zuvor versetzt hatte, und war nun ganz Ohr, um zu erfahren, mit welchen mentalen Tricks man einen so erleuchteten Zustand erreichen konnte. Als ihr Bruder sich verabschiedete, um eine Abendvorlesung zu besuchen, forderte ich sie auf, mehr über ihre spirituellen Forschungen zu erzählen.

»Die Methode, die ich praktiziere, heißt Kundalini-Meditation«, sagte sie.

»Dieses Wort habe ich noch nie gehört«, gab ich zu. »Was bedeutet es?«

»*Kundalini* ist ein sehr alter Ausdruck aus dem Sanskrit des alten Indien«, erklärte sie. »Er bezieht sich auf die elementare Lebenskraft, die in uns allen ist.«

»Du meditierst also über deine Lebenskraft?«

»Da beginnen wir. Die Kundalini-Energie ist unendlich, aber meistens ist sie in unserem Körper blockiert. Wir brauchen nicht sehr viel davon, um physisch zu überleben.«

»Was ist dann der Zweck deiner Meditation?«

Sie überlegte einen Augenblick und sagte dann: »Es geht darum, sich zu öffnen und tiefer zu erfahren, wer ich wirklich bin – damit mehr Lebenskraft durch meinen Körper fließt. Das beruht auf der Tatsache, daß wir sieben feine Energiezentren in unserem Körper haben. Die Kundalini-Meditation ist ein mächtiger, aber auch angenehmer Weg, um sie alle zu erwecken.«

»Und wie machst du das dann genau ... sie erwecken?«

»Ich fange gerade erst an, es zu lernen«, sagte sie und lächelte wieder auf ihre besondere Weise. »Du müßtest meinen Meister kennenlernen, um es herauszufinden. Es ist ein tiefer Prozeß.«

Sieben Monate später hatte ich bereits mehrere ziemlich schwierige esoterische Bücher über die Kundalini-Meditation gelesen, die die junge Dame mir inzwischen freundlicherweise zugeschickt hatte, und nun flog ich nach San Francisco, um sie zu besuchen. Am nächsten Morgen brachte sie mich zu einem Haus, wo ich ihren Meister, einen jungen Mann aus Burma namens Thakin Kung treffen sollte.

Ich war sofort überwältigt von der besonderen Qualität persönlicher Gegenwart, die dieser Mensch ausstrahlte. Er war nur fünf oder sechs Jahre älter als ich, aber er besaß eine innere Gewißheit, eine persönliche Kraft und ein aus tiefem Herzen empfundenes Mitgefühl, das mich einfach überwältigte. Ich setzte mich hinten in den Raum. Ungefähr dreißig Leute saßen mit untergeschlagenen Beinen auf den Kissen und meditierten. Während der ganzen nächsten Stunde empfand ich – nur durch die Gegenwart eines so fortgeschrittenen Kundalini-Lehrers – ein plötzliches Aufwallen von intensiver spiritueller Energie in meinem ganzen Körper, das mich in höchstes Staunen versetzte.

Die nächsten Wochen waren ein idyllischer Traum im Vergleich zu meinem normalen Leben in Princeton. Jener Sommer 1967 in San Francisco war die erste Blüte der spirituellen und sexuellen Revolution, die bald das ganze Land überziehen sollte. Meine persönliche Erfahrung erwies sich als ein Mikrokosmos des Ganzen: Zweimal am Tag ging ich, um die Kundalini-Kraft mit dem jungen Meister zu studieren, und außerdem trat ich in eine wunderschöne sexuelle Beziehung mit der Frau ein, die mich als erste mit der Kundalini-Kraft bekannt gemacht hatte.

Als meine Ferien dann vorüber waren, kehrte ich zu meinem normalen Leben mit all seinen ständigen Verpflichtungen und Mühen zurück. In San Francisco hatte ich den Geschmack von etwas Wunderbarem und ganz Außergewöhnlichem kennengelernt: Ich hatte persönlich erfahren, daß wir mehr sind als nur ein physischer Körper, daß wir uns tatsächlich unmittelbar auf die unendliche Weisheit und Kraft des Universums einschwingen können, wenn wir bestimmte Meditationstechniken beherrschen, die die Kommunion mit dem Göttlichen fördern.

Ich erkannte aber auch, daß es ohne die ständige Unterstützung meiner Kundalini-Gruppe aus San Francisco äußerst schwierig war, die hohen spirituellen Zustände der Klarheit und inneren Kraft aufrechtzuerhalten, die ich nur kurz erlebt hatte und nach denen ich jetzt hungerte. Ich suchte händeringend nach einem anderen Meditationsmeister, von dem ich lernen konnte, fand aber keinen, auf den ich mich einstimmen konnte.

Unser innerer Meister

Leider gibt es in diesem modernen Leben nur wenige wirkliche spirituelle Meister in der westlichen Gesellschaft, an die wir uns wenden können, um Inspiration und Unterweisung in der Kundalini-Meditation zu bekommen. Und nur allzuoft lehren die Meister, die wie dann doch finden, einen extremen Weg, der jenseits unserer alltäglichen Fähigkeiten liegt.

Ich erinnere mich, daß ich in einen Zustand tiefer Verwirrung und Niedergeschlagenheit geriet, als ich nach Princeton zurückgekehrt war: Ich sehnte mich nach der Gegenwart meines Meisters und bemitleidete mich selbst, weil ich nun von der Quelle meiner spirituellen Inspiration und Unterweisung getrennt war. In einem von meinen zahlreichen esoterischen Büchern hatte ich gelesen, daß niemand ohne einen Meister auf dem spirituellen Weg vorankommen kann. Und da ich in Princeton keinen Kundalini-Lehrer finden konnte, fühlte ich mich von der Welt des Geistes voll und ganz ausgeschlossen.

Aber dann hielt ein bekannter spiritueller Autor namens Alan Watts in einer schicksalhaften Nacht eine Vorlesung auf dem Campus, und nachdem er sie beendet hatte, sprach ich mit ihm über meine Notlage. Alan, der mir später zu einem engen Freund wurde, nahm mich einen Augenblick lang beiseite. Die Worte, die er damals äußerte, höre ich seither immer wieder in meinem Bewußtsein widerhallen:

»John«, sagte er, »führ dich doch nicht selbst hinters Licht! Wir sind alle Meister. Wir alle haben tief in uns ein höheres Selbst, das unendlich und mit allem eins ist. Meditation ist nur der Prozeß, in dem wir das erkennen. Du brauchst nur nach innen zu schauen, anstatt immer nach außen – öffne dich für deinen eigenen inneren Meister. Das ist der eigentliche Sinn der Meditation.«

In vollkommener Übereinstimmung mit der spirituellen Erkenntnis, die ich zuvor erwähnte – nämlich, daß wir immer genau die Lektion bekommen, für die wir jetzt gerade bereit sind –, war Alan genau in dem Augenblick erschienen, als ich ihn brauchte, gerade, als ich bereit war, diese entscheidende Lektion zu lernen. Und während ich dieses Buch schreibe, nehme ich an, daß es für Sie genau dasselbe ist – nämlich, daß Sie dieses Kundalini-Buch, das Sie jetzt in Händen halten, nicht durch reinen Zufall erwischt haben, sondern weil Sie bereit sind, eine wirksame Methode zu erlernen, die Sie in tiefere Einheit mit Ihrer eigenen unendlichen spirituellen Gegenwart bringt.

Nun haben wir zwar alle unseren inneren Meister, der uns bei unseren spirituellen Forschungen hilft, trotzdem zeigt die praktische Erfahrung, daß die echte Dynamik spirituellen Wachstums gerade durch die Kombination von äußeren Empfehlungen und Anleitungen einerseits und der inneren Führung durch unser spirituelles Zentrum andererseits entsteht. Wir brauchen Hilfe von außen, und zwar sowohl allgemeine Inspiration wie auch konkrete Empfehlungen in bezug auf wirkungsvolle Meditationsmethoden. Und solche Anleitungen können wir oftmals durch Bücher bekommen.

Geschriebene Worte, die das spirituelle Wachstum fördern

Ich habe immer wieder beobachtet, daß jedes wirklich gute Werk auf Inspiration beruht. Wenn AutorInnen oder LehrerInnen ihren inneren Meister in ihren Schriften zu Wort kommen lassen, so gewinnen die Worte eine besondere Kraft und einen Geist, der echte Transformation hervorrufen kann.

Wenn Sie sich beim Lesen eines solchen Werkes irgendwie berührt fühlen, so liegt dies daran, daß das höhere Selbst des Autors oder der Autorin unmittelbar mit Ihrem höheren Selbst kommuniziert. Das ist die Magie, die sowohl dem geschriebenen wie auch dem gesprochenen Wort zugrunde liegt. Ich habe dieses Buch geschrieben, um die meditative Weisheit und die praktischen Techniken, die ich während meiner eigenen spirituellen Forschungen erfahren habe, in konkrete Worte zu fassen, damit Sie einen innigen Kontakt mit dem Herz der Kundalini-Meditation in Ihrem eigenen Leben herstellen können. Ich habe das Buch so angelegt, daß es gleichzeitig auf sieben verschiedenen Ebenen zu Ihnen sprechen kann, je nach Ihrem aktuellen Bewußtseinszustand. Wenn Sie niemals zuvor meditiert haben, so werden Sie die grundlegende Hintergrundinformation bekommen, um die innere Reise zu Ihrem spirituellen Zentrum beginnen zu können. Wenn Sie schon Meditationserfahrung haben, so wird Ihnen dieses Buch fortgeschrittenere Ebenen der spirituellen Unterweisung vermitteln, um Ihre spirituelle Evolution zu fördern.

Der Aufbau dieses Buches resultiert aus den Erfahrungen der letzten fünfzehn Jahre, in denen ich Schülern und Patienten erklärt habe, wie sie sich dem

Erwachen der Kundalini-Kraft auf eine sichere, sanfte und angenehme Weise nähern können. Allen Menschen, die mir geholfen haben, dieses Programm zu seiner vorliegenden Klarheit und Gestalt zu verfeinern, bin ich sehr dankbar, und ich freue mich, daß auch Sie von diesen Beiträgen profitieren können.

Kundalini-Meditation

Wie Sie wissen, sind im Laufe der letzten dreitausend Jahre viele Meditationstraditionen auf der ganzen Welt entstanden. Zahllose Generationen haben in tiefem spirituellem Verlangen ihre jeweiligen Theologien und Rituale entwickelt. Trotz all der scheinbaren Unterschiede haben all diese Traditionen ein gemeinsames Ziel: Sie wollen es menschlichen Wesen ermöglichen, die spirituellen Wirklichkeiten des Universums unmittelbarer zu erfahren.

Definitionsgemäß kann es nur *eine* unendliche Gegenwart geben, *eine* universelle Quelle der Schöpfung, *ein* allumfassendes Bewußtsein, in das wir eintauchen können. Obwohl also die verschiedenen menschlichen Zivilisationen ganz unterschiedliche Wege entwickelt haben, um sich der spirituellen Wirklichkeit zu nähern, ist die unendliche Gegenwart, mit der wir verschmelzen wollen, immer dieselbe. Die Kundalini-Meditation ist für das spirituelle Erwachen so wichtig, weil sie nicht auf komplizierten theologischen Argumenten oder kulturell definierten religiösen Konzepten beruht. Die Kundalini-Meditation richtet sich auf die unmittelbare, totale Erfahrung des Göttlichen in uns allen, und nicht auf Glaubenssysteme, die sich auf diese Göttlichkeit beziehen. Deshalb können wir alle die Kundalini-Meditation auf dem Weg unserer spirituellen Entwicklung anwenden, ganz unabhängig von unserer jeweiligen religiösen Erziehung und unseren theologischen Glaubensvorstellungen. Wenn wir einmal gelernt haben, über fixe Vorstellungen hinauszublicken, sind wir frei, um – durch unmittelbare spirituelle Erleuchtung – den strahlenden Kern der Liebe und des Lebens zu erfahren, der im Zentrum unseres persönlichen Bewußtseins liegt.

Die Kundalini-Kraft in der Weltgeschichte

Die Meditationstradition der Hindus des alten Indien ist der Ursprung aller heutigen Kundalini-Meditationsmethoden. Vor mindestens viertausend Jahren entwickelten einige große spirituelle Meister den Yoga-Pfad zur mystischen Erleuchtung, wie man ihn dann später nannte. Dieser Weg beinhaltete das regelmäßige Üben von Körperbewegung und Hatha-Yoga-Haltungen, genau abgestimmte Atemmeditationen, hingebungsvolle Handlungen in der eigenen Gemeinschaft, das Singen von bestimmten Klängen und Beschwörungsformeln, die Meditation auf visuelle Bilder und die Konzentration auf die sieben Energiezentren oder »Chakren«, die senkrecht übereinander entlang der Wirbelsäule angeordnet sind.

Die Kundalini-Meditation betrachtete man als die höchste Form dieser alten Yogatradition. In vielen verschiedenen Variationen und Graden der Intensität wird sie auch heute noch von Millionen von Menschen praktiziert, und zwar sowohl in der Tradition des

Buddhismus wie auch des Hinduismus. Aber erst in den letzten Generationen ist diese umfassende spirituelle Tradition auch für Menschen des Westens zugänglich geworden, die den Prozeß des spirituellen Erwachens ganz konkret und pragmatisch nachvollziehen wollen.

Die Kundalini-Meditation kann heute ein weites Publikum ansprechen, weil sie einen klaren, auf Erfahrung beruhenden Weg anbieten kann, auf dem unser profanes Bewußtsein die Gegenwart unserer wirklichen spirituellen Natur erfahren kann. Durch die Kundalini-Meditation können wir unseren üblichen Gedankenfluß beruhigen, der normalerweise die tiefe spirituelle Reflexion blockiert. In diesem ruhigen Bewußtseinszustand können wir dann beobachten, wie die unendliche Lebenskraft durch unseren Körper fließt, und an diesem Prozeß teilnehmen. Und wenn wir regelmäßig meditieren, werden wir schließlich ein äußerst eindrucksvolles Phänomen unmittelbar am Zentrum unseres Seins erleben: den strahlenden Blitz der Erleuchtung, der uns in unmittelbaren Kontakt mit der göttlichen Schöpfungskraft bringt, die alles Leben durchgeistet.

Die Befreiung der Kundalini-Kraft von esoterischen Obertönen

Zum Glück hatte ich einen Großvater, der selbst ein tiefer spiritueller Meister war, obwohl er als Viehzüchter vom alten Schlag eine solche Rolle nie nach außen hin gespielt hat. Er lehrte oder, genauer gesagt, demonstrierte durch sein eigenes Leben, was wir tun müssen, um unser Leben voll zu leben: Wir müssen lernen, unseren chronischen Gedankenfluß, unsere verschrobenen religiösen Vorstellungen, unsere abergläubischen Phantasien und theologischen Glaubenssysteme loszulassen und die Tiefen und Höhen unseres spirituellen Lebens unmittelbar durch eigene Erfahrung zu erleben.

Noch während ich an meiner Doktorarbeit über vergleichende Religionswissenschaften arbeitete und mich in formalen Therapiemethoden fortbildete, kehrte ich regelmäßig zu Großvaters Ranch zurück, um ihm aufmerksam zuzuhören und die Art der Kontemplation, die er ausstrahlte, in mich aufzunehmen. Durch sein spirituelles Beispiel konnte ich bei meiner ersten Begegnung mit der Kundalini-Meditation unmittelbar spüren, daß diese Methode einen wichtigen Schlüssel für ein schnelles Fortschreiten in der spirituellen Richtung bot. Sein Beispiel ermöglichte es mir auch, mich von allerlei esoterischem Ballast zu befreien, den Kundalini-Autoren und Lehrer oftmals auftischen. Wenn Sie früher schon einmal von der Kundalini-Meditation gehört haben, so wurde sie Ihnen sicher als eine höchst esoterische Tradition vorgestellt, die äußerst schwierig zu meistern, ja sogar geradezu gefährlich ist, wenn man sie erforschen will. Die Presse hat dieses verzerrte Bild der Kundalini-Meditation gefördert, weil es gute Schlagzeilen liefert. Ich kann mich beispielsweise erinnern, gelesen zu haben, daß Kundalini-Energie so ähnlich wie Atomenergie ungeheure Kräfte beinhaltet und das Nervensystem schwer schädigen kann, wenn sie entfesselt und nicht mit äußerster Behutsamkeit behandelt wird. Wenn unausgeglichene Menschen in extreme Situationen geraten, so kann dies natürlich stimmen. Wenn man wirksame Meditationssysteme erforscht, so sollte man Extreme möglichst vermeiden.

Zum Glück erfolgte meine erste Einführung in die Kundalini-Meditation durch einen der wenigen wirklichen Meister, der mit einer vernünftigen, nichtesoterischen, vollkommen sicheren Methode der Kundalini-Meditation in den Westen kam. Dieser Mann, Thakin Kung, den ich bereits erwähnt habe, war nur einige wenige intensive Jahre als Lehrer für die Erweckung der Kundalini-Kraft öffentlich unter uns. Aber sein auffallend praktischer Zugang zu den alten Kundalini-Lehren, gemildert durch die burmesische Interpretation der indischen und tibetischen Tradition, hat sich durch das Leben und Lehren seiner Schüler über unsere ganze gegenwärtige spirituelle Gemeinschaft hin verbreitet.

In diesem Buch möchte ich diesen praktischen, nicht-esoterischen Zugang zur Kundalini-Erleuchtung in einer Form darbieten, die es uns allen ermöglicht, uns schnell einzustimmen und sie auf unser alltägliches Leben anzuwenden. Ich habe diese Meditationstechniken kontinuierlich an spirituelle Schüler wie auch an Patienten, die zu mir in die Therapie kamen, weitergegeben, und während dieses Unterrichtsprozesses habe ich eine schrittweise Darstellung entwickelt, die Thakins Meditationsprozeß für unser gegenwärtiges alltägliches Leben bedeutsam und anwendbar macht.

Vor allem habe ich die noch verbleibenden religiösen Obertöne in Thakins Lehren entfernt, so daß Sie sich keiner neuen religiösen Richtung anzuschließen brauchen, um diese Meditationsprogramme in Ihr eigenes tägliches Leben zu integrieren. Kundalini ist eine Kraft, ein Erlebnis und eine Erleuchtung, die jenseits menschlicher religiöser Gedanken liegt. Wir brauchen keine religiöse Symbolwelt, die uns bei der Erforschung unserer tieferen spirituellen Natur nur ablenkt. Wir brauchen lediglich grundlegende Meditationsmethoden, die es uns ermöglichen, unseren Verstand zu beruhigen, damit wir ruhig werden und durch unmittelbaren persönlichen Kontakt unsere Einheit mit Gott erkennen (wenn wir die unendliche und dennoch intime spirituelle Gegenwart, die tief in uns liegt, so benennen wollen).

Die uralte Bedeutung der Kundalini-Kraft

Vor vielen tausend Jahren gab es in der Hindu-Mythologie eine erotische Göttin namens Kundalini. Man stellte sie sich als schlafende Schlange vor, die sich um die Basis der Wirbelsäule ringelte und auf die Gelegenheit wartete, zu erwachen und durch alle sieben Energiezentren oder *chakras* aufzusteigen und sie alle mit transformativer Weisheit und Kraft zu laden.

In Übereinstimmung mit diesem alten Mythos kann das Sanskrit-Wort *kundalini* auf seine Wortwurzel *kundala* zurückgeführt werden, was »geringelt« bedeutet. Diese Symbolik entwickelte sich über die Generationen hin, und schließlich drückte man durch das Wort *kundalini* die verborgene Kraft spiritueller Verwirklichung aus, die tief im menschlichen Körper begraben und ständig gespannt ist, um aufzusteigen und ihre letzten Wahrheiten, Kräfte und Wonnezustände zu manifestieren.

In einem der ersten Kundalini-Bücher, die ich gelesen habe (Sir John Woodroffes *Die Schlangenkraft*, die als Klassiker auf diesem Gebiet gilt), hieß es, daß die Erweckung der Kundalini dann geschieht, wenn unser individuelles Kundalini-Bewußtsein entlang der Wirbelsäule emporsteigt und mit der unendlichen, kosmischen, ewigen Kundalini verschmilzt. In der westlichen Begrifflichkeit bezeichnet man dieselbe Erfahrung als mystische Vereinigung mit dem Göttlichen, wenn wir unser spirituelles Potential voll und ganz mit Leben erfüllen.

Die Integration der Kundalini-Kraft in unser heutiges Leben

In Indien, Tibet und dem angrenzenden Gebiete, wo die Kundalini-Meditation gelehrt wurde, mußte ein hingebungsvoller Schüler all seine weltlichen Sehnsüchte und seinen ganzen Ehrgeiz beiseitelegen und sich unter der ständigen Leitung eines erleuchteten Meisters vollständig auf die Erlangung des letztendlichen Zustandes absoluter, dauerhafter Einheit mit dem Göttlichen konzentrieren.

Unter der Leitung eines fortgeschrittenen Yogalehrers folgte ich diesem extremen Weg in einer frühen Phase meiner Entwicklung, kurz nachdem Thakin Kung in sein Heimatland zurückgekehrt war. Ich tat, was ich konnte, um mich von der westlichen Tradition zu trennen und einen hinduistischen Bewußtseinszustand und Zugang zur spirituellen Disziplin zu erlangen.

Während dieser erregenden zwei Jahre meines Lebens hatte ich eine Reihe von sehr kraftvollen Kundalini-Durchbrüchen. Aber letztlich forderte die Übernahme der Hindu-Mentalität einen zu extremen Bewußtseinssprung von mir. Ich akzeptierte schließlich, daß ich in meiner eigenen Kultur tief verwurzelt war und daß ein spiritueller Weg für mich nur dann funktionieren konnte, wenn er in meine eigene kulturelle Überlieferung integriert war. Die Erforschung esoterischer Traditionen aus anderen Zivilisationen erwies sich bis zu einem bestimmten Punkt als wertvoll, aber wenn es darum ging, im alltäglichen Leben tatsächlich Erleuchtung zu erlangen, so sehnte ich mich nach einem Weg, der mich nicht zwingen würde, meine eigene Herkunft zu verleugnen, um meine Kundalini-Energie zu erwecken. Schritt für Schritt entdeckte ich während der darauffolgenden Studien- und Meditationsjahre, daß die grundlegenden Meditationen der Kundalini-Erweckung durchaus von ihrem kulturellen Hintergrund getrennt werden können. Anstatt unsere spirituelle Erfahrung in fremdländische Bewußtseinszustände und religiöse Symbolwelten zu pressen, können wir diese intellektuellen esoterischen Spielereien beiseitelassen, die Führung bei unserem eigenen inneren Meister suchen, bestimmte Meditationsmethoden anwenden, die auf alle Menschen zu allen historischen Zeiten passen und die spirituellen Früchte ernten, die uns zuteil werden. Das scheint mir ein weiser und gemäßigter Weg zur spirituellen Erleuchtung zu sein, ein Weg, der in unsere Zeit paßt.

Die Wissenschaft und die Chakren

In der Kundalini-Tradition gibt es sieben verschiedene Energiezentren, die die Wirbelsäule entlang und auch im Gehirn selbst angeordnet sind. Im Sanskrit wurden diese sieben Energiezentren traditionell als *Ckakren* bezeichnet. Diese inneren Energiewirbel sind nicht nur symbolische Begriffe, sondern wirkliche, energetische Geschehnisse in unserem Körper – ob wir uns dessen bewußt sind oder nicht.

Im alten Hinduverständnis stellte man sich vor, daß diese Chakren durch eine geheimnisvolle Kraft, *prana*, geladen wurden, die der menschliche Körper durch den Atem kontinuierlich aufnimmt. In einem moderneren wissenschaftlichen Verständnis kann man sich die inneren Energiewirbel, die den menschlichen Organismus mit Kraft erfüllen, als Ausdruck der elektromagnetischen Dynamik subatomarer Teilchen vorstellen. Die Chakren sind tatsächlich ein grundlegender Ausdruck des kosmischen Tanzes, der von Atomphysikern als die spontane Verwandlung von Materie in Energie, von Energie in Materie und von Materie wieder zurück in Energie beschrieben wird.

Wie Einstein klar feststellte – und die alten Yogameister schon vor vielen Jahrtausenden wußten –, ist das Wesen unseres Körpers nicht einfach nur Materie, sondern ebensosehr auch Energie. Die Wissenschaft hat ein beträchtliches Wissen über dieses elektromagnetische, bioenergetische Funktionieren des menschlichen Körpers angehäuft. Aber die Wissenschaftler geben als erste zu, daß sie die zugrundeliegenden Kräfte, die das Leben erzeugen, nicht wirklich verstehen. Wissenschaftliche Geräte können nur so weit in das Materie-Energie-Kontinuum blicken, bis sie ihre Wahrnehmungsgrenzen erreichen.

»Spirituelle Experimentatoren« dagegen haben seit Tausenden von Jahren erkannt, daß das menschliche Bewußtsein tatsächlich fähig ist, sich direkt auf die schöpferische Quelle des Leben zu konzentrieren. Es hat sich erwiesen, daß das Bewußtsein selbst das beste Instrument ist, um die elementaren Kräfte, die unser

Leben mit Kraft erfüllen, zu erfahren und an ihnen teilzuhaben, und dabei kommunizieren wir unmittelbar mit den grundlegenden wissenschaftlichen Realitäten des Lebens.

Die Kundalini-Meditation ist eine ganz spezifische und genaue Methode, um das Bewußtsein für das Erlebnis der sieben Energiezentren oder Chakren im Körper zu erwecken. Indem wir uns regelmäßig auf diese Energiezentren konzentrieren, lernen wir es, unser energetisches System so zu balancieren, daß es optimal funktioniert, und gleichzeitig verstärken wir auch den allgemeinen Energiefluß durch alle sieben Chakren. Dadurch wird unser ganzes Wesen erleuchtet.

Die Kundalini und das sexuelle Erwachen

Die Presse hat sich oftmals auf jenen Aspekt der Kundalini-Meditation gestürzt, der offen sexuell ist. Es ist durchaus richtig, daß die Kundalini-Energie in unserer persönlichen schöpferischen Energie gründet, die ihrem Wesen nach sexuell ist. Meine eigene Initiation in die Kundalini-Meditation war, wie ich schon erzählt habe, mit einer wunderschönen und intensiven sexuellen Beziehung verbunden, in der meine Freundin und ich unsere sexuelle Ladung einsetzten, um unseren spirituellen Fortschritt zu verstärken.

Die Kundalini-Meditation steigert unsere Fähigkeit, bei allem, was wir tun, intensive Wonne und Seligkeit zu empfinden. Da der sexuelle Koitus die letztendliche Vereinigung der männlichen und weiblichen Energien und ein zutiefst schöpferischer Akt ist, ist er mit Sicherheit auch der wichtigste Ort, an dem die Kundalini-Energie erfahren wird.

Aber alle Kundalini-Meister, die ich kannte, haben betont, daß man sich zuerst auf seine eigenen inneren spirituellen Energien einstimmen und sich gewissenhaft mit Einzelmeditation befassen sollte. Erst dann kommt es zu einem gesteigerten Gefühl von dynamischer Energie, Genuß und Herzensvereinigung während des Koitus.

Etliche traditionelle Schulen der Kundalini-Meditation fördern den Einsatz erotischer Phantasien, um die Kundalini-Göttin aus ihrem Schlafzustand an der Basis der Wirbelsäule aufzuwecken. Dieser Weg der »sexuellen Phantasie« ist vielleicht für zölibatäre Mönche sinnvoll, die vor tausend Jahren bei einem großen Meister im Himalaya lernten. Aber meine Erfahrung ist es, daß die Verwendung erotischer Phantasien, um das Aufsteigen der Kundalini-Energien entlang der Wirbelsäule zu stimulieren, in der modernen Welt normalerweise kontraproduktiv ist. Der Zweck der Kundalini-Meditation besteht nicht darin, einen Schwall von Masturbationsenergie durch das System zu jagen, sondern vielmehr bewußt eine stetige Steigerung unserer allgemeinen energetischen Kondition zu erzeugen.

Natürlich werden Sie eine Zunahme sexueller Potenz und Lust erleben, wenn Sie mit ihren Kundalini-Meditationen fortschreiten. Ich ermutige Sie, mit einem Sexualpartner (wenn Sie einen haben) die immer tiefere Intensität des Orgasmus zu erkunden, die durch die bewußte Erweckung der Kundalini während der Meditation erzeugt wird. Geben Sie aber trotzdem Ihren Einzelmeditationssitzungen den Vorrang, und empfangen Sie die sexuellen Manifestationen als Gnadengabe, die Ihnen geschenkt wird.

Die Vermeidung von Extremen

Auf einige Fallen, in die Meditierende geraten können, möchte ich besonders verweisen. Vor mehreren Generationen wurde Gopi Krishnas Buch *Kundalini: Die Evolutionsenergie im Menschen* veröffentlicht. Dort schildert dieser berühmte Kundalini-Meister aus Indien seine einschneidende persönliche Initiation in das Feuer eines vollkommenen Kundalini-Erwachens, und seither haben sich allzuviele Autoren und spirituellen Lehrer auf die Schreckensberichte einiger weniger glückloser Individuen fixiert, die spontan in ein totales Kundalini-Erwachen gestolpert sind und unter langdauernden Perioden physischer und emotionaler Wirrnis litten.

Aus meiner Arbeit mit etlichen Patienten in meiner therapeutischen Praxis weiß ich, daß ein plötzliches spontanes Kundalini-Erwachen – vor allem bei bereits unstabilen Persönlichkeiten – chaotisch, erschreckend, ja sogar zerstörerisch für das normale Leben dieser Person sein kann. Stellen Sie sich vor, was es heißt, wenn auf einmal ohne Vorbereitung oder Vorwarnung eine verhundertfachte Energiemenge durch den Körper fließt. Ein solches Extrem ist sicherlich kein Wunschziel der Kundalini-Erweckung.

Ich habe selbst mehrmals erlebt, wie die Kundalini-Energie heftig und unerwartet durch mein Nervensystem aufstieg, noch bevor ich meditativ vorbereitet war, ein solches Nach-Oben-Fließen zu verstehen oder richtig kanalisieren zu können. Als ich die alten Kundalini-Meditationsmethoden in eine moderne Form brachte, wollte ich damit sicherstellen, daß meine Schüler ihr Nervensystem nicht auf eine solche Weise überfordern.

Auf den folgenden Seiten werden Sie ein Übungsprogramm finden, das Sie durch einen sanften, sicheren

Prozeß des Kundalini-Erwachens geleitet. Damit sollen die Fallen vermieden werden, in die Menschen geraten können, die allzu schnell in höhere Energieebenen vordringen wollen.

Viele traditionelle Zugänge zur Erweckung der Kundalini-Kraft zielten darauf ab, eine mächtige Welle von Kundalini-Energie durch alle Chakren aufsteigen und »explodieren« zu lassen, so daß das oberste, das Kronen-Chakra, voll aktiviert werden konnte. Für Menschen, die die vollständige Befreiung vom alltäglichen Bewußtsein für immer und ewig erstreben, konnte ein solches Vorgehen sinnvoll sein.

In diesem Buch aber ist unser Ziel anders. Anstatt uns zu sehr auf das siebte, oberste Chakra auf der Mitte des Kopfes zu fixieren, wollen wir das vierte, das »mittlere« Chakra, das Zentrum des Herzens und der Liebe in unserem spirituellen Körper, als Hauptaugenmerk behalten und die anderen sechs Energiezentren mit diesem Mittelpunkt des Mitgefühls integrieren. Anstatt uns für immer aus dem alltäglichen, menschlichen Leben herauszukatapultieren, werden wir erforschen, wie wir uns so mit einem strahlenden Mitgefühl und einer spirituellen Kraft aufladen können, daß es perfekt in den Ablauf unseres alltäglichen modernen Lebens paßt.

Die vier wichtigsten Instrumente der Meditation

Meditation im allgemeinen und vor allem Kundalini-Meditation im besonderen sollte nicht als vager, geheimnisvoller Prozeß verstanden werden, der jenseits unseres normalen Bewußtseins liegt. Was wir in der Meditationserfahrung tun, ist ganz klar und praktisch – wir lernen es, die überaus wichtige Kraft der Aufmerksamkeit in bestimmte wirksame Richtungen zu lenken, um auf diese Weise Regionen des Bewußtseins zu erwecken, die so lange schlafen, bis sie bewußt »angestellt« werden.

Es gibt vier grundlegende Methoden, um die Kraft der Aufmerksamkeit auf die Erleuchtungserfahrung zu lenken.

1. Als erstes können wir unsere Aufmerksamkeit nach innen wenden, um die augenblickliche Sinneserfahrung des Lebens im gegenwärtigen Augenblick zu empfinden. Dies geschieht, indem wir uns auf unseren Atem, auf Herzschlag und Puls, auf die Schwerkraft im Körper und auf unsere spontane Ganzkörperwahrnehmung im gegenwärtigen Augenblick konzentrieren.

2. Die zweite Methode, um uns in tieferen Kontakt mit unserem spirituellen Selbst zu bringen, besteht darin, daß wir die Kraft der Aufmerksamkeit unmittelbar auf jedes der sieben Chakren im Körper richten, um diese Energiezentren so zu stimulieren, daß sie höhere und ausgeglichenere Ebenen der Teilnahme am unendlichen Tanz des Lebens erreichen.

3. Die dritte Methode, die wir in diesem Programm verwenden, ist die Kraft der Klangvibration – im besonderen die Kraft unserer eigenen Stimme –, um jedes Chakra entlang der Wirbelsäule zu erwecken. Es gibt besondere Klänge oder Gesänge, die im Sanskrit als *mantras* bezeichnet werden; sie sind mit der Erweckung jeweils eines der Energiezentren verbunden. Wenn wir diese Klänge im stillen oder laut singen, so regen wir unser tieferes spirituelles Wesen zum Eintritt in höhere Bewußtseinsebenen an.

4. Das vierte Werkzeug der Kundalini-Erweckung ist die Verwendung von visuellen Bildern, um jedes der Chakren zu aktivieren und zu balancieren. Der bekannte Künstler Zachary Zelig, der seine Arbeit als Medium der Transformation versteht und mit dem ich bei der Erstellung dieses Textes zusammengearbeitet habe, hat sieben Chakren-Bilder geschaffen, die in der traditionellen Hindupraxis als *yantras* bezeichnet werden. Sie liefern einen wichtigen Impuls für die Aktivierung der Chakren.

Während der fünfzehn Jahre, die er damit verbrachte, die inneren Funktionen der Yantra-Kunst zu studieren, zu erforschen und darüber zu meditieren, hat Zachary festgestellt, daß jede große Zivilisation bestimmte geometrische Symbole und Farbkombinationen entwickelt hat, die mit den Qualitäten eines jeden der Energiezentren im Körper verbunden sind. Die Bilder, die er für dieses Buch geschaffen hat, sind zeitgenössische Interpretationen dieser uralten Yantra-Traditionen. »Wenn man sich voll und ganz auf das Diagramm einläßt«, so erklärt Zachary, »so werden die vereinten Kräfte, die jede Form darstellt, entfesselt.« Die Bilder stellen ein visuelles, metaphysisches Alphabet oder »Gedankenformen« dar, mit deren Hilfe die LeserInnen und BetrachterInnen eine farbige Erinnerung an die Energie fokussieren und behalten können, die sie in der Meditation kennengelernt haben.

Im zweiten Teil dieses Buches werden wir jedes von diesen sieben Chakren nacheinander behandeln und die dazugehörigen visuellen Bilder, Stimmklänge, Konzentrationstechniken und Atemmuster erlernen, die das jeweilige Chakra am stärksten und dennoch gefahrlos erwecken. Wenn wir dann imstande sind, mühelos durch die jeweiligen Meditationen der verschiedenen Chakren zu gleiten, werden wir lernen, wie wir unsere Meditationen erweitern können, um alle Chakren auf einmal zu erfassen.

Die unmittelbaren und langfristigen Früchte der Kundalini-Meditation

Die Meditationen in diesem Buch basieren nicht auf der »Urknall«-Theorie des spirituellen Erwachens, sondern sie sollen schrittweise Erleuchtungen erzeugen, die ohne weiteres in Ihr alltägliches Identitätsgefühl integriert werden können. Jede Meditation, die Sie erlernen, wird ein Schritt in Richtung größerer Angstfreiheit und Lockerheit in Ihrem Bewußtsein und Ihrem Körper sein und gleichzeitig eine Steigerung von spiritueller Erkenntnis, sexueller Lust, mystischer Wonne, höherer Selbstwahrnehmung und mystischer Einheit bringen.

Selbst in den vorbereitenden Meditationen werden Sie bemerken, daß sich in Ihren tieferen Seinsgründen etwas verändert, ausdehnt und erwacht. Wenn Sie es lernen, Ihr Bewußtsein auf neue Weise zu lenken, so werden Sie sich sofort als mehr »zugegen« empfinden. Ihre Sinne werden erwachen, so daß der gegenwärtige Augenblick in Wahrheit multidimensional und voller neuer Dimensionen wird.

Viele Menschen beginnen mit der Meditation in einem zielgerichteten Bewußtsein; sie wollen irgendeinen imaginären letztendlichen Zustand totaler mystischer Verwirklichung und Wonne erreichen. In diesem Übungsprogramm werden Sie sehr schnell bemerken, daß diese ganze Zukunftsorientierung in Wirklichkeit

kontraproduktiv ist. Es gibt tatsächlich keine Zukunft –
»no future« –, die man in der Meditation anstreben
könnte. Es gibt nur den ewigen Augenblick der Gegenwart. Seine Neuentdeckung ist das zentrale Thema
aller Meditation.

Der große kosmische Witz aller Zeiten ist natürlich,
daß wir bereits erleuchtet sind. In christlicher Terminologie leben wir bereits im Christusgeist. Wir sind der
Buddha, wie man in Indien sagt. Und die Zen-Tradition
stellt klar und deutlich fest: Man muß »nirgendwohin
gehen und nichts tun«, um Erleuchtung zu erlangen ...
es ist, wir sind es, jetzt.

Meditation kann als Prozeß verstanden werden,
durch den wir unsere wirkliche Identität jenseits der
Grenzen der dreidimensionalen, chronologischen Welt
neu entdecken. Jeder neue Schritt in diese Erkenntnis
schenkt uns einen Blitz von Glück, Schönheit, Lust und
Verwirklichung. Jeder neue Atemzug kann auf diese
Weise ein Atemzug von neuem Leben und plötzlicher
Selbstentdeckung sein.

Während der kurzen Zeit, die er in Amerika öffentlich lehrte, sagte Thakin Kung oftmals: »Wenn ihr eure
Meditation nicht im Jetzt voll genießt, dann meditiert
ihr nicht im richtigen Bewußtsein.«

Die »richtige« Art des Meditierens besteht einfach
darin, daß man mit ruhigem Eifer zusieht, was gerade
jetzt stattfindet, wenn das Bewußtsein sich öffnet. Genau jetzt, in diesem Augenblick, atmen Sie – versuchen
Sie also diese Wirklichkeit zu erfahren. Ihr Herz schlägt
– erleben Sie es bewußt. Die Schwerkraft verlangt
ständig von Ihnen, daß Sie einen grandiosen Muskel-
tanz aufführen, um von einem Augenblick zum anderen Ihre Balance zu halten – empfinden Sie es. In Ihrem
Körper fließen die Energien – stimmen Sie sich auf

diese Energieflüsse ein. Und Sie haben einen inneren Meister im Zentrum Ihres Seins – öffnen Sie sich für seine erleuchtende Gegenwart.

Die Kundalini-Meditation ist eine großartige, vertrauenswürdige, vervollkommnete Methode, um all diese miteinander verbundenen Dimensionen menschlichen Bewußtseins zu erfahren. Sie ermöglicht Ihnen, selbst inmitten des täglichen Lebens als das vollkommene, erleuchtete, vernünftige und bewußte Wesen zu agieren, das Sie gerade jetzt, in diesem Augenblick sind.

Es ist ein großes Vergnügen für mich, Ihnen diesen praktischen Zugang zur Erweckung der Kundalini-Kraft anzubieten. Sie können ihn erforschen, in Ihr gegenwärtiges Leben integrieren und einsetzen, um Ihren eigenen Kundalini-Geist zu erwecken. Besonders jetzt, in diesen traumatischen Zeiten, tragen wir alle die drängende Verantwortung, uns von unseren konditionierten Scheuklappen und Grenzen zu befreien, damit wir die Kraft der unendlichen Liebe und Weisheit in allem ausstrahlen können, was wir im Leben tun. Mit dieser planetarischen Vision im Geist hoffe ich, daß Sie die Übungsprogramme in diesem Buch treffend und erkenntnisreich finden, daß es genau das ist, was Sie jetzt gerade brauchen.

TEIL I

Der Kundalini-Weg zur Erleuchtung

1.

Zum Leben erwachen im Hier und Jetzt

Wenn Sie ein erstes Verständnis davon erlangen wollen, wie sich die Kundalini-Kraft anfühlt, so brauchen Sie nur in Ihre eigene Kindheit zurückzublicken, als sich die Lebenskraft in Ihrem Körper noch vergleichsweise frei und spontan ausdrücken konnte. Wenn Sie nicht gerade in einer besonders repressiven Familie aufgewachsen sind, so haben Sie sicher oft eine diffuse Art von Kundalini-Bewußtsein erlebt, vor allem, wenn Sie in freies Spielen vertieft waren.

Wenn man sich diese Augenblicke kindlicher Seligkeit und unschuldiger Einheit mit dem Göttlichen ins Gedächtnis ruft, so erkennt man, daß die Kundalini-Erfahrung nicht irgendein unklares fremdes Territorium ist, sondern vielmehr die intimste innere Landschaft des Menschen.

Als Kind haben Sie sicherlich oft ein intensives Gefühl von Einheit in Ihrem Herzen empfunden – ein Gefühl vollkommenen Eintauchens in die umgebende Welt. Vielleicht haben Sie in Ihrem Gedächtnis die schönen Augenblicke der Seligkeit und des reinen Vergnügens bewahrt, die Sie verspürt haben, wenn Sie draußen wild umhergerannt sind, eine Blume betrachtet haben oder mit einem Spielkameraden gerauft haben. Können Sie sich an diese besonderen Augenblicke erinnern, in denen Ihr Körper vor elektrischer Energie strahlte, Ihr Geist wie eine innere Flamme hell loderte, in denen Sie sich vollkommen lebendig, wach und von einer großartigen, unsichtbaren, unendlichen Energiequelle wie geladen fühlten?

Wenn wir durch die Übungsprogramme in diesem Buch voranschreiten, werden Sie bemerken, daß Kindheitserinnerungen von spontanen Kundalini-Erfahrungen immer wieder zu Ihnen zurückkommen und Ihren Fortschritt zum Kundalini-Erwachen im Erwachsenenbewußtsein unterstützen werden. Diese Erinnerungen vermitteln ein Spiegelbild davon, wie sich Energie im menschlichen Körper manifestiert.

Aber da Ihr Nervensystem nun biologisch voll entwickelt ist, wird Ihre Kundalini-Erfahrung als Erwachsener anders sein als die eines Kindes. Während der Entwicklungsjahre und der Pubertät richtete sich die Kundalini-Energie fast vollständig auf die Speisung und Vervollkommnung des genetischen Bauplanes aus. Jetzt, wo Sie erwachsen sind und die biologische Phase Ihrer Entwicklung beendet ist, können Sie Ihre Kundalini-Energien für feinere, spirituellere Dimensionen der Entwicklung verwenden.

Spontanes Aufsteigen von Wellen der Kundalini-Kraft

Auch ohne formelle Kundalini-Meditation oder anders benannte Meditationen, die eine ähnliche Wirkung erzeugen, entwickeln wir uns spirituell ohne Unterlaß. Eines der wahren und segensreichen Geheimnisse der Menschheit besteht darin, daß unsere Kundalini-Energie oftmals spontan durch unsere verschiedenen Energiezentren aufwallt und ein neues Erwachen zu höheren Ebenen des Bewußtseins fördert.

In jeder Kultur gibt es verschiedene traditionelle Methoden, mit denen Gemeinschaften erregende Augenblicke der Erleuchtung beziehungsweise der Befreiung der Kundalini ermöglichen. Zum Beispiel ist Tanzen immer Teil aller menschlichen Kulturen gewesen. Indem wir uns vollständig dem Rhythmus, dem Atem, der Bewegung und unserer physischen Anwesenheit im Hier und Jetzt überantworten, können wir ohne weiteres eine plötzliche Zunahme des Kundalini-Energieflusses durch Körper, Geist und Seele hervorrufen.

Eine Variation zu diesem Thema ist der Sport. So wurde das Jogging vor kurzem zu einer äußerst populären Methode, um mit Regelmäßigkeit in höhere Ebenen des Kundalini-Bewußtseins überzugehen. Vergnügliches Spazierengehen mit ruhigem Bewußtsein kann dasselbe Wunschziel verwirklichen.

Auch Singen war immer eine wirkungsvolle Methode, um das Bewußtsein und den Energiezustand schnell zur Kundalini-Erleuchtung zu bringen. Sowohl in der Kirche wie auch zu Hause haben sich Gruppen von Menschen immer wieder gemeinsam in die Kundalini-Erfahrung gesungen.

Eine weitere gebräuchliche Methode, um spirituelle Bewußtseinszustände zu erzeugen, war die Verwendung von bewußtseinsverändernden Drogen. Alkohol war eine der Hauptmethoden, um kurzzeitig den Fluß der Kundalini-Energie im Körper zu verstärken, obwohl dies manchmal auf eine sehr beschränkte und verzerrte Art und Weise geschieht. Haschisch und Marihuana wurden ebenfalls seit undenklichen Zeiten in der ganzen Welt verwendet, um ein zeitweiliges Aufwallen der Kundalini-Energie im Nervensystem zu erzeugen. Und natürlich können starke psychedelische Drogen wie *magic mushrooms* (Psilocybin), *Peyote* (Mescalin) und das erst vor kurzem erfundene LSD eine heftige Zunahme der Kundalini-Energie hervorrufen. Zahlreiche Menschen haben ihren spirituellen Hunger nach Transzendenz zumindest zeitweilig durch die Einnahme solcher Drogen gestillt. Viele berichten von beachtlichen Kundalini-Erfahrungen. Aber die Gefahren und Grenzen solcher chemisch induzierten Initiationen in höhere Bewußtseinszustände sind nur allzu zahlreich.

Eine weitere Methode, um die Kundalini-Kraft machtvoll zu verwirklichen, liegt im Hatha-Yoga, also jenen Körperhaltungen, die seit vielen Tausenden von Jahren in Indien entwickelt wurden und nun auch in unserer Kultur recht populär sind. Indem man bestimmte Haltungen, die verschiedene Drüsensekretionen im Körper anregen, bewußt einnimmt und hält, und indem man den denkenden Verstand durch bewußte Atmung beruhigt, kann eine tiefe Reinigung und Aufladung mit Energie stattfinden.

Die Hauptquelle der Kundalini-Stimulation und der zeitweiligen Erleuchtung war und ist aber wohl der menschliche Sexualakt ... und wird es immer sein. Da unsere sexuelle Energie der intimste Ausdruck der unendlichen kreativen Kraft des Universums ist, liefern uns erotische Erfahrungen einen unmittelbaren Zugang bei der Suche nach der Kundalini-Erleuchtung. Der Orgasmus ist der sicherste Weg zu einer Begegnung mit dem Göttlichen.

Angesichts so vieler verschiedener Methoden, um ein Aufwallen der Kundalini-Energie mit Gefühlen der

Macht und des Genusses, der Wonne und der Selbst-verwirklichung zu erreichen, werden wir fast alle bestimmte Muster erkennen, mit denen wir zumindest für Augenblicke die Kundalini-Gegenwart anzapfen, während wir Woche für Woche unserer Alltagsroutine nachgehen. Menschliche Wesen hungern nach Transzendenz – dies ist ein natürliches, instinktives, gott-gegebenes Verlangen. Die wahre Herausforderung des spirituellen Lebens besteht darin, die wirksamsten, befriedigendsten und fruchtbarsten Methoden zu entdecken, um eine gesteigerte spirituelle Energie in unser alltägliches Leben zu bringen.

Bewußte Meditation

Vielleicht bräuchten wir in einer idealen Welt, in der es keine emotionalen Hemmungen und mentalen Einschränkungen gibt, keine bewußte Förderung unserer spirituellen Entwicklung durch Kundalini-Meditationen. Wenn man Kinder von Geburt an lehren würde, die spirituellen Dimensionen des Bewußtseins zu ehren und zu nähren, anstatt sie zu fürchten und zu meiden, so würde unsere spirituelle Entwicklung mit derselben natürlichen Gewißheit fortschreiten wie unsere biologische Entwicklung.

Aber wie Sie aus Ihrer eigenen Kindheit wissen und wie ich selbst mit zeitweise erschütternder Klarheit in meiner Arbeit als Psychologe gesehen habe, wachsen die meisten von uns mit einer Fixierung auf die materiellen Dimensionen des Lebens auf. Von unserer Kultur werden wir nur sehr wenig ermutigt, uns auf unser spirituelles Wesen einzustimmen, unserer inneren Führung zu vertrauen und uns für das überwältigende Einfließen der Kundalini-Energien im alltäglichen Leben zu öffnen. Wir leben in einer Gesellschaft, die uns zum Konsum anstatt zur Meditation auffordert, die unsere Fähigkeit stärkt, unser ganzes Leben mit irgendeinem langweiligen Job zu verbringen, unser natürliches Verlangen, die weiten unbekannten mystischen Reiche unseres Seins zu erforschen, jedoch entmutigt.

Aber unsere Kultur zu beschuldigen ist zwecklos – es bringt nichts, wenn wir über unser kulturelles Schicksal jammern. Für jeden Menschen ist das Leben immer und überall eine Herausforderung gewesen und wird es auch immer sein. Wir haben immerhin das Glück, in einer Geschichtsepoche zu leben, in der wir bei unseren persönlichen spirituellen Forschungen auf Hilfe zählen können. Es ist ein echter Segen, wenn man zu einem Buchladen oder einer Bücherei gehen und sofort Bücher finden kann, die uns die uralten, geheimen Methoden zur Erweckung unserer unendlichen Gegenwart lehren.

Wenn wir Kundalini-Meditationsmethoden erlernen, beschleunigen wir im Grunde nur den natürlichen Prozeß des spirituellen Erwachens, indem wir die psychologischen Hindernisse in unserer Persönlichkeit, die die spirituelle Erleuchtung verhindern, sanft zur Seite schieben. Wenn wir die Verantwortung dafür übernehmen, daß wir unsere persönliche Aufmerksamkeit dem Göttlichen in uns zuwenden, dem inneren Meister, der uns liebevoll zu einer immer größeren Einheit mit dem unendlichen Göttlichen führt, so schenken wir uns selbst das größtmögliche Geschenk der Liebe und Befreiung.

Natürliche Blockierungsmechanismen der Kundalini-Kraft

Obwohl die unendliche Kundalini-Energie des Universums für jeden von uns in jedem Augenblick des Lebens verfügbar ist, enthält unser Nervensystem wie auch unser kulturelles System bestimmte Mechanismen, die uns davor bewahren, ständig von schöpferischer Kraft überwältigt zu werden.

Unsere biologische Konstitution kann tatsächlich als ein Transformator betrachtet werden, in dem der unendliche Fluß der Lebenskraft im Universum gefiltert und auf genau das richtige Maß reduziert werden kann, um einen einzelnen menschlichen Körper am Leben zu erhalten. Wenn das Energiequantum zu hoch oder zu niedrig wäre, könnten wir nicht überleben. Und da die Überlebensfunktion des Körpers für die Erhaltung unserer Spezies vorrangig ist, ist es auch vollkommen sinnvoll, daß wir uns über Äonen hinweg zu Lebewesen entwickelt haben, die den Kundalini-Fluß im Körper auf einen funktionellen Pegel begrenzen.

Vielleicht können wir hier den entscheidenden Unterschied zwischen den Menschen und den anderen Geschöpfen erkennen, die diese Erde bevölkern: Wir besitzen nicht nur die grundlegende Kundalini-Lebenskraft, die alle Wesen belebt, sondern auch die Fähigkeit, unser Nervensystem bewußt so zu entwickeln, daß es noch mehr Kundalini-Kraft aufnehmen kann. Auf diese Weise können wir die tieferen Schichten unseres Bewußtseins verstärken, die jenseits der groben Dimensionen des physischen Überlebens liegen.

Es gibt sehr gute Gründe dafür, die genetischen Blockierungsmechanismen zu achten und aufrechtzuerhalten, die den Fluß der Lebenskraft durch unseren

Körper und unser Bewußtsein begrenzen. Wenn zuviel von dieser Energie zu schnell durch uns hindurchfließt, reagiert unser Nervensystem bei mangelnder Vorbereitung wie ein elektrisches System, das einen zu starken elektrischen Impuls empfängt. Dies ist die ernste Gefahr der unkontrollierten Kundalini-Erweckung.

Wie ich bereits kurz erwähnt habe, liefere ich in diesem Buch einen Weg zur Kundalini-Erweckung, der diese Gefahr der Überladung vollständig umgeht. Ich nehme an, daß Sie *nicht* einen Weg suchen, der Sie aus ihrem normalen Leben herauskatapultiert und in extreme spirituelle Bewußtseinszustände versetzt, die sich als dysfunktional erweisen. Statt dessen brauchen wir einen wirksamen und dennoch gefahrlosen Zugang zur Öffnung der höheren Ebenen der Kundalini-Energie.

Die meisten von uns hätten, selbst wenn sie es wollten, ganz einfach nicht die Möglichkeit, ihre gegenwärtige Situation zu verlassen und ihr ganzes Leben dem einsamen Suchen nach privatem spirituellem Erwachen zu widmen. Die meisten von uns hungern statt dessen nach einem meditativen Leben, das sich exakt in die bereits existierenden Gewohnheiten einpassen läßt, dennoch aber diese alltäglichen Erfahrungen wie magisch in eine höhere Bewußtseinsebene transformiert.

Eine praktische Methode zu finden, die unsere Lebenskraft stärkt, damit wir bei allem, was wir tun, mehr Energie, Vergnügen und intuitive Klarheit in den tieferen spirituellen Ebenen der menschlichen Existenz gewinnen ... ist nichts anderes als unser natürliches spirituelles Geburtsrecht.

Auf der Suche nach der Quelle: Unsere sieben Energiezentren

Wie ich in der Einleitung schon erwähnte und wie ich es auch in aller Tiefe in diesem ganzen Buch darlegen werden, gibt es eine Reihe von Chakren oder spezifischen Energiezentren, die auf verschiedenen Höhen entlang der menschlichen Wirbelsäule angeordnet sind. Diese Energiezentren sind sowohl physiologische Konzentrationen von Nervenganglien, die verschiedene Regionen und Organe unseres physischen Seins kontrollieren, wie auch spirituelle energetische Zentren, Energiewirbel jenseits von wissenschaftlicher Prüfung oder Beschreibung.

Diese Zentren werden durch die grundlegende Lebenskraft des Universums gespeist. Wenn durch Meditation der einen oder anderen Art zusätzliche Kundalini-Energie in diese Zentren hinaufgeleitet wird, so werden sie, wie Itzhak Bentov in seinem Buch *Stalking the Wild Pendulum* sagt, zu »Rezeptoren und Verteilern der in den Körper einfließenden kosmischen Energie«.

Genauso, wie die Physik uns zeigt, daß alles ständig zwischen Materie und Energie hin- und herpendelt, wie bereits Einstein es formulierte, zeigt uns die Kundalini-Meditation unmittelbar, daß unsere physischen Energiezentren ständig in ihre parallelen energetischen Formen hinüber- und wieder zurückpendeln – sie sind sowohl physischer wie auch energetischer Natur, genau wie die ganze übrige Schöpfung.

Die alten Yogameister entdeckten durch unmittelbare Wahrnehmung ihrer inneren Wirklichkeit, daß es im menschlichen Körper sieben solcher energetischer Wirbel gibt, die den sieben wesentlichen Gruppierungen von Nervenganglien entlang des Rückgrats entsprechen. Diese Energiewirbel sind keine voneinander getrennten esoterischen Wesenheiten, wie sie manchmal dargestellt werden, sondern sie sind die höheren Organisations- und Kontrollzentren des Nervensystems. Und insofern lenken sie alle vermeintlich profanen und weltlichen Gewohnheiten des Verstandes und des Körpers. Unsere Gedanken, unsere Ernährungsweise, unsere physische Aktivität oder das Fehlen dieser Aktivität, unsere Gefühle wie auch unsere spirituellen Meditationsgewohnheiten beeinflussen unsere Energiezentren und werden umgekehrt auch von ihnen stark beeinflußt.

Ich möchte an dieser Stelle etwas ausführlicher auf die Haupteigenschaften der sieben Chakren eingehen, die genau in diesem Augenblick in Ihrem Körper aktiv sind und Ihren gegenwärtigen Entwicklungsstand in Hinblick auf die letztendliche Vereinigung mit Ihrem göttlichen Wesen spiegeln. Ich möchte mit allgemeinen Einsichten in das Wesen der Chakren beginnen, und im weiteren Verlauf des Buches werden wir unser Verständnis davon so verfeinern, daß auch die subtileren Erklärungen der Chakren-Funktionen miteingeschlossen sind. Denken Sie bitte daran, daß diese Anfangsbeschreibungen uns lediglich die allgemeine Richtung weisen sollen, wie wir das in sich verbundene Funktionieren der Energiezentren verstehen können. Nur wenn wir uns unmittelbar in die Erfahrung der jeweils eigenen Chakren einstimmen, können wir eine wirklich persönliche Einsicht in ihr Wesen gewinnen.

Das erste Chakra

Es wird oft als »Erd-Chakra« bezeichnet und liegt an der Basis der Wirbelsäule. Es ist die energetische Brükke zwischen der organischen Welt der Mutter Erde unter uns und den mentalen und spirituellen Welten, die Schritt für Schritt erwachen können, wenn wir der Wirbelsäule nach oben folgen.

Dieses Chakra verbindet Sie fest mit Ihrer Kindheitsvergangenheit wie auch mit der gesamten äußeren Welt der physischen Phänomene. Deshalb hat es in Ihrem Leben eine große Bedeutung. Dieses Chakra hat Ihre Entwicklung während der ganzen Pubertät mit Energie gespeist und erhält Ihren grundlegenden Sinn für einen physischen Kontakt mit dem Planeten aufrecht.

Wenn Sie über dieses Chakra meditieren, wie Sie es in diesem Buch lernen werden, werden Sie auf den physischen Ebenen des Überlebens einen festeren Stand gewinnen. Die Meditation über das erste Chakra ist auch dann sehr wichtig, wenn Sie gesundheitliche Probleme haben. Außerdem stützt dieses Chakra auch Ihre Fähigkeit, nach draußen zu gehen und in der alltäglichen Welt Ihrer Umgebung erfolgreich zu sein.

Das »Erd-Chakra« sollte man als die Grundlage für alles andere sehen, das auf Sie zukommt, wenn Sie mit den höheren Chakren arbeiten. Nur wenn man sich liebevoll auf diese erste Energiegrundlage konzentriert, kann die Kundalini-Energie bewußt angezapft und durch alle anderen Energiezentren nach oben geleitet werden.

Das zweite Chakra

Das zweite oder das »Sexual-Chakra«, das in den Sexualorganen liegt, wird erst dann aktiviert, wenn die Arbeit des ersten Chakras beendet ist, nämlich in der Pubertät. Durch die Erweckung dieses Chakras verwandeln wir uns aus einer Schöpfung unserer Eltern in ein eigenständiges schöpferisches Wesen, das seinerseits die neue Generation erschafft. Joseph Chilton Pearce formuliert es in seinem Buch *Magical Child Matures* knapp und klar: »Das physische System (das erste Chakra) nährt und stützt das Sexualsystem (das zweite Chakra), und Sexualität nährt und stützt die weitere Entwicklung der Kundalini (die höheren Chakren).«

Wenn wir Meditationen über das zweite Chakra vollziehen, können wir unsere sexuelle Ladung steigern und unseren erotischen Gefühlen und Begegnungen spirituelle Lebendigkeit zuführen. Gleichzeitig werden wir spüren, wie diese noch ungestaltete schöpferische Energie in reinere Schwingung verwandelt wird, die dann ansteigen und die anderen Chakren durchdringen oder nach unten fließen und die Überlebenskraft des ersten Chakras energetisieren kann. Dieses Chakra enthält auch eine starke Reinigungskraft, vor allem in bezug auf Ungleichgewicht in unserer Gefühlsstruktur.

Das dritte Chakra

Es wird als »Macht-Chakra« bezeichnet und ist mit Feuer, Verbrennung, Zorn, Freude und Lachen verbunden. Es liegt zwischen dem Nabel und dem Sonnengeflecht und erzeugt, so heißt es, ein mythisches Feuer im Bauch. Es ist die Energie des Sonnensystems, die in unserem persönlichen Leben strahlt und wie die Sonne Energie erzeugt, die wir verbrauchen können.

Dieses Chakra hat einen starken Einfluß auf die Adrenalindrüsen. Wenn wir lernen, die Energie in diesem Chakra zu balancieren, so werden wir unsere physische und emotionale Kondition ausgleichen und mäßigen. Der Herzschlag wird gleichmäßig und ruhig. Die grobe Willenskraft wird sich in eine höhere Qualität spiritueller Präsenz in der Welt verwandeln. In christlichen Begriffen kann der »Heilige Geist« eingesetzt werden, um die grobe Willenskraft so zu transformieren, daß unsere Handlungen in Harmonie mit dem Willen des Geistes sind, anstatt durch unseren egozentrischen Willen gesteuert zu werden.

Viele Traditionen, wie etwa die der Yaqui-Indianer, der Zen-Buddhisten und der asiatischen Kampfkünste, sind sehr auf dieses dritte Chakra gerichtet, da es das Zentrum der groben, selbstsüchtigen Willenskraft ist. Ob wir diese Energie nach unten leiten, wo sie zu grober, gewaltsamer Sexualität und weltlichem Machtstreben wird, oder nach oben zum Herzen, wo sie für persönliche Transformation verwendet werden kann, entscheidet darüber, ob wir diese Energie auf negative oder positive Weise verwenden.

Wie wir später noch sehen werden, ist die Kräftigung des dritten Chakras durch die Kundalini-Meditationen besonders stark, weil sie unseren Kontakt mit der Sonne erweckt, der maskulinen Feuerenergie des Universums. Wenn dieses machtvolle Aufsteigen der Energie sowohl mit den unteren geerdeten Chakren wie auch mit den höheren, von Liebe bestimmten Chakren verschmilzt, so wird unser ganzes Leben transformiert.

Das vierte Chakra

Das »Herz-Chakra« liegt in der Mitte der Brust und ist das Licht, das dem dritten Chakra zeigt, wie es seine grobe Energie auf liebevolle Weise ausdrücken kann.

Dem zweiten Chakra zeigt es, wie es seine sexuelle Energie durch die Verwandlung in Liebe manifestieren kann, dem ersten Chakra zeigt es, wie es das Physische mit dem Göttlichen verschmelzen kann.

Das Herz-Chakra liegt genau in der Mitte zwischen dem ersten und dem siebten Chakra, zwischen Erde und Himmel. Es ist der Mittelpunkt der Gefühlsenergie im Universum, die wir als Liebe bezeichnen. Es verbindet die oberen mit den unteren Chakren, die alle gleich wichtig sind.

In der Yogatradition wie auch im Christentum wurde das »Oben« oftmals höher eingestuft als das »Unten«, aber als ökologisch bewußte menschliche Wesen müssen wir dieses einstige Vorurteil gegen diese unteren Chakren ablegen, wenn wir diese unsere Erde ebenso sehr schätzen wie den Himmel über uns. Aufgrund dieses religiösen Vorurteils gegen die unteren Chakren sind unserem Planeten massive und schreckliche Schäden zugefügt worden. Wir müssen uns um die Balance aller Chakren als gleichwertige energetische Wirklichkeiten bemühen, anstatt darum zu kämpfen, die unteren zurückzulassen und zu den höheren aufzusteigen.

Wie ich zuvor schon erwähnte, besteht mein Zugang zur Chakren-Balance (wie ich es von meinen wichtigsten Lehrern gelernt habe) darin, dem Herz-Chakra die wichtigste Rolle zu verleihen und Ausflüge in das Reich des Geistes (oben) und der Materie (unten) immer in Verbindung mit dem Herzen zu unternehmen. Dadurch wird die Kundalini-Meditation für mich sowohl ökologisch stimmig wie auch energetisch sicher.

Liebe, die wichtigste Qualität des vierten Chakras, ist, wie Jesus lehrte, die Manifestation Gottes im menschlichen Leben: »Gott ist Liebe.« Wenn im vierten

Chakra Liebe vorhanden ist, wissen wir spontan, wo wir das Zentrum unserer Kundalini-Forschungen plazieren müssen und wie wir Extreme vermeiden können, die uns spirituell ins Stolpern bringen können. Mit dem vierten Energiezentrum haben wir den natürlichen Mittelpunkt der Kundalini-Meditation erreicht.

Das vierte Chakra hat einen starken Einfluß auf die Aktivität der Thymusdrüse, die in der Mitte der Brust genau hinter dem oberen Teil des Brustbeines liegt. Weil diese Drüse unmittelbar auf die Funktion unseres Immunsystems einwirkt, kann das Balancieren und Aufladen des vierten Chakras auch eine tiefe Wirkung auf unsere gesamte Gesundheit und Widerstandskraft gegen Krankheiten ausüben.

Das fünfte Chakra

Es wird oft als das »Kommunikations-Chakra« bezeichnet und liegt im Bereich der Kehle – physiologisch gesehen in der Nähe des Kehlkopfes und der Schilddrüse. Es ist das Zentrum der Kommunikation, der Sprache. Hier können wir die inneren Tiefen unserer Gefühle in Worte fassen, die die Menschen in unserer Umgebung verstehen können.

Vokalisierung ist eine der wichtigsten Methoden für das Erwachen der Kundalini, wie wir später noch genauer sehen werden. Wenn ich von *Chanten* spreche, meine ich die Aktivierung dieses fünften Chakras und seine Verwendung, um die anderen Chakren zu stärken.

In unserem alltäglichen Leben ist dieses Chakra das Mittel, um unsere spirituellen Erkenntnisse der uns umgebenden Welt mitzuteilen. Hier beginnen wir uns selbst zuzuhören und uns gewahr zu werden, was wir sagen.

Das fünfte Chakra ist auch das Zentrum der Traum- und Phantasieaktivität, und manchmal auch der sogenannten extrakorporellen Erfahrungen. Dieses Chakra stimuliert und integriert den begrifflichen Ausdruck von spirituellen Einsichten. Es ist die Brücke zwischen Gefühl und Denken, zwischen dem Konkreten und dem Abstrakten. Aus diesem Chakra gehen spirituelle Visionen hervor, manchmal sogar in großer Pracht und mit genauestem Detail.

Dieses fünfte Energiezentrum wird in unserer Kultur oftmals überreizt, wobei die vermeintlich unteren Chakren noch nicht einmal genügend energetisiert sind. Wenn dies geschieht, ist der Betreffende auf die Begrifflichkeit des Verstandes fixiert, ohne daß das Herz genügend mitschwingt und den Intellekt mit der Liebe ausbalancieren kann. Meditation über dieses Chakra ist sowohl für Menschen wichtig, die überintellektuell sind, wie auch für Personen, die ihre intellektuellen und verbalen Fähigkeiten erst noch kennenlernen müssen.

Die Drüse, die durch das fünfte Chakra gesteuert wird, ist die Schilddrüse (und Nebenschilddrüse), die natürlich auf das ganze Nervensystem, den Stoffwechsel und die Muskeltätigkeit wirkt. Menschen, bei denen diese Drüse außer Balance ist, neigen zu chronischen Erkältungen, Halsentzündungen, Nackenversteifungen und später im Leben zu Hörschwierigkeiten. Wenn dieses Chakra ausgeglichen wird, so werden diese Probleme gemildert, und gleichzeitig kann die Kundalini-Energie nach oben und unten zu den anderen Chakren fließen.

Das »Intuitions-Chakra« liegt genau zwischen und über den Augen. Es wird traditionell auch als »Das Dritte Auge« bezeichnet. Hier ist die wahre Weisheit beheimatet, wo der Verstand in Kontakt mit dem intuitiven Bewußtsein gelangt. Hier spricht Gott unmittelbar zu uns, wenn wir während der Meditation lauschen.

Der große noch lebende spirituelle Meister Gurumayi von Ganeshpuri fordert uns auf, bei der Aktivierung des sechsten Chakras trotzdem die Konzentration auf das Herz-Chakra beizubehalten, damit die Liebe immer die erste Grundlage der Erkenntnis ist. Auf diese Weise können wir, wie Jesus es ausdrückte, »in dieser Welt und doch nicht von ihr« sein. Das heißt: Bei all unseren Geschäften in der Welt des Alltags sind wir dennoch vollständig zwischen dem Spirituellen und dem Biologischen ausbalanciert. Nach dieser Weisheit richten sich auch die Kundalini-Meditationen in diesem Buch.

Das sechste Chakra beeinflußt die Hirnanhangdrüse (oder Hypophyse) im Gehirn und bestimmt auf diese Weise das gesamte Funktionieren von Körper und Geist auf höchster Ebene. Wenn wir Energie von oben und unten in dieses Zentrum leiten, können wir viele depressive Muster lindern und das Nervensystem auf eine Weise ausbalancieren, die uns bei der Überwindung von Geisteskrankheiten und verzerrten Wirklichkeitsbildern hilft. Auf einer mehr körperlichen Ebene kann die Balancierung dieses Chakras auch Kopfschmerzen, Alpträume und viele Sehstörungen heilen. Die spirituelle Balance dieses Chakras heilt emotionale Verwirrung.

Das siebte Chakra

Es heißt »Kronen-Chakra«, liegt oben auf der Schädelmit-
te und damit Lichtjahre jenseits der unteren Chakren. Das
wirkliche Wesen des siebten Chakras liegt jenseits
menschlicher Begriffe. Alle meine Lehrer auf dem Kundalini-Weg haben davon abgeraten, sich mit Gewalt in
das Bewußtsein des siebten Chakras zu drängen, und das
möchte auch ich Ihnen ans Herz legen. Sie werden diese
Erfahrung ohnehin erleben, wenn Ihr Nervensystem für
eine solche Erkenntnis und die Vereinigung mit der
schöpferischen Kraft des Universums vollkommen bereit
ist.

Trotzdem ist es bei der normalen Kundalini-Meditation wichtig, daß die Aufmerksamkeit zumindest für
kurze Zeit unmittelbar auf dieses Zentrum gelenkt wird,
damit das energetische System sich ausbalancieren kann
und wir uns für das Hereinfließen der Energie von oben
öffnen können. Die unmittelbare Konzentration auf das
siebte Chakra sollte keiner Hemmung unterliegen. Solange wir keine speziellen Methoden anwenden, um
dieses Chakra zu überreizen, kann ein kontinuierliches
und vollkommen natürliches Hereinfließen von weißer
Licht-Energie und Erkenntnis empfangen werden.

Das siebte Chakra kontrolliert die Zirbeldrüse im Gehirn. Die Medizin behauptet, daß diese geheimnisvolle
Drüse ihre Aktivität bereits eingestellt hat. Aber Yogis
wissen seit Jahrtausenden aus intimster Innenschau,
daß die Zirbeldrüse durch die Kundalini-Energie erweckt wird und nur dann Sekrete abgibt, wenn wir spirituell erweckt sind. Biochemisch gesehen könnte man
sogar Erleuchtung als einen Zustand bezeichnen, in
dem die Zirbeldrüse kontinuierlich besondere Hormone
an das tieferliegende Drüsensystem des Körpers abgibt.

Spiritueller ausgedrückt: Wenn wir das siebte Chakra in unsere Kundalini-Meditationen integrieren, so nehmen wir den universellen Heiligen Geist, der in unseren physischen und energetischen Körper herabfließt, in uns auf und lassen unser Leben von der höchsten heilenden und inspirierenden Kraft des Universums durchfluten.

An dieser Stelle möchte ich eine kleine Atempause für Sie einlegen: Sie können das Buch zumindest für einige kräftige Atemzüge lang beiseitelegen und Ihre Aufmerksamkeit auf Ihre Wirbelsäule und Ihr Gehirn richten, wo diese Energiezentren liegen. Sie werden natürlich Zeit brauchen, um zu lernen, wie man in einen innigen Kontakt mit diesen Chakra-Zentren gelangen kann. Das Ziel dieses Buches besteht darin, Ihnen bei der Lenkung Ihrer Aufmerksamkeit zu helfen, so daß Sie selbst die Gegenwart dieser Energiezentren in Ihrem Körper entdecken können. Die spirituelle Herausforderung ist es, über die mentalen Vorstellungen davon hinauszugehen und diese Wirklichkeiten unmittelbar zu erfahren.

Schauen Sie jetzt, ohne sich dabei anzustrengen, welche Erfahrung zu Ihnen kommt, wenn Sie die Augen schließen ... stimmen Sie sich auf Ihre Atemzüge ein, wie sie kommen und gehen ... und betrachten Sie nacheinander die sieben Chakren, die wir gerade besprochen haben ...

Die Kundalini-Kraft und das ökologische Bewußtsein

Sie haben jetzt ein grobes Bild von den sieben verschiedenen Energiezentren in Ihrem Körper und wissen über Wert und Zweck der Kundalini-Meditation Bescheid. Das Lernziel dieses Buches besteht darin, daß

Sie Ihre Aufmerksamkeit kraftvoll auf jedes der Chakren nacheinander richten können und darüber hinaus jenen höheren Bewußtseinszustand entwickeln, in dem Sie alle sieben Chakren auf einmal sehen können, so daß Sie zu einem ganzen, integrierten spirituellen Energiesystem werden. Durch eine solche Meditation werden Sie sich selbst optimal in die Lage versetzen, sich spirituell schnell fortzuentwickeln, nicht nur zu Ihrem eigenen Nutzen, sondern auch zu dem der Menschen, die Sie umgeben.

Gopi Krishna sagte in seinem Buch *Kundalini for the New Age*: »Kundalini ist der göttliche Mechanismus, der die ganze Rasse aus einer ziellosen Menge von drängelnden, kämpfenden Menschen in eine harmonische Versammlung von erleuchteten Wesen verwandelt.« Wie Sie wissen, sind wir jetzt an einem Punkt in der menschlichen Geschichte angekommen, an dem wir gewissermaßen mit unserem spirituellen Rücken gegen die ökologische Wand stehen. Wenn wir nicht versuchen, unsere spirituelle Intelligenz zu erweitern und mehr Liebe und Weisheit in unsere Umgebung zu leiten, könnten wir sehr schnell die uns bekannte menschliche Zivilisation zerstören.

Es wird heute viel darüber gesprochen, daß wir Gefahr laufen, unseren empfindlichen Planeten durch antiökologische Handlungen zu zerstören. Aber wie Dr. Lewis Thomas in seinem Buch *The Lives of a Cell* dargelegt hat: »Es ist eine Illusion zu glauben, daß es am Leben der Erde irgend etwas Empfindliches geben könnte. Sie hat die festeste Membran, die man sich im Universum überhaupt vorstellen kann. Der zarte, vergängliche und verletzliche Teil daran sind wir selbst!«

Wenn wir durch die Erweckung der Kundalini-Kraft nach einem höheren Bewußtsein streben, so geschieht dies nicht, um den Planeten zu retten, sondern die höheren Arten, einschließlich unserer äußerst zarten menschlichen Kultur, die so ungesichert an der Spitze der Lebenskette liegt. Zusammen mit den grandiosen Populationen der Wale und Delphine scheinen wir Menschen die Herolde des Bewußtseins hier auf diesem Planeten Erde zu sein. Unsere Herausforderung ist es, die Evolution des menschlichen spirituellen Bewußtseins zu beschleunigen und in humanere Dimensionen zu leiten, anstatt niedrigere Bewußtseinsebenen zu perpetuieren.

Wir sind auf vielerlei Weise die Augen und Ohren Gottes. Wir haben eine inhärente Verantwortung, unsere spirituellen Sinne zu verfeinern, so daß wir die Wirklichkeit klar wahrnehmen und entsprechend handeln können. Die Erweckung der Kundalini-Kraft ist aus meiner Sicht kein einsames Streben, das aus rein egoistischen Motiven betrieben wird. Im Gegenteil: Die Kundalini-Meditation hat durchaus gemeinschaftliche Dimensionen, denn wenn wir jeder für sich den inneren Kontakt mit der spirituellen Essenz erwecken und diese spirituelle Kraft durch unsere Handlungen nach außen fließen lassen, so geschieht dies zum Nutzen der ganzen Menschheit. Im Universum ist unendliche Energie verfügbar, wie uns die neue Physik zeigt. Wir sind als menschliche Wesen gefordert zu lernen, wie wir an dieser Lebensenergie auf gefahrlose und dennoch kraftvolle Weise teilnehmen können.

Das sind große Worte, und sie müssen durch praktische Übungsprogramme ergänzt werden, die tatsächlich den Zugang zu dieser höheren Ebene menschlichen Bewußtseins eröffnen. An dieser Stelle möchte ich erklären, wie wir in diesem Buch vorgehen, um sowohl unser ökologisches wie auch unser spirituelles Verlangen zu verwirklichen.

Der Zugang zur Meditation

Im zweiten Teil dieses Buches – dem praktischen Kern des Übungsprogramms für die Kundalini-Erweckung – werden wir Kapitel für Kapitel ein vollständiges Meditationsprogramm für jedes Chakra durchgehen. Sie werden lernen, sich auf jedes Chakra zu konzentrieren und es zu stimulieren, wenn Sie das Gefühl haben, daß es jedesmal, wenn Sie sich zur Meditation hinsetzen, besondere liebende Zuwendung braucht. Wichtiger noch, Sie werden die Fähigkeit entwickeln, alle sieben Chakren in ein harmonisches Ganzes zu integrieren, so daß Ihr ganzes Leben in Harmonie mit Ihrem spirituellen Zentrum schwingt und vibriert.

Meditationssitzungen können sieben Atemzüge bis zu sieben Stunden dauern. Ich werde Ihnen für jedes Chakra mehrere verschiedene Meditationsmethoden anbieten, so daß Sie selbst wählen können, welches zu Ihrer Situation paßt, wenn Sie gerade Zeit zum Meditieren haben. Ich werde Ihnen auch zeigen, wie Sie Chakra-Meditationen durchführen können, während Sie gerade etwas anderes tun. Die Kundalini-Meditation sollte zu einem andauernden Geistes- und Seelenzustand werden.

Grundsätzlich möchte ich empfehlen, daß Sie regelmäßig jeden Tag einen Zeitraum für die Kundalini-Meditation reservieren, damit Sie eine strikte Meditationsdisziplin in Ihrem Lehen haben. Das ist ein sehr wichtiges Ziel.

Ich werde Ihnen auch zeigen, wie Sie kurz meditieren können, unabhängig davon, wo Sie sind oder was Sie gerade tun. Spontane Meditationen sind auch ein Schlüssel zu spirituellem Wachstum: Sie öffnen sich für Erkenntnis und Verwirklichung in genau dem Augenblick, in dem sie in Sie hineinfluten will.

Wir sind ständig, jeden Tag und jeden Augenblick, dabei, für neue Bereiche des Bewußtseins zu erwachen. Spirituelles Wachstum ist ein endloser Prozeß. Wenn wir regelmäßig Zeit für das bewußte Erwachen reservieren und uns dafür öffnen, wann immer es uns begegnet, so können wir jeden Schritt auf dem Weg genießen!

Bewußtes Atmen: Die erste Methode in Aktion

An dieser Stelle möchte ich Ihnen eine wichtige Meditation vorstellen, die allen anderen, die Sie in diesem Buch erlernen werden, zugrunde liegt. Diese Meditation richtet sich auf die erste Methode, die ich zuvor bereits erwähnt habe: bewußtes Atmen. Mein wichtigster Lehrer, Thakin Kung, legte höchsten Wert auf diese scheinbar einfache Meditation.

Wir atmen regelmäßig unser ganzes Leben lang. Atmen heißt Leben. Mit dem Atmen aufhören heißt Sterben. Unsere ersten und letzten Atemzüge auf dem Planeten Erde sind die »Bücherstützen« der Zeit, die wir hier verbringen.

Die meisten von uns sind sich ihrer Atmung von Augenblick zu Augenblick nicht bewußt. Unser Verstand denkt so fieberhaft über Vergangenheit und Zukunft nach, plant, sorgt sich, träumt und so weiter und so fort, daß wir sehr leicht das Bewußtsein unserer Augenblickserfahrung verlieren.

Atemmeditation hat den Sinn, uns sofort zum ewigen Jetzt zurückzubringen. Wenn wir unsere Aus- und Einatmung regelmäßig beobachten, so stimmen wir unsere Aufmerksamkeit auf das lebendige Reich des Bewußtseins im Hier und Jetzt ein.

Alle echten spirituellen Lehren betonen, daß der einzige Ort, an dem wir Gott jemals finden können, genau hier ist, in dem Augenblick, wo sich das Jetzt entfaltet. Wir können Gott weder in der Vergangenheit noch in der Zukunft finden. Die Vergangenheit und die Zukunft sind schließlich nichts anderes als mentale Erweiterungen des unendlichen, ewigen Jetzt – wie Mystiker uns seit Jahrtausenden mitgeteilt haben.

Deshalb beginnen alle wirklich spirituellen Lehren mit natürlicher Logik damit, den Schülern zum Eintritt in das Bewußtsein vom Jetzt zu verhelfen. Dies geschieht dadurch, daß man lernt, wie man die chronische Gewohnheit des Geistes, in Vorstellungen, Phantasien und Erinnerungen abzuschweifen, loslassen kann.

Manche Meditationsmethoden verwenden »Karate«-Angriffe auf den denkenden Verstand, um das Ego zu töten und den persönlichen Gedankenfluß durch Bewußtsein zum Schweigen zu bringen. Ich dagegen ziehe »Judo« vor. Wir brauchen uns dem denkenden Verstand gegenüber nicht feindselig oder negativ zu verhalten, um seinen chronischen Gedankenfluß zum Schweigen zu bringen.

Der eigentliche Kunstgriff zur Beruhigung des Verstandes besteht darin, daß man ihm etwas Wertvolles zu tun gibt: eine herausfordernde Aufgabe, die unmittelbar dabei hilft, die Aufmerksamkeit voll auf das Jetzt zu richten. Genau das leistet die Atemmeditation, wenn man sie richtig einsetzt. Sie gibt dem denkenden Verstand eine spirituelle Aufgabe: nämlich die gewissenhafte Beobachtung von Ein- und Ausatmen, während sich der Atem im Jetzt entfaltet.

Die Meditation des bewußten Atems

Ich möchte Ihnen einen elementaren Atembewußtseinsprozeß zeigen, den Sie in den folgenden Wochen Schritt für Schritt vervollkommnen können.

1. Stimmen Sie sich auf die physischen Empfindungen ein, die Sie in der Nase fühlen, wenn die Luft bei jedem neuen Atemzug durch die Nasenlöcher herein- und herausströmt ... Versuchen Sie dabei aber nicht, Ihre Atmung zu verändern oder zu kontrollieren ... Prüfen Sie, ob auch Ihre Zunge und Ihre Kiefer entspannt sind ...
2. Stimmen Sie sich dabei auch auf die Geräusche ein, die durch die herein- und herausströmende Luft entstehen ...
3. Öffnen Sie, während Ihre Aufmerksamkeit noch bei der Luft ist, die durch die Nase strömt, Ihr Bewußtsein so weit, daß Sie auch die physische Bewegung in Brust und Bauch wahrnehmen, während Sie atmen ...
4. Während das Bewußtsein noch immer auf diese Atemerfahrung gerichtet ist, beginnt es sich so weit zu öffnen, daß es auch die Nasenspitze ... Hände und Finger ... Füße und ... den ganzen Körper im Jetzt umfaßt ... Entspannen Sie sich und genießen Sie die reine Erfahrung eines mühelosen Atems und einer meditativen Ruhe ...

2.

Unmittelbarer Kontakt
mit dem Göttlichen

Wie bei allen anderen Meditationstraditionen der Welt ist das grundsätzliche Ziel der Kundalini-Meditation die Erweiterung des menschlichen Bewußtseins. In diesem Kapitel werden wir genau erforschen, was mit dem Begriff »Bewußtseinserweiterung« gemeint ist, und außerdem werden wir eine äußerst wirksame Meditation zur Bewußtseinserweiterung kennenlernen, die den Prozeß der spirituellen Erleuchtung aus erster Hand zeigt.

Mir hat immer die Beschreibung der Erleuchtung gefallen, wie sie Thaddäus Golas in seinem magischen Buch »*The Lazy Man's Guide to Enlightenment*« formuliert hat: »Erleuchtung ist jede Erfahrung einer Erweiterung des Bewußtseins jenseits seiner gegenwärtigen Grenzen. Vollkommene Erleuchtung ist die Erkenntnis, daß wir überhaupt keine Grenzen haben – und daß das ganze Universum lebt.«

»Bewußt« zu sein heißt einfach, die Aufmerksamkeit auf den gegenwärtigen Augenblick zu lenken und reflexiv zu wissen, was wir wahrnehmen. »Erweiterung des Bewußtseins« heißt nur, daß uns mehr Wirklichkeit bewußt ist, als dies normalerweise der Fall ist.

Am Ende des ersten Kapitels haben Sie selbst eine grundlegende bewußtseinserweiternde Übung erlebt, als Sie Ihre Wahrnehmung immer umfassender auf den Atem gelenkt haben und gleichzeitig auch alle anderen Erfahrungen, die in Ihr Bewußtsein traten, wahrgenommen haben. Jedesmal, wenn Sie diese Meditation durchführen (ich empfehle mindestens viermal am Tag), werden Sie eine vollkommen neue Erfahrung haben – weil niemand denselben Atemzug mehr als einmal macht. Wir empfinden uns selbst niemals gleich! Jede Empfindung ist neu! Es gibt keine Grenzen für die Erfahrung der Bewußtseinserweiterung, die dann zu uns kommt, wenn wir unsere Aufmerksamkeit auf unseren Atem richten und beobachten, was im gegenwärtigen Augenblick geschieht.

Um es zusammenzufassen: Die Erweiterung des Bewußtseins erfordert nur, daß wir uns auf alles einstimmen, was im gegenwärtigen Augenblick entsteht, und daß wir offen genug bleiben, um alte Begriffe und Erwartungen loszulassen, die nicht in Harmonie mit der neu entstehenden Wirklichkeit sind, die jeden Augenblick aufs neue in unserer Umgebung gebildet wird.

Einheit mit unserem eigenen Bewußtsein

Itzhak Bentov definiert Bewußtsein formal als »die Fähigkeit eines Systems, auf Reize zu reagieren«. Ich mag diese Definition, weil sie zeigt, daß das menschliche Bewußtsein keine isolierte Entität ist, sondern vielmehr an allem interaktiv teilnimmt, was erfahren wird.

Wie wir Schritt für Schritt sehen werden, findet eine unmittelbare Interaktion zwischen der normalen Funktionsweise Ihres Körpers und Ihrer augenblicklichen

Bewußtseinsebene statt, wenn Sie Ihre Aufmerksamkeit auf Ihren Atem und zusätzlich noch auf Ihre Energiezentren richten. Wenn Sie also Ihre Aufmerksamkeit auf Ihre Chakren lenken, wenn Sie Ihr Bewußtsein erweitern, um auch diese Zentren der energetischen Aktivität mit einzuschließen, so wird die Aufmerksamkeit zum aktiven Agens in der Funktionsweise dieser Chakren-Zentren. Und dadurch wird die Meditation kraftvoll.

Um die Jahrhundertwende begannen die Wissenschaftler zu erkennen, daß es unmöglich ist, ein objektives Experiment durchzuführen, weil das Bewußtsein des Experimentierenden immer mit dem Experiment interagiert und die Resultate beeinflußt. Dies war eine einschneidende Erkenntnis, mit der sich die Wissenschaftler erst zurechtfinden mußten. Aber aus einem spirituellen Gesichtswinkel ist diese Erkenntnis geradezu offensichtlich und wurde auch schon seit Jahrtausenden durch die großen Yogis des Ostens gelehrt. Die Kraft des Bewußtseins kann durch nichts von dem getrennt werden, auf das es sich richtet.

Erweiterung und Kontraktion von Bewußtsein

Ich bin sicher, daß Sie aufgrund eigener Beobachtungen wissen, daß jedes Ereignis, das auf der Oberfläche dieser Erde stattfindet, auf hunderterlei Weise erfahren werden kann, je nach dem Bewußtseinszustand des Individuums. Menschen, die in einem irdischen Paradies leben, können genau dieses Paradies als Hölle empfinden, wenn ihre innere Wirklichkeit schmerzlich zusammengezogen ist. Umgekehrt kann man sich in einer absolut höllischen Situation befinden und sich dennoch in glückselige Erfahrung ausdehnen.

Eine unserer primären Freiheiten, vielleicht die einzig wirkliche Freiheit, ist unsere Fähigkeit zu bestimmen, worauf wir in jedem Augenblick unsere Aufmerksamkeit richten und ob wir unser Bewußtsein erweitern oder zusammenziehen.

Es ist wichtig, klar zu sehen, daß Bewußtsein keine Eigenschaft ist, die sich ganz einfach während unseres ganzen Lebens immer mehr erweitert. Vielmehr erweitert und kontrahiert sich das Bewußtsein ständig von Augenblick zu Augenblick. Wir können wunderbar offen sein und uns von glückseligen Gefühlen und Erkenntnissen davontragen lassen; dann kann irgend etwas geschehen, das uns auf eine fürchterliche Stufe der Kontraktion zurückwirft.

Das Ziel bei unseren Meditationen zur Kundalini-Erweckung besteht darin, eine bewußtere Kontrolle über die Ausdehnung und Zusammenziehung unserer täglichen Wahrnehmungen zu gewinnen. Während wir aufwuchsen, haben wir von unseren Eltern und unserer Umgebung bestimmte Gewohnheitsmuster des Bewußtseins übernommen. Die Herausforderung an einen Menschen, der sich spirituell entwickeln will, besteht darin, eine erweiterte Wahrnehmung dieser gewohnten Bewußtseinsmuster zu gewinnen, damit sie beurteilt und – falls sie unser gegenwärtiges Potential der Bewußtseinserweiterung hemmen – losgelassen werden können.

Betrachten wir zum Beispiel unsere angelernten Atemgewohnheiten. Bestimmte Dinge, die uns zustoßen, verursachen im allgemeinen eine Verflachung unseres Atems. Wenn wir beispielsweise um die Ecke kommen und zwei Männer miteinander kämpfen sehen, so wird sich unsere Atmung anspannen und verkrampfen. Wenn wir umgekehrt einen wunderschönen Sonnenuntergang sehen, so wird sich unsere Atmung fast mit Sicherheit entspannen.

Diese Reaktionen geschehen automatisch und basieren auf vergangenen Lernvorgängen. In einem sehr realen Sinn sind wir alle die Gefangenen unserer alten Programmierungen, weil sie bestimmen, wann sich unser Bewußtsein erweitert und wann es sich zusammenzieht.

Aber wenn wir langsam mehr und mehr wahrnehmen, wie unsere Atmung automatisch auf verschiedene Situationen reagiert, können wir bewußt damit beginnen, diese Gewohnheiten zu überwinden, und ein neues Gefühl von Freiheit in unserem Leben verspüren. Die Kundalini-Meditation erfüllt eine entscheidende Funktion: Sie hilft uns – vor allem am Anfang – dabei, gewahr zu werden, wie wir normalerweise in bestimmten Lebenssituationen reagieren und uns zusammenziehen. Und wenn unsere Selbstwahrnehmung immer klarer wird, können wir auch alte Reaktionen loslassen und mit mehr Offenheit auf die Geschehnisse des Lebens reagieren.

Angst – die stärkste Ursache der Kontraktion

Es ist eine grundlegende psychologische Tatsache, daß sich das Bewußtsein im Zustand der Angst zusammenzieht und in einem friedvollen Zustand entspannt. Wenn wir uns durch irgend etwas bedroht fühlen, schließen wir es aus unserer Wahrnehmung aus. Wenn wir uns sicher und aufnahmebereit fühlen, dehnen wir uns aus.

Vor kurzem habe ich zusammen mit meinem kleinen Sohn eine Nacktschnecke beobachtet, die quer über einen Gartenweg kroch. Ich erklärte ihm, daß eine Schnecke eine bestimmte Bewußtseinsstufe hat, die ihre Aktionen bestimmt. Zum Beispiel streckt sie ihre Fühler aus und bewegt sich in ihrer Umgebung, wenn sie keine Gefahr sieht. Aber sobald sie sich bedroht fühlt, zieht sie sich zusammen, zieht ihre Fühler ein und wird gewissermaßen bewußtlos, um der Gefahr zu entgehen. Wir Menschen neigen dazu, uns genauso zu verhalten.

Angst ist der große Feind des spirituellen Wachstums. Und wir müssen auch einen gewissen Glauben in uns haben, wenn wir es riskieren, unser Bewußtsein in die spirituelle Richtung zu erweitern. Joseph Chilton Pearce spricht davon, welch wichtige Rolle der Glaube bei der Erweckung der Chakren spielt, und ich stimme ihm voll und ganz bei. Wenn wir nicht tief in unserem Inneren dem spirituellen Universum vertrauen, wenn wir keinen Kontakt mit unserem inneren Meister herstellen und spüren, daß wir in positive Richtungen gelenkt werden, dann können wir uns auch nicht für die Erweckung der Kundalini-Kraft öffnen, denn wer weiß, was uns widerfährt, wenn wir die bekannte Vergangenheit loslassen und uns in ein vollständig neues Gebiet in unserem Inneren vorwagen.

Unsere Kultur legt tendenziell ihr Vertrauen in materielle Dinge und die Macht technischer Verfügbarkeit, verharrt aber in ihrer Furcht vor innerer spiritueller Gegenwart und Kraft. Diese grundsätzliche Angst vor unserer spirituellen Dynamik bewirkt, daß wir diese energetischen Zentren entlang unserer Wirbelsäule gar nicht wahrnehmen.

In diesem Buch möchte ich empfehlen, selbst herauszufinden, ob die energetische Gegenwart unseres Chakren-Systems wirklich zum Fürchten ist. Nur wenn wir kulturelle Konditionierungen überwinden, die uns den Weg zur spirituellen Erleuchtung versperren, können wir unsere Energiezentren aktivieren und zu neuen Höhen spiritueller Bewußtheit aufsteigen

Beim Lesen meditieren

Es gibt eine Methode, die den Vorgang des Lesens aus einer alltäglichen Erfahrung zu einer tiefen Meditation macht. Ich erkläre sie Ihnen – gewissermaßen als spirituelle Herausforderung für den Rest dieses Buches und späteres Lesen.

Der Vorgang ist ziemlich einfach. Während Sie lesen und Worte, Absätze und Seiten vorbeiziehen, sollten Sie beobachten, in welchem Ausmaß Sie gleichzeitig auch Ihre Atmung, also jedes neue Ein- und Ausatmen wahrnehmen. Öffnen Sie Ihr Bewußtsein und nehmen Sie Ihren ganzen Körper jetzt und hier wahr, während Sie gleichzeitig den fortlaufenden Fluß der Worte in sich aufnehmen.

Dieses »Sich-Durchatmen« durch die Erfahrung des Lesens ist nicht sehr schwierig und kann zu einer eigenen Meditationsmethode werden. Von diesem »Lesen als Meditation« habe ich selbst zum erstenmal von dem großen spirituellen Lehrer Krishnamurti aus Indien vor etwa zwanzig Jahren gehört, als sich eine kleine Gruppe von uns in seinem Haus in Ojai in

Kalifornien versammelte. Seither habe ich ununterbrochen mit der Magie dieser Empfehlung gelebt. Ich freue mich, sie Ihnen zu Ihrem zukünftigen Lesevergnügen weiterzugeben.

Ich möchte Sie noch etwas mehr in diesen Vorgang einführen, so daß Sie diesen neuen meditativen Lesezustand voll erleben können. Lesen Sie weiter diese Worte, verlangsamen Sie Ihr Lesetempo ein wenig, entspannen Sie sich und stimmen Sie sich auf Ihre Atmung ein, während Sie weiterlesen ... Spüren Sie, wie die Luft an Ihrer Nase herein- und herausströmt? Genießen Sie es, sich selbst wahrzunehmen, noch während Sie die Worte auf dieser Seite lesen, lassen Sie zu, daß sich Ihr Bewußtsein mühelos entspannt und so weit öffnet, daß Sie gleichzeitig lesen und atmen können. Nehmen Sie wahr, wie die Luft durch die Nase herein- und herausfließt, erlauben Sie Ihrem Bewußtsein, sich so weit zu öffnen, daß Sie auch die Bewegungen in der Brust und im Bauch verspüren, die durch jeden neuen Atemzug entstehen. Vergessen Sie nicht, daß die Atmung der Beginn und das Ende der Kundalini-Erweckung ist.

Das volle Bewußtsein der eigenen Atmung bei jeder beliebigen Aktivität ist wirkliche Erleuchtung.

Atem und Herz zusammen

Die Kundalini-Meditation folgt dem natürlichen Weg der menschlichen Bewußtseinserweiterung. Als erstes stimmen wir uns auf die lebenswichtige Körperfunktion des Atmens ein. Dann schließt die Erweiterung des Bewußtseins sowohl die Atemerfahrung wie auch die gleichzeitige Herzerfahrung mit ein.

Diese Meditationsmethode habe ich bei Alan Watts in San Francisco im Jahre 1969 kennengelernt. Eines Tages führte er mich durch die grundlegende Atembewußtseinsmeditation, die ich Ihnen gerade erklärt habe. Sie ist eine klassische Kontemplation aus dem Zen-Buddhismus. Dann sagte er: »Laß nun, ohne dich anzustrengen, das Bewußtsein des Atmens so weit werden, daß du beim Atmen auch den Herzschlag empfindest.«

Die Atem-Herz-Meditation

Ich möchte Ihnen jetzt eine kurze Pause gönnen, damit Sie die Atem-Herz-Meditation üben können. Wenn Sie diesen Absatz gelesen haben, legen Sie das Buch zur Seite. Stehen Sie auf und springen Sie ein wenig, wenn Sie Ihren Herzschlag zu einem etwas heftigeren Pochen steigen wollen, bevor Sie mit der Meditation beginnen. Setzen Sie sich dann in Ruhe – Sie können auch die Augen schließen –, stimmen Sie sich auf ihre Atmung ein ... Empfinden Sie, wie die Luft durch die Nase herein- und herausströmt. Empfinden Sie gleichzeitig die Bewegung in Brust und Bauch, während Sie atmen ... und fühlen Sie Ihren Herzschlag oder Puls inmitten der Atemerfahrung.

Manchen Menschen fällt es am Anfang ein wenig schwer, sich inmitten des Atmens auf den Herzschlag zu konzentrieren. Vergessen Sie nicht, daß es Zeit und Geduld braucht, um die Meditationen zu meistern, die ich Ihnen hier erkläre. Niemand fordert von Ihnen, daß Sie solche Bewußtseinserweiterungen in einer Sitzung, in einer Woche, ja selbst in einem Monat oder einem Jahr beherrschen. Ich habe diese grundlegenden Übungen jetzt seit zweiundzwanzig Jahren erforscht, und jedesmal, wenn ich sie durchführe, ist mein Erlebnis noch immer einschneidend und unerwartet: ein neuer Blick in das unendliche Reich des Bewußtseins.

Die Erweckung des ganzen Körpers

Wir haben uns nun mit den kontinuierlichen lebensspendenden Geschehnissen des Atems und Herzschlags vertraut gemacht, die uns mitteilen, daß wir hier im ewigen Jetzt leben und lebendig sind. Wir haben unsere geistige Wahrnehmung auf die Luft um uns gerichtet, die wir in die Lungen aufnehmen, und haben die pumpende Kraft des Herzens verspürt, durch die der Sauerstoff in allen Arterien und Kapillaren unseres Körpers verteilt wird. Durch die Konzentration auf diese inneren Vorgänge haben wir unser Bewußtsein in eine gesteigerte Kommunikation mit jeder Körperzelle im Kreislaufsystem versetzt, die Sauerstoff aufnimmt. Den Puls im ganzen Körper zu spüren, heißt tatsächlich das Bewußtsein so weit zu öffnen, daß unser ganzes physisches Sein darin enthalten ist.

Wir kommen jetzt zu einer weiteren Steigerung dieser »Leben-im-Jetzt«-Meditation. Hier wird das Bewußtsein nun nicht mehr nur auf Atmung und Herzschlag gerichtet, sondern gleichzeitig auch auf den Gleichgewichtssinn im Kraftfeld der Erde.

Jeder Muskel in Ihrem Körper hält gerade jetzt ein bestimmtes Spannungs- oder Entspannungsniveau, damit Sie sich beim Lesen dieses Buches aufrecht halten können. Sich auf die augenblickliche Erfahrung der Balance einzustimmen, heißt das Bewußtsein ganz realistisch so zu weit zu machen, daß auch noch jeder Muskel im Körper, der an dem Balanceprozeß beteiligt ist, darin enthalten ist. Indem Sie sich dieses fortlaufenden Gleichgewichtsprozesses bewußt werden, werden Sie sich auch aller Muskeln wie auch aller Knochen im Körper bewußt.

Auch hier möchte ich Sie wieder ohne Anstrengung durch diesen Prozeß der Bewußtseinserweiterung führen. Noch während Sie diese Worte lesen, können Sie diesen Vorgang schon spüren und werden hoffentlich jede Stunde einige Minuten aufwenden, um diese Meditation zu praktizieren, und auf diese Weise eine feste Gewohnheit entwickeln, die Sie an jedem neuen Tag Ihres neuen Lebens regelmäßig durch diese Erfahrung führt.

Richten Sie Ihre Aufmerksamkeit auf:
1. Die Luft, die durch die Nase herein- und herausströmt.
2. Die Atembewegungen in Brust und Bauch.
3. Ihren Herzschlag oder Puls inmitten der Atemerfahrung.
4. Ihr Gleichgewichtsgefühl im Schwerkraftfeld der Erde: Während die Schwerkraft den Körper nach unten zieht, reagieren die Muskeln ganz präzise, um ihn aufrecht zu halten.

Die Meditation des Gesamtkörperbewußtseins

Mit dieser vierstufigen Meditation kennen Sie jetzt im wesentlichen den Weg, wie Sie sich in das ewige Jetzt bringen können, in dem alle spirituellen Forschungen stattfinden. Sie können auf den tieferen Ebenen des

Bewußtseins nichts Bedeutsames erleben, wenn Sie sich nicht zuerst voll und ganz in diesen Zustand der Selbstwahrnehmung im Hier und Jetzt bringen.

Diese elementare Meditation werden wir bei jeder Kundalini-Sitzung in diesem Buch praktizieren. Ich empfehle Ihnen, diesen vierstufigen Ablauf auswendig zu lernen, bevor Sie im Buch weiterlesen. Sie können sich Ihrer Chakren und deren Einfluß auf Ihr Leben nur in dem Maße bewußt werden, wie Sie sich Ihrer selbst als einheitliches Ganzes bewußt sind.

Die Meditation des Gesamtkörperbewußtseins

Ich möchte noch einmal klar zusammenfassen, aus welchen Bestandteilen diese Meditation besteht:

1. *Zuerst wird die Luft, die bei jedem neuen Atemzug durch die Nase herein- und herausströmt, bewußt wahrgenommen.*
2. *Dann werden auch die Atembewegungen von Brust und Bauch in die Wahrnehmung miteinbezogen.*
3. *Als nächstes wird nun auch der Herzschlag oder Puls im Körper bewußt wahrgenommen.*
4. *Und schließlich wird das Bewußtsein so weit, daß es auch den muskulären Gleichgewichtssinn im Jetzt mit erfassen kann.*

Ich habe Ihnen jetzt einen elementaren Schlüssel für die Erweckung der Kundalini-Kraft gegeben: Es ist Ihre Fähigkeit, das normale Bewußtsein so weit zu öffnen, daß Sie sich des ganzen Körpers im Hier und Jetzt bewußt werden. Sie sind aufgefordert, diese vierstufige Meditation oft, und zwar einmal pro Stunde durchzuführen, so daß sich allmählich eine neue spirituelle

Wachsamkeit als Gewohnheit in Ihnen verankert, die Sie dann Schritt für Schritt zur Blüte einer echten Kundalini-Erleuchtung führen wird.

Diese Anfangsmeditation richtet das Licht nach innen, damit Sie die tieferen spirituellen Wirklichkeiten Ihrer Existenz sehen können. Vergessen Sie nicht: Drehen Sie das Licht an, das heißt, stimmen Sie sich auf Ihre volle Gegenwart im Hier und Jetzt ein, bevor Sie irgendeine der fortgeschritteneren Übungen vollziehen.

Begegnen Sie Ihren Chakren

Wenn Sie diese vierstufige vorbereitende Meditation, die ich gerade beschrieben habe, durchlaufen haben, so können Sie Ihr Bewußtsein noch weiter öffnen, um auch diejenigen Körpergegenden wahrzunehmen, in denen die Kundalini-Energie eine Chakren-Aktivität anregt.

Wir haben bereits auf begrifflicher Ebene erörtert, wo die sieben Chakren im Körper liegen. In diesem Kapitel – aber auch in Ihrem ganzen Leben, sofern Sie sich weiterhin mit Überzeugung der Kundalini-Meditation widmen – werden wir diese Chakren experimentell erforschen.

Es gibt mehrere Chakren, die man relativ leicht selbst erfahren kann. Wenn ich zum Beispiel sage: »Werden Sie sich Ihres Herz-Chakras bewußt!«, so werden Sie wahrscheinlich ziemlich genau wissen, wohin Sie Ihre innere Wahrnehmung lenken müssen. Genauso ist es mit dem Sexual-Chakra: Der ungefähre Ort ist durchaus bekannt. Ich möchte Sie nun durch eine vorberei-

tende Innenwahrnehmung der sieben Chakren beglei-
ten, damit Sie prüfen können, wie genau sich Ihr
Bewußtsein auf diese gegebenen Zonen konzentrieren
kann.

Erstes Chakra: Entspannen Sie sich, werden Sie sich
Ihres Atems, Herzschlags und Gleichgewichtes im Hier
und Jetzt bewußt und richten Sie in diesem weit geöffneten Bewußtseinszustand die Kraft Ihrer Aufmerksamkeit auf die Basis der Wirbelsäule, wo der Körper in
der sitzenden Position die Erde berührt.

Zweites Chakra: Während Sie sich nun Ihrer Atmung
und Ganzkörperwahrnehmung bewußt bleiben, verla-
gern Sie Ihre Aufmerksamkeit auf das Sexualzentrum,
die Genitalgegend.

Drittes Chakra: Bringen Sie Ihre Aufmerksamkeit in den
Bauch, zum Machtzentrum des dritten Chakras.

Viertes Chakra: Bringen Sie sie jetzt ohne Anstrengung
zum Herz-Chakra in der Mitte der Brust.

Fünftes Chakra: Richten Sie jetzt Ihr Bewußtsein auf die
Kehle, zum Kommunikations-Chakra.

Sechstes Chakra: Lassen Sie nun Ihre Aufmerksamkeit
ohne Anstrengung bis zu dem Punkt zwischen den
Augen tief im Gehirn aufsteigen, wo das Chakra der
Intuition liegt.

Siebtes Chakra: Heben Sie Ihre Aufmerksamkeit jetzt bis
zur Oberseite des Kopfes, dem Kronen-Chakra, an.

Der pragmatische Aspekt der Kundalini-Erweckung

Wenn Sie sich für die Erfahrung geöffnet haben, durch die ich Sie jetzt gerade geführt habe, so haben Sie bereits die Essenz der Kundalini-Meditation praktiziert. Mit voller Körperwahrnehmung im Hier und Jetzt haben Sie sich auf jedes der sieben Energiezentren im Körper konzentriert. Jedes Individuum hat bei jedem einzelnen Chakra eine andere Anfangserfahrung. Das liegt an vielen Faktoren aus der Vergangenheit und der grundlegenden Konstitution des einzelnen. Aber Sie alle haben jedenfalls die sieben elementaren Bausteine der menschlichen Existenz erfahren. Sie sollten Ihre anfängliche Fähigkeit oder Unfähigkeit, mit den einzelnen Chakren in Kontakt zu treten, vollkommen ohne Urteil hinnehmen. Für viele Menschen ist es am Anfang recht schwierig, sich auf manche Chakren zu konzentrieren. Das ist vollkommen natürlich und erwartungsgemäß. Die volle Erweckung der Kundalini-Kraft braucht Zeit, da gibt es keinen Zweifel. Wie ich bereits erwähnte, ist dies im besten Fall eine langsam fortschreitende (Liebes-)Beziehung, nicht aber eine plötzliche überwältigende Begegnung.

Sie sollten regelmäßig Ihre bewußte Aufmerksamkeit auf jedes der sieben Chakren lenken, so daß Sie ungeachtet Ihrer anfänglichen Blockaden und scheinbaren Blindheit den Geist ganz sanft in Kontakt mit der Schwingungswirklichkeit aller sieben Energiezentren im Körper bringen.

An dieser Stelle möchte ich Ihnen ein wenig freie Zeit geben, damit Sie das Buch beiseite legen und sich Schritt für Schritt auf Ihre Atmung und den ganzen Körper einstimmen können. Beginnen Sie mit dem ersten Chakra und gehen Sie dann alle anderen der Reihe nach durch. Beobachten Sie, welche Gefühle Sie bei der Wahrnehmung der einzelnen Chakren verspüren. Im folgenden die Liste, falls Sie noch irgendwelche Unsicherheiten über die Reihenfolge haben:

1. Das Erd-Chakra an der Basis der Wirbelsäule.
2. Das Sexual-Chakra in den Fortpflanzungsorganen.
3. Das Macht-Chakra zwischen dem Nabel und dem Solarplexus.
4. Das Herz-Chakra in der Mitte der Brust.
5. Das Kehl-Chakra in und um die Luftröhre.
6. Das Intuitions-Chakra zwischen den Augenbrauen.
7. Das Kronen-Chakra auf dem Kopf.

Fixierung auf einzelne Chakren

Die moderne Mystikerin und Lehrerin des Kundalini-Weges, Ann Ree Colton, sagt in ihrem Buch *Kundalini West*, daß »die Kundalini eine Bewußtseinsmethode ist; wo das Bewußtsein ist, da geht die Kundalini hin.« Die meisten von uns grenzen das Bewußtsein gewohnheitsmäßig ein und halten es chronisch auf nur einige Energiezentren im Körper fixiert. Dadurch entsteht ein Kundalini-Ungleichgewicht im Energiesystem.

Die meisten Ungleichgewichte resultieren aus den folgenden Arten der Fixierung. Ihre eigenen Erfahrungen mit Menschen aus Ihrer Umwelt werden meine Äußerungen sicher bestätigen.

Viele von uns kleben im Erd-Chakra, versuchen noch immer, sich durch ihre pubertären Probleme und grundlegenden Überlebensängste hindurchzuarbeiten.

Anstatt die kindlichen Entwicklungsphasen zu transzendieren, tappen wir in kindlichen Gefühlen und Gedanken umher. Zum Beispiel hungern viele von uns ständig nach einer Mutter, die uns alles gibt, was wir brauchen, vor allem auf emotionalem Gebiet, anstatt im Leben voranzuschreiten und zu lernen, wie wir selbst geben können.

Viele von uns sind zu sehr im zweiten, dem Sexual-Chakra, fixiert. Wir sind süchtig nach dem Vergnügen der sexuellen Entladung, wir brauchen diese genitalen Reize. Unsere Kultur verstärkt diese sexuellen Probleme durch die Medien und die Werbung fast bis zur Grenze des Pathologischen. Sex um seiner selbst willen wurde zum prägenden Merkmal der gegenwärtigen Zeit.

Auch das dritte Chakra wird vielfach mißbraucht, und zwar von Menschen, die immer und immer wieder ihre Machtspiele spielen und sich darauf spezialisieren, andere Menschen und die Mutter Natur durch ihre Herrschsucht zu dominieren. Moderne Chakren-Spezialisten sind der Meinung, daß sich unsere gegenwärtige Zivilisation insgesamt im dritten Chakra verfangen hat und sich abmüht, um schließlich doch über die Herrschsucht hinaus zu einer mitfühlenden Teilnahme an den ökologischen und spirituellen Reichen des Bewußtseins zu gelangen, was ja bereits zum vierten Chakra gehört. Menschen, die darauf fixiert sind, Magie als Mittel der Manipulation einzusetzen, mißbrauchen ebenfalls die Energie des dritten Chakras.

Beim Herz-Chakra könnte man vielleicht glauben, daß es durch eine zu starke Fixierung nicht mißbraucht werden könnte. Aber in Wirklichkeit gibt es viele Menschen, die durch ihre Erziehung zu selbstlosen, liebenden Geschöpfen geworden sind. Sie sind chronisch damit beschäftigt, viel zu viel von ihrer Liebe in die falsche Richtung zu lenken, und verlieren durch diese unkluge und unausgeglichene Verausgabung ihrer Liebesfähigkeit viel Kraft. Zum Beispiel können wir uns vor unserer Verantwortlichkeit für die Macht des dritten Chakras dadurch drücken, daß wir uns zu sehr auf das Herz fixieren.

Viele Menschen hängen auch im fünften, dem Kehl-Chakra fest, indem sie die ganze Zeit nur denken und reden und alles mögliche hervorsprudeln. Dadurch erschöpfen sie sich und die Umwelt, anstatt sie weiterzubilden. Das Kehl-Chakra ist auch das Zentrum der Träume und Phantasien, und natürlich sind viele von uns auch in einer Phantasiewelt steckengeblieben und haben es versäumt, sich auf die Realitäten einzustellen, die auf dieser Erde unsere Aufmerksamkeit brauchen. Auch notorische Kopfmenschen, die sich die meiste Zeit in begrifflichem Denken verlieren, sind in diesem Chakra fixiert.

Es scheint, daß sowohl das sechste wie auch das siebte Chakra nicht mißbraucht werden können. Aber es gibt einige fortgeschrittene spirituelle Lehrer, die sich zu sehr im sechsten Chakra, der reinen Intelligenz und intuitiven Weisheit fixieren und dadurch das übrige Energiesystem vernachlässigen.

Idealerweise sollte ein gleichmäßiger Energiestrom durch alle Chakren fließen, ohne daß eines dieser Chakren bevorzugt oder ausgespart bleibt. Jedes Ungleichgewicht in einem der Chakren erzeugt auch ein Ungleichgewicht in den übrigen Chakren.

Sie sollten einmal ehrlich über Ihre Bewußtseinsschwerpunkte nachdenken. Wo auf der Wirbelsäule fixieren Sie im allgemeinen Ihre Aufmerksamkeit? Sind Sie die meiste Zeit irgendwo unten in der Sexualregion oder oben im Kopf? Haben Sie sich auf Machtspiele eingelassen, die Sie im dritten Chakra festhalten?

In welcher Richtung fließt die Kundalini-Energie?

Wenn Menschen zum erstenmal über die Kundalini-Kraft nachdenken, dann stellen sie sich im allgemeinen eine Energie vor, die von der Basis der Wirbelsäule aufsteigt und dann durch die Chakren fortschreitet, bis sie schließlich in den unendlichen spirituellen Reichen des siebten Chakras aufblitzt. Das war auch mein erster Eindruck von der Kundalini-Kraft.

Wenn man aber mehr Erfahrung gesammelt hat, dann weiß man, daß es in Wirklichkeit anders ist: Die Lebensenergie fließt sowohl von der Erde durch den Körper nach oben wie auch durch das siebte Chakra von oben in den Körper.

Wir sollten wissen, daß der menschliche Körper sowohl von unten wie auch von oben Energie empfängt. Wir sind in physischer Form eine Ehe zwischen Himmel und Erde, in genau diesem energetischen Sinn.

Beachten Sie, daß wir genau im Mittelpunkt dieser Ehe von Himmel und Erde das vierte Chakra, das Herz-Chakra, finden. Eine vollkommene Balance zwischen oben und unten ist also als Programm unserem Nervensystem inhärent. Wenn unser Chakren-System ideal funktioniert, so vermischen sich die nach oben und unten fließenden Ströme mit großer Macht und Leuchtkraft im mittleren Wirbel der Liebe. Das ist unser Ziel.

Ein geschlossener Energiekreislauf

Wenn sie Ihre Aufmerksamkeit auf Ihr Chakren-System richten, so denken Sie bitte daran, daß Sie keine statischen Chakren erleben werden, von denen jedes nur in und für sich selbst existiert. Vielmehr werden Sie sie als lebendige Energiezentren erleben, die ohne Unterlaß durch Energien von unten und oben stimuliert werden. Chakren existieren nur in energetischer Bewegung.

Sie existieren auch in der Beziehung zueinander und zu den Energieströmen rings um den Körper. Wir sprechen von einzelnen Chakren, aber in Wirklichkeit sind sie untrennbar. Wenn Sie eines von ihnen aus dem Nervensystem entfernen, so bleibt Ihnen nur ein ausgedientes, totes Restsystem übrig.

Deshalb habe ich Sie zu Beginn dieses Kundalini-Übungsprogramms darum gebeten, sich nicht auf einzelne Chakren zu konzentrieren, sondern auf den ganzen Körper. Deshalb empfehle ich Ihnen auch wärmstens, vor jeder Chakren-Meditation die vorbereitende Atem-Ganz-Körper-Meditation zu praktizieren, so daß Ihr Bewußtsein umfassend und ganzheitlich wird, bevor Sie sich auf einzelne Chakren konzentrieren.

Deshalb versuche ich Ihnen auch eine möglichst starke direkte Berührung mit Ihren Chakren zu ermöglichen, anstatt mich allzusehr auf Theorien und visuelle Vorstellungen von den Chakren zu verlegen. Auch mein Lehrer Thakin Kung hat immer betont, daß wir zuerst mit der Energie selbst in Kontakt treten sollten, also mit der eigenen Kundalini-Wirklichkeit, und dann erst gelegentlich begriffliche Gebilde hinzunehmen sollten. Wir müssen unsere denkenden Köpfe mit genügend Information füllen, um ein intellektuelles Gerüst für den Kundalini-Prozeß zu schaffen. Das ist eine Funktion des fünften Chakras. Aber wir sollten auch eine gesunde Balance zwischen dieser Chakren-Aktivität und allen anderen Chakren-Funktionen herstellen, wie wir im einzelnen bald noch sehen werden.

Die Meditation des Gesamtkörperbewußtseins einschließlich der Chakren

Auf diesen Voraussetzungen aufbauend möchte ich dieses Kapitel nun mit einer weiteren Meditation beenden, die Ihnen die Möglichkeit gibt, die Chakren zu erforschen. Dabei werden Sie die Kraft Ihrer Aufmerksamkeit unmittelbar auf Ihr ganzes Energiesystem richten:

1. Sitzen Sie ruhig, entweder in einem Stuhl mit den Füßen auf dem Boden und mit aufrechter Wirbelsäule oder auf dem Boden auf einem Kissen. Schließen und/oder öffnen Sie die Augen, wie es Ihrer natürlichen Empfindung entspricht. Entspannen Sie Zunge und Kiefer.

2. Stimmen Sie sich auf Ihren Atem ein, wie Sie es in diesem Buch bereits gelernt haben, so daß Ihr Bewußtsein mit jeder neuen Ein- und Ausatmung im Hier und Jetzt lebendig wird.

3. Öffnen Sie Ihr Bewußtsein so weit, daß auch der Herzschlag oder Puls miteinbezogen ist.

4. Öffnen Sie sich auch für Ihr muskuläres Gleichgewichtsgefühl im Schwerkraftfeld der Mutter Erde.

5. Öffnen Sie, ohne sich anzustrengen, Ihr Bewußtsein so weit, daß Sie den ganzen Körper auf einmal im Hier und Jetzt wahrnehmen.

6. Während Sie in diesem Gesamtkörperbewußtsein verbleiben, konzentrieren Sie sich nacheinander auf die verschiedenen Chakren, und zwar in einem Zeitmaß von je zwei Atemzügen für jedes Chakra.

7. Lassen Sie jetzt die Konzentration auf einzelne Chakren los und werden Sie sich aller Chakren auf einmal bewußt. Es ist wie ein einziges großes Energiesystem. Öffnen Sie sich für alle Energieströme, die in Ihnen und um Sie fließen.

3.

Energieströme
und Erleuchtung

Wir können das Bewußtsein auf Atem, Herzschlag und
Gleichgewicht lenken, um das Gesamtkörperbewußtsein zu erlangen, und dies bereitet uns darauf vor,
unser Bewußtsein auf die Energiezentren auf der Wirbelsäule zu richten. Diese beiden Instrumente der Kundalini-Meditation (Atembewußtsein und Chakren-
Konzentration) bilden die erste Hälfte des gesamten
Übungsprogramms. In diesem Kapitel werden wir nun
die beiden anderen Instrumente kennenlernen: Mantra-
Singen und visuelle Meditationen.

Stimme und Meditation

Zuerst wollen wir die Kraft der spirituellen Vokalisierung, die Kraft der »Mantren« betrachten, die gesteigerte Zustände von erleuchtetem Bewußtsein erzeugen
können. In seinem äußerst informativen Buch *The Ser-
pent Power*, das um die Jahrhundertwende in Indien
erschien, sagt Sir John Woodroffe, »daß *Japa*, das Sanskritwort für die Wiederholung eines Mantras, mit der
Handlung eines Menschen verglichen werden kann,
der einen Schläfer schüttelt, um ihn aufzuwecken«.

Mantren sind Verbalisierungen, die wir viele Male wiederholen. Aufgrund ihrer besonderen Schwingungskraft und der allgemeinen Kraft der Intonierung selbst haben sie eine ganz bestimmte Wirkung auf unser Nervensystem. Wenn wir uns der Erfahrung dieses Mantra-Singens hingeben, so stimulieren wir unmittelbar das Erwachen der Kundalini-Kraft in dem Chakra, auf das wir uns konzentrieren.

Die unmittelbare psychologische Wirkung des Mantra-Singens besteht darin, daß der verbale Teil des Gehirn-Körper-Komplexes beschäftigt wird, so daß der gewohnte Gedankenfluß zur Ruhe kommt. Fritjof Capra bemerkt dazu in seinem Buch *Das Tao der Physik*: »Das grundlegende Ziel dieser Methoden (Mantra-Singen und Mandala-Kontemplation) besteht darin, den denkenden Verstand zum Schweigen zu bringen und das Bewußtsein vom rationalen zum intuitiven Modus zu führen.«

OM Singen

Um diese Beruhigung des denkenden Verstandes ein wenig zu verspüren, wollen wir das wichtigste Mantra aus dem Yoga, das OM kennenlernen. Lassen Sie diesen Klang durch Ihr Bewußtsein fließen und vielleicht auch Ihre Stimmbänder in Aktion versetzen. Eigentlich wird das OM in den meisten traditionellen Meditationsübungen zu vier verschiedenen Klängen. Lassen Sie einfach nur die drei Vokale und dann den Konsonanten im Körper lebendig werden, während Lippen und Zunge die verschiedenen Positionen einnehmen, um die Klänge Aaaaaa, Oooooo, Uuuuuu, Mmmmmm zu erzeugen.

Sie werden bemerken, daß der Atem gleich zu Beginn des Mantra-Singens, selbst wenn es lautlos im Inneren geschieht, die Kraft ist, die dem Klang Energie vermittelt und Ihre innere Intention in wirkliche physiologische Klangerzeugung verwandelt. Mantra-Singen ist also im Grunde eine Atemmeditation.

Klarerweise entsteht die Vokalisierung beim Ausatmen. Beim Einatmen sind Sie still. Deshalb ist ein Teil dieser Übung aktiv (bei der Ausatmung) und ein Teil ist passiv (bei der stillen Einatmung).

Dieses grundlegende Pulsieren von der extremen Fülle (Einatmung) zur extremen Leere (Ausatmung) und wieder zurück zur Fülle – Atemzug für Atemzug, das ganze Leben lang – spiegelt das universelle Pulsieren wieder, das im ganzen Universum stattfindet. Dieses Prinzip ist das elementarste Prinzip überhaupt im Universum. Zum Beispiel verwandelt sich Energie ohne Unterlaß in ihr gleichwertiges Gegenteil, nämlich Materie; und Materie – natürlich auf der subatomaren Ebene – verwandelt sich wieder in Energie. Unsere Atemerfahrung ist nur eine Manifestation dieses Prinzips.

Wenn wir ein solches polares Pulsieren zwischen Gegensätzen nehmen und es auf eine Zeitkoordinate projizieren, so entsteht eine sogenannte Sinuswelle, das Auf und Ab einer jeden Schwingung, einschließlich Licht und Klang. Über Mantren und Mandalas – also über Vokalisierungen und visuelle Bilder – zu meditieren heißt über die Dynamik der Sinuswelle zu meditieren, die sich als Klang und Licht manifestiert, wie wir es persönlich erleben können. Meditation ist also eine dynamische Methode, um unsere Aufmerksamkeit auf die elementaren Geschehnisse des Universums zu richten, damit sich unser persönliches Bewußtsein auf das universelle Bewußtsein einstimmt.

Die Chakren-Schwingung

Sechs Klänge sind mit den Chakren im menschlichen Körper verbunden. Jeder dieser Klänge erzeugt eine unmittelbare, physiologische, vibratorische Wirkung auf die Energiezentren und zudem eine eher symbolische Wirkung auf das Bewußtsein. Das siebte Chakra ist klanglos oder hat vielmehr eine Schwingung mit höherer Frequenz, die aus dem Mantra des sechsten Chakras entspringt, nämlich dem OM. Selbst wenn Sie keinen bestimmten Klang erzeugen, stimmen Sie mit jedem Atemzug ohne Unterlaß ein Mantra an. Denn wie wir gerade gesehen haben, erzeugt der Atem einen subtilen Ton, wenn Sie genau hinhören. In zenbuddhistischen Meditationen verbringen die Schüler manchmal Jahre damit, einfach nur über den Klang ihres eigenen Atems zu meditieren. Dies ist ein sehr subtiler Zugang zum Erwachen der Kundalini, den ich selbst in aller Tiefe erforscht habe und äußerst wirkungsvoll finde.

Halten Sie nun ein wenig inne, richten Sie Ihre Aufmerksamkeit auf die Atemerfahrung, lauschen Sie dem Mantra Ihres Atems: den natürlichen Klängen, die durch Ihr Einatmen und Ausatmen in der Nase, in der subtilen Schwingung der Knochen, ja selbst des Gehirns entstehen. Manchmal ist dieser Klang zunächst schwer zu hören, aber wenn Sie genau hinhören, wird er allmählich in Ihnen aufsteigen. Sie können diesen Klang zu Anfang dadurch verstärken, daß Sie die Stimmbänder zusammenziehen und den Atemdurchgang in der Luftröhre ein klein wenig verengen. Sie können auch die Augen schließen, das hilft bei der Konzentration auf das Atemmantra.

Die Kraft des Bewußtseins

An dieser Stelle möchte ich etwas Selbstverständliches und doch ungeheuer Wichtiges feststellen: In all diesen Methoden zur Erweckung der Kundalini-Energie setzen Sie im Grund nur eine Kraft ein: die Kraft des Bewußtseins. Alle Meditation beruht auf der Annahme, daß Sie als menschliches Wesen bewußt sind, daß Sie tatsächlich Ihre Aufmerksamkeit überall hinwenden können, wohin Sie wollen, und daß diese Kraft der Aufmerksamkeit immer dort, wo sie konzentriert wird, Aktivität anregt.

Bewußte Aufmerksamkeit ist also tatsächlich das wichtigste Werkzeug der Meditation. Zur Erweckung der Kundalini-Kraft können Sie diese Kraft des Bewußtseins in mehreren verschiedenen Arten anwenden, wie wir es beispielsweise mit den vier Instrumenten oder Methoden der Bewußtseinslenkung erlebt haben. Denken Sie also immer daran, daß Ihr eigenes Bewußtsein, wenn es in bestimmte Richtungen gelenkt wird, der Meditation Kraft verleiht.

Der Klang des Universums

Wenn Sie einen Klang, irgendeinen Klang erzeugen, so erschaffen Sie im Prinzip eine Schwingung, wo zuvor keine Schwingung war. Vokalisierung ist also ein ausgesprochen elementarer Schöpfungsakt.

Die tantrische buddhistische Tradition Tibets spricht in ihren heiligen Schriften von der Oberlippe als dem männlichen Sexualprinzip und der Unterlippe als dem weiblichen Sexualprinzip. Wenn Sie sich beim Mantra-Singen dieser beiden Gegensätze, zwischen denen die

Schwingung durchwandert, bewußt sind, so können Sie Ihre Mantra-Erfahrung dahingehend erweitern, daß Sie die Erschaffung dieses Klanges als Wirkung des sexuellen Prinzips erleben.

In Tibet wird gelehrt, daß Sie eine spirituelle Schwingung von magischer Kraft erzeugen, wenn Sie die Lippen zusammenbringen und Mmmmm summen und dadurch die beiden sexuellen Pole am Ende der Silbe OM vereinigen. In bestimmten tantrischen Traditionen wird das Mmmmmm durch ein Nggggggg ersetzt, um eine tiefere schöpferische Resonanz zu erzeugen.

Wenn Sie bewußt einen Klang erzeugen wollen, so bringen Sie diesen Klang aktiv nach außen. Sie verwandeln reine Intention in Schwingungsenergie. Deshalb ist das Mantra-Singen so wirkungsvoll. Die Klänge, die Sie erzeugen, wandern tatsächlich nach außen und versetzen alles in Ihrer Umgebung bis zu einer gewissen Reichweite in die von Ihnen ausgesandte Schwingungsfrequenz. Sie beeinflussen die Welt um sich mit jedem Klang, den Sie anstimmen. Wenn Sie den Klang für das dritte Chakra anstimmen, so senden Sie als bewußten Akt Schwingungen in die Welt, die die grundlegende Energie dieses dritten Chakras transportieren.

Aber wichtiger – zumindest für die Erweckung Ihrer eigenen Chakren – ist, daß der durch Sie erzeugte Klang auch Ihren eigenen Körper in Schwingung versetzt. Der Klang wandert nach außen, wird von Gegenständen in Ihrer unmittelbaren Umgebung reflektiert, kommt zurück und versetzt Ihr Trommelfell – und sogar Ihre ganze Hautoberfläche – in die Klangschwingung, die Sie gerade ausgesandt haben. Zur gleichen Zeit erzeugt dieser Klang auch innere Schwingungen in

Ihren Stimmwerkzeugen, Ihren Knochen, ja ganz buchstäblich in jeder Körperzelle, einschließlich der Hirnzellen.

Durch das Mantra-Singen versetzen wir unser ganzes Sein in genau die Klangschwingung, die wir manifestieren wollen. Das ist eine echte Handlung! Und außerdem wirken nicht nur unsere spirituellen Klänge, sondern auch alle zufälligen Wörter und Klänge, die wir im Laufe eines Tages äußern, unmittelbar auf die Tiefen unseres Wesens ein.

Vor kurzem las ich einen hervorragenden Artikel in *The New Yorker*: Er handelte von Walen und dem Geheimnis ihrer Lieder, dieser langen, melodischen und letztlich sich immer wiederholenden Gesänge, die Leute wie Roger Payne inzwischen seit vielen Jahren untersucht haben. »Die Gesänge der Wale sind äußerst komplex«, teilt Roger uns mit. »Sie verändern sich jedes Jahr, und sie sind sehr schön. Sie lösen viele tiefe Vorstellungen und Gefühle bei uns aus, wenn wir ihnen zuhören. Eine schlichte Tatsache ist jedoch, daß sie monoton sind. Sie wiederholen sich ohne Ende.«

Im weiteren Verlauf des Artikels wird die Frage gestellt, warum Wale mit ihrem gigantisch großen Gehirn offenbar ihre Zeit damit vergeuden, dieselben komplexen Gesänge immer und immer wieder zu wiederholen. Der Autor kommt nicht auf die Idee, daß diese Gesänge vielleicht eine Art von Chanten, also Mantra-Singen sein könnten, daß also nicht der Austausch von Vorstellungen, sondern die Schaffung von Schwingungsmustern das Wesentliche ist.

Haben Wale Chakren? Aktivieren sie vielleicht ihre Chakren durch ihre ungeheuer schönen und komplexen Gesänge? Das ist eine Frage, über die man durchaus einmal nachdenken könnte. Ich möchte Sie auffordern, einmal eine Aufnahme mit den Gesängen der Wale zu kaufen und einige Chakren-Meditationen durchzuführen, während Sie gleichzeitig diesen Gesängen zuhören. Sie werden bemerken, daß sie Ihr Energiesystem auf ganz eigentümliche Weise stimulieren.

Wie die Beobachtung des Atems und aller Chakren im Körper, so ist auch das Chanten oder Mantra-Singen eine elementare Methode, um von einer symbolischen mentalen Aktivität zu lebendiger Bewußtseinserfahrung zu gelangen. Damit Sie diesen Übergang konkret erfahren können, möchte ich Sie auffordern, Klänge zu erzeugen, die keine spezifische Bedeutung für Sie haben. Zum Beispiel ist Summen die grundlegende Form einer nicht symbolischen Klangerzeugung. Eben jetzt, während Sie noch diese Worte lesen, können Sie bereits beginnen, leise zu summen, also beim Ausatmen die Schwingung des Mmmmmm zu erzeugen.

Fahren Sie damit fort und beobachten Sie, wo im Körper Sie diese Schwingungsenergie spüren: In der Kehle? Im Herzen? Im Gehirn? Im Solarplexus? Oder vielleicht sogar in den Sexualorganen und an der Basis Ihrer Wirbelsäule?

Physiologische Studien haben gezeigt, daß jede Zelle des Körpers in den Klangschwingungen badet, die in der Luftsäule der Luftröhre und der Lungenhöhlung entstehen. Mit Sicherheit erzeugt Ihre Vokalisierung eine Wirkung in der ganzen Wirbelsäule, selbst wenn Sie nur ganz leise summen.

Halten Sie nun zumindest einige Atemzüge lang inne, schließen Sie die Augen und erleben Sie die Schwingungen Ihres ganzen Körpers, während Sie leise summen.

Wer braucht einen Meister?

Da wir jetzt gerade die Methoden betrachten, die uns im spirituellen Bereich aktiv voranbringen, würde ich gerne etwas sehr Wichtiges in bezug auf das spirituelle Wachstum sagen.

Man hört oftmals, daß man einen lebenden, physisch anwesenden Meister finden muß, um von ihm ein besonderes Mantra oder überhaupt Anweisungen zur Erweckung der Kundalini-Kraft zu bekommen. Natürlich ist es ein Segen, wenn ein wahrer Lehrer der Kundalini-Erweckung Ihren Weg kreuzt. Aber ist ein solcher spiritueller Lehrer wirklich notwendig? Der Autor Joseph Chilton Pearce, der einen machtvollen Yogameister gefunden hat, mit dem er jedes Jahr in Indien viel Zeit verbringt, sagt sogar: »Die Kundalini kann nur entwickelt werden, wenn sie durch Anleitung auf die richtige Weise angeregt und gefördert wird, und das heißt durch einen Lehrer, der seine oder ihre eigene Kundalini unter der richtigen Leitung entwickelt hat. Ohne diese Führung oder unter der Führung eines irregeleiteten Lehrers kann diese Kraft Unglück erzeugen.«

Pearce sagt im Kern, daß nur die wenigen Glücklichen, denen es gelingt, einen erleuchteten Kundalini-Meister zu finden, auf eine Höherentwicklung ihres spirituellen Bewußtseins hoffen können. Aber im selben Buch, *Magical Child Matures*, sagt er auch, daß die Erweckung der feinen Chakren eine natürliche Entwicklung des Reifeprozesses in allen menschlichen Wesen ist und in uns allen gefördert werden sollte. Dies ist eine der wenigen Ungereimtheiten in seinen ansonsten glänzend verfaßten Schriften.

Aus psychologischer Sicht ermutigt er uns alle, die

Erweckung der Kundalini-Kraft bewußt zu entwickeln. Aber mit Bezug auf die Warnungen seines Meisters rät er davon ab, sich ohne einen Meister an die Kundalini-Meditation zu wagen – und das, obwohl er weiß, daß es in der westlichen Gesellschaft nur sehr wenige Kundalini-Meister gibt.

Meine Erfahrung steht im Gegensatz zu der seinigen. Obwohl ich seine Schriften in vieler Hinsicht zutiefst schätze, bin ich der Meinung, daß wir unsere spirituelle Entwicklung durch die Kundalini-Meditation vorantreiben können, ohne mit einem inkarnierten Meister zu arbeiten.

In diesem Sinne möchte ich Ihnen auch einen weisen Ausspruch des wirklich inspirierten modernen Lehrers Bartholomew weitergeben. Er steht in seinem Buch *I Come As a Brother*, einem spirituellen Text, dessen Lektüre ich Ihnen wärmstens empfehle. Zunächst wird die Frage gestellt: »Ich habe gehört, daß die Kundalini-Meditation sehr gefährlich sein kann. Ist das wahr?« Und Bartholomew antwortet: »Wenn ich aus meinem eigenen Inkarnationsmuster spreche, so kann ich Ihnen sagen, daß ich keinen Führer hatte, daß niemand in meiner Umgebung auch nur die leiseste Ahnung davon hatte, was ich tun wollte. Ich hatte nur die Bewegung der Energie selbst. Und ich möchte Ihnen sagen, daß sie vollkommen zuverlässig war, sich auf ihre eigene Art, in ihrer eigenen Zeit voranbewegte, daß sie mich nicht weiterhetzte, und daß alles so war, wie es sein muß-te ... Glauben Sie nicht, daß Sie für alles einen Lehrer brauchen. Der Lehrer sind Sie selbst! Die Macht liegt in Ihnen selbst, und Sie haben auch ein inneres Ordnungs-system ... Wir leben in einem gütigen Universum, und immer sind hilfreiche Geister zur Stelle, die uns bei unseren Nachforschungen anleiten.«

Jesus sagte nur: »Suchet, und ihr werdet finden, fraget, und es wird euch gegeben werden.« Wie ich zuvor schon erwähnte, sagen die Sufi-Meister des Vorderen Orients dasselbe: Wenn Sie für eine neue Lektion im Leben bereit sind, wird der Lehrer erscheinen, in welcher Form er auch in Ihrem Leben auftreten wird.

Im Augenblick bin ich es, der Ihnen Anleitungen gibt. Ich behaupte nicht, daß ich ein erleuchteter *Bodhisattva* bin, aber ich kenne die elementaren Hilfsmittel der Kundalini-Erweckung. Ich übermittle sie Ihnen, damit Sie sie auf bewußte, maßvolle und sanfte Weise verwenden, im Vertrauen darauf, daß der Geist meine Lehren begleitet und Ihnen Lehrer auf den Weg schickt, so oft Sie sie brauchen, Sie ferner bei Ihren Meditationen unterstützt und Sie durch Ihr eigenes einzigartiges Abenteuer des spirituellen Erwachens führt.

Vielleicht möchten Sie jetzt einen Augenblick innehalten und das Buch beiseitelegen. Stimmen Sie sich auf Ihre Atmung, Ihr Ganzkörperbewußtsein im Hier und Jetzt ein. Erspüren Sie, welche Energie jetzt gerade an Ihrer Wirbelsäule aufsteigt oder herabfließt und öffnen Sie sich für die Gegenwart Ihres eigenen inneren spirituellen Lehrers.

Visuelle Meditation

Sehr früh in meinen psychologischen Studien, als ich an einem Institut hypnotisch induzierte mystische Bewußtseinszustände erforschte, traf ich einen Forscherkollegen namens José Arguelles, der damals hauptsächlich für seine wunderbare Fähigkeit bekannt war,

93

moderne Mandalas oder spirituelle Bilder zu zeichnen, die bei der visuellen Meditation verwendet werden konnten. Eine Ausstellung seiner Werke im Kunstmuseum der Princeton University riß mich buchstäblich mit sich. Ich besuchte die Galerie jeden Nachmittag.

Diese Mandalas verwendeten viele traditionelle spirituelle Bilder, die aus so verschiedenen Kulturen wie der der amerikanischen Indianer, der tibetischen tantrischen Buddhisten und der balinesischen Seidenmaler stammten. Einige Jahre später veröffentlichten José und seine Frau Miriam ein Buch mit dem Titel *Mandala*. In den einleitenden Seiten stellen die Autoren fest, daß »die Universalität des Mandalas in der einen gleichbleibenden Konstante besteht, nämlich dem Prinzip des Zentrums«. Die Kunst des Mandalas dient hauptsächlich dem einen Zweck, uns dabei zu helfen, uns tief in unserem Bewußtsein auf eine visuelle Darstellung zu konzentrieren, die uns bei der Erlangung eines spirituellen Gleichgewichts hilft.

Im Sanskrit bedeutet das Wort *mandala* wörtlich »Mittelpunkt«. Und tatsächlich basiert die spirituelle Meditation im großen und ganzen darauf, daß Sie die Aufmerksamkeit für einen gewissen Zeitraum in einem Punkt halten, während Sie gleichzeitig auch das Ganze, das diesen Mittelpunkt umgibt, in Ihre bewußte Wahrnehmung aufnehmen.

Dieser Mittelpunkt kann sowohl als materiell existenter Punkt, als symbolisches Zentrum wie auch als Zeitpunkt erlebt werden, und wie bei der Atemmeditation halten wir unsere bewußte Aufmerksamkeit auf diesem Mittelpunkt. Die Bilder, die Zachary Zelig für dieses Buch entworfen hat, beinhalten alle drei Dimensionen des Mittelpunktes. Diese Bilder vermitteln einen ruhigen, klaren Weg zum eigenen visuellen Zentrum und zu einer Bewußtseinserweiterung in alle Richtungen um den Mittelpunkt.

Zachary hat auf der Basis seiner tiefgreifenden Kenntnis der alten hinduistischen und tantrischen Philosophie Bilder für die Chakren geschaffen, die in vollkommener Harmonie mit der symbolischen Kraft der Kundalini stehen. Sowohl die Formen wie auch die Farben sind in dieser Hinsicht wirkungsvoll. Wir werden diese Symbolik bei jedem einzelnen Chakra untersuchen, auf das wir uns in späteren Kapiteln konzentrieren werden.

Sie werden bemerken, daß Sie die Betrachtung der Mandalas mit den Atemmeditationen, die ich Ihnen in diesem Buch zeige, kombinieren können. Auf diese Weise wird Ihnen auch die ruhige Kontemplation der einzelnen Chakren-Bilder zu einer Bewußtseinserweiterung verhelfen, die Sie immer mehr in die unendliche Seligkeit des gegenwärtigen Augenblicks führt.

Bevor ich die Mandalakontemplation weiter erörtere, möchte ich Sie auffordern, sich dem Bildteil des Buches zuzuwenden und einfach nur zu beobachten, welche Erfahrungen zu Ihnen kommen, wenn Sie das Bild für das erste Chakra betrachten und gleichzeitig die elementare Atemmeditation durchführen. Fühlen Sie, wie die Luft durch die Nase herein- und herausströmt. Hören Sie dem Geräusch der Luft zu, die durch die Nase strömt. Öffnen Sie das Bewußtsein auch für Herzschlag, Gleichgewicht und die Wahrnehmung des ganzen Körpers im Jetzt. Und erleben Sie den optischen Eindruck der Illustration, während Sie mit der Meditation des Atembewußtseins fortfahren.

Das Bewußtsein kann die Augen dazu veranlassen, visuelle Reize auf mehrere verschiedene Arten aufzunehmen. Instinktiv prüft das menschliche Auge als erstes, ob sich etwas bewegt oder nicht. Dies ist eine Programmierung, die auf dem Überlebenstrieb basiert: Man sucht nach einer Gefahr, einem Angreifer, der sich in der Umgebung bewegt. Wenn Sie auf ein Mandala blicken, so werden Ihre Augen als erstes die ruhige, unbewegte Qualität des Bildes bemerken. Bewußte Wahrnehmung dieser unbewegten Wirklichkeit vor Ihnen wird Ihnen helfen, sich schnell zu entspannen. Sie werden bemerken, daß auch Ihre Atmung tiefer wird.

Die zweite Art der Zusammenarbeit von Bewußtsein und Auge versucht Formen zu erkennen. Es geht darum, den Gegenstand vor Ihnen zu identifizieren, so daß Sie diese Gestalt in Ihrem ungeheuer großen Gedächtnisspeicher suchen und dann aufgrund früherer Erfahrung auf sie reagieren können. Wenn Sie auf Zacharys Mandalas blicken, so werden Sie wahrscheinlich Ihre Augen ohne Anstrengung um die Ränder der von ihm geschaffenen Formen gleiten lassen, damit Ihr Bewußtsein einen vollständigen inneren Eindruck von den Formen erhält. Weil diese Formen archetypische Gebilde mit einer tiefen Bedeutung für die menschliche Psyche sind, ist die bewußte Rezeption einer jeden Form ein intensiver Input für Ihr Bewußtsein. Das Bild wird zu einem Koordinatensystem, in dem Ihr Meditationserlebnis verweilen und von dem es sich schließlich erheben kann.

Die dritte Art des Schauens bezieht sich auf die verschiedenen Farben, die von der Außenwelt ins Gehirn kommen. Diese Dimension der Farbe ist so wichtig für die visuelle Meditation, daß wir uns in beträchtliche zusätzliche Kosten gestürzt haben, um Zacharys Bilder nicht nur in Schwarz und Weiß, sondern in Farbe wiederzugeben. Das ganze Universum besteht ja aus Farbe, da das Licht immer in verschiedenen Frequenzen schwingt, die die verschiedenen Farben des Regenbogens erzeugen. Wie wir später noch im einzelnen sehen werden, ist jedes Chakra eng mit einer bestimmten Farbe verbunden, und wenn wir diese Farben während der Meditation ins Bewußtsein integrieren, so kann dies den Kundalini-Prozeß sehr anregen.

Die vierte Dimension des Sehens – die allerdings oft vergessen wird – bezieht sich auf die Wahrnehmung der Tiefe, also der Erkenntnis, daß es einen Raum zwischen Ihnen und dem von Ihnen betrachteten Objekt gibt. Wenn jemand beispielsweise nervös und gehetzt ist, so bricht diese Tiefenwahrnehmung zeitweilig zusammen. Umgekehrt, wenn wir spirituelles Wachstum erleben, wird Tiefe zu einer lebenswichtigen und beglückenden Dimension. Wenn Sie über Zacharys Mandalas meditieren, werden Sie das Bedürfnis verspüren, sich regelmäßig dieser erweiterten Funktion des Sehens zu widmen. Sie werden sich auf diese Weise der Luft zwischen Ihnen selbst und dem Objekt, das Sie betrachten, bewußt.

Legen Sie nun das Buch ein wenig beiseite, stimmen Sie sich auf Ihre Atmung ein, schauen Sie im Zimmer herum, wählen Sie einen Gegenstand, den Sie gerne anschauen, und gehen Sie dann der Reihe nach die vier Arten des Sehens durch: Schauen Sie zuerst, ob er sich bewegt oder nicht, betrachten Sie zweitens seine Form in allen Einzelheiten, erleben Sie seine Farbgebung (drittens) und den Raum zwischen sich und dem Gegenstand (viertens).

In einer früheren Veröffentlichung *(The Visual Handbook)* habe ich geschrieben: »Wir erhalten mehr als siebzig Prozent unserer Sinneserfahrungen durch die Augen. Die meisten unserer physischen Bewegungen, unserer emotionalen Reaktionen, unserer geistigen Tätigkeiten und selbst unserer tieferen Erkenntnisse sind engstens mit der Funktion des visuellen Systems verbunden.«

Aber die Fähigkeit, die Außenwelt wirklich wahrzunehmen und für die Wirkung von neuen Ansichten und Panoramen offen – und damit verletzlich – zu sein, wird uns schon im frühen Alter abgewöhnt, wenn nicht abgetötet. Die spontane Sehfähigkeit eines kleinen Kindes ist fast immer viel umfassender als die einer erwachsenen Person.

Bei der Erweckung der Kundalini-Kraft kann auch ein neues Sehgefühl entwickelt werden, und zwar durch die Meditationen, die wir kennenlernen werden. Wahrscheinlich ist Ihnen die Tatsache bekannt, daß viele Mystiker Visionen von großer Schönheit und Seligkeit erblicken, wenn sie sich in einem tiefen meditativen Zustand befinden. Natürlich kann man nie vorher wissen, wie sich die inneren visionären Reiche durch die Kundalini-Meditation entfalten. Ich kann Ihnen aber versichern, daß Sie bei regelmäßiger Meditation über Zacharys Mandalas bemerken werden, daß Ihre visuellen Dimensionen lebendig werden, daß sie Ihnen Überraschungen bereiten und daß Sie sich für umfassende neue Wahrnehmungen öffnen.

Noch etwas möchte ich über den Prozeß des Sehens sagen. Der menschliche Sehapparat, bestehend aus den Augen und der Verarbeitung der durch die Augen aufgenommenen Reize im Gehirn, kann prinzipiell auf zweierlei Weise wahrnehmen: Entweder die Augen richten sich auf einen Punkt im Raum, das heißt sie sind konvergent in bezug auf diesen Punkt, oder sie können sich leicht voneinander wegdrehen, so daß das Gehirn das gesamte visuelle Feld als Ganzes, also ohne einen fixen Mittelpunkt sieht.

Don Juan Mateus, der in mehreren der hervorragenden Bücher von Carlos Castaneda über die spirituellen Praktiken der Yaqui-Indianer auftritt, spricht von der Fähigkeit, alles auf einmal zu sehen. Auf diese Weise kann man die Wirklichkeit spirituell wahrnehmen: Anstatt alles in der Umgebung zu übersehen und sich nur auf einen einzigen Gegenstand zu konzentrieren, läßt man diese Fixierung auf nur einen Punkt los und erlebt die visuelle Welt als vollkommene Ganzheit.

Genau das werden Sie letztlich auch erleben, wenn Sie über Zacharys Bilder meditieren. Sie werden bemerken, daß Ihre Augen zu einem bestimmten Zeitpunkt die drei ersten Arten des Sehens loslassen, sich der Glückseligkeit der vierten Sehweise hingeben und so vollständig in die Ganzheit des gegenwärtigen Augenblicks eintreten. Hier sehen Sie alles auf einmal auf dem Bild, und Sie werden sich auch der Luft zwischen Ihnen und dem Bild bewußt. Diese Art des Sehens führt Sie zur vollen Teilnahme an Ihrer Umgebung.

4.

Die praktische Anwendung dieses Meditationsprogrammes

In den *Lehren des Buddha*, einem Handbuch buddhistischer Schriften, die von Bukkyo Dendo Kyokai in Japan herausgegeben wurde, lehrt Buddha, wie man sich mit spirituellem Wachstum und der Erweckung der Kundalini-Kraft befaßt. Er sagt: »Wenn man dem Pfad der Erleuchtung folgt, so ist es wichtig, daß man sich nicht von Extremen einfangen und festhalten läßt. Das heißt, man soll immer dem Mittleren Weg folgen.«

Außerdem gibt es auch einen Ausspruch des altgriechischen Philosophen Sokrates, der ähnliches besagt: »Alles in Maßen.« Das ist auch meine Haltung zur Erweckung der Kundalini-Kraft, vor allem wenn man keinen lebenden Meister hat, der einen durch spirituelle Abenteuer begleitet.

Wenn Sie in Ihrer spirituellen Erfahrung Extreme brauchen und hartnäckig genug danach suchen, so werden Sie sie fast mit Sicherheit auch erhalten. Das habe ich bei Klienten beobachtet, die in Zuständen von schmerzhafter und erschreckender Kundalini-Erweckung zu mir geschickt wurden. Auf irgendeiner Ebene haben sie chronisch ihre Grenzen überschritten, wurden süchtig nach Extremen und erhielten sie schließlich auch, sowohl in spirituellen wie auch in anderen Bereichen.

Es gibt elementare spirituelle Gesetze, die ein Gegenstück sowohl in der Wissenschaft wie auch in der alltäglichen materiellen Wirklichkeit haben. Diese Gesetze basieren auf der Symmetrie allen Lebens: alle Erfahrungen im Leben haben einen Mittelpunkt, wie wir bei der Mandalameditation beobachten konnten. Und dieser Mittelpunkt ist in allen Richtungen von unendlichen Extremen umgeben. Wenn wir den Mittelpunkt auf der Suche nach einem Extrem verlassen, so werden wir mit großer Wahrscheinlichkeit zu irgendeinem Zeitpunkt im Leben auch das entgegengesetzte Extrem erleben. Wenn wir also nach spirituellen Explosionen von strahlendem weißem Licht über der Wirbelsäule dürsten, werden wir auch Zeiten vollkommen schwarzer Depression im Nervensystem anziehen, um dieses Extrem auszubalancieren.

Der Weg eines klugen Kundalini-Schülers besteht darin, daß er in der Mitte bleibt und dieser Mitte erlaubt, durch die verschiedenen Chakren auf der Wirbelsäule nach oben zu wandern.

Es ist auch nicht ratsam, das spirituelle Wachstum schneller voranzutreiben, als es sich natürlich entwickeln würde. Statt dessen sollte man lieber die Disziplin entwickeln, das Bewußtsein stetig auf genau dem Niveau der spirituellen Energie zu halten, auf dem man sich gerade befindet, und erst dann allmählich ein stärkeres Einfließen der Kundalini-Energie fördern.

Eine weitere Falle für spirituelle Adepten ist die Sucht nach der Erleuchtung selbst, als ob das ein äußeres Ziel sei, das man sich im siebten Chakra, also im Himmel jenseits das physischen Körpers vorstellen kann. Ich habe mich gewundert, wie oft spirituell Suchende zwanghaft der Erleuchtung nachjagen und diesen Zustand zu erreichen suchen, indem sie ihre Meditationsmethoden ins Extrem treiben.

Auch hier finde ich Buddhas Worte äußerst angemessen, und da nur wenige Menschen in unserer Kultur jemals in den buddhistischen Schriften gelesen haben, möchte ich ihn noch einmal zitieren: »Die Erleuchtung hat keine bestimmte Form und kein bestimmtes Wesen, durch die sie sich manifestieren kann; deshalb ist in der Erleuchtung nichts, was erleuchtet werden kann. Erleuchtung existiert nur aufgrund von Täuschung und Unwissenheit; wenn sie verschwinden, wird auch die Erleuchtung verschwinden.«

Als ich diesen Ausspruch von Buddha zum erstenmal von Alan Watts hörte, war ich zutiefst erschüttert, denn ich war ja selbst ein junger Mann, der nach der Erleuchtung dürstete, als wäre es die größtmögliche spirituelle Erfahrung. In Wirklichkeit ist Erleuchtung nichts weiter als der extreme Gegenpol zu vollkommener Unwissenheit und Illusion, wie Buddha so klar festgestellt hat. Sie ist keineswegs der Mittelpunkt.

Deshalb suchen wir in der Erweckung der Kundalini-Kraft nicht so sehr die Erleuchtung, oder höchstens insofern, als wir uns von Unwissenheit und Täuschung entfernen. Deshalb lokalisieren wir in unseren Meditationen das Zentrum der Kundalini-Kraft nicht im Kronen-Chakra auf dem Kopf, obwohl dort große spirituelle Feuerwerke erlebt werden können, sondern vielmehr im Herzen, der Mitte des Chakren-Systems.

Um Buddha noch ein weiteres Mal zu zitieren: »Solange Menschen sich nach Erleuchtung sehnen und danach haschen, bedeutet das, daß die Täuschung noch immer bei ihnen ist; deshalb sollen diejenigen, die dem Pfad zur Erleuchtung folgen, nicht danach greifen, und wenn sie Erleuchtung erlangen, so sollen sie sich nicht darin aufhalten.«

Das Atempendel

Das, worüber wir gerade in etwas philosophischer Manier gesprochen haben, kann durch die Atemmeditationen unmittelbar erfahren werden. Der Atem ist von Natur aus wie ein inneres organisches Pendel, das unablässig von einem Extrem zum anderen, von vollständiger Leere zu vollkommener Fülle und wieder zurück schwingt. Den Mittelpunkt dieser Atembewegung zu finden, ist eine der wichtigsten Zentrierungsmethoden.

Aber die meisten Anfänger in der Atemmeditation bemerken, daß sie sich gewohnheitsmäßig mehr auf das eine Extrem fixieren als auf das andere. Sie nehmen das Einatmen und die Luftfülle eher wahr als das Ausatmen und die regelmäßigen Phasen der Leere. Oder wenn sie eher depressiv veranlagt sind, fixieren sie sich mehr auf das Ausatmen.

Wenn Sie regelmäßig Ihren Atem beobachten, so werden Sie langsam Ihre vorgeprägten Vorurteile über das Gefühl der Fülle oder der Leere verlieren. Und wenn Sie auf dem spirituellen Pfad der Kundalini-Erweckung voranschreiten, so werden Sie bemerken, daß sich die Ungleichgewichte in Ihrem Atemmuster durch regelmäßige Beobachtung des Atems von selbst korrigieren.

Die Kraft des Bewußtseins ist so stark, daß es aus sich selbst heraus eine Tendenz zum mittleren Weg erzeugt, wie ihn Buddha gelehrt hat. Sie brauchen nur bei allem, was Sie in Ihrem täglichen Leben tun, Ihre Aufmerksamkeit so weit wie möglich auf dem Atem zu halten, und die tiefe spirituelle Kraft dieser Aufmerksamkeit wird Ihren Körper und Ihren Geist ins Gleichgewicht bringen.

In seinem Buch *The Lazy Man's Guide to Enlightenment*

stimmt Thaddeus Golas ganz offensichtlich voll mit Buddha überein. Seine Hauptthese ist die zenbuddhistische Weisheit, daß man, um Erleuchtung zu erlangen, »nirgendwo hingehen und nichts tun« muß. Wir brauchen nur zu erkennen, daß wir bereits hier sind. Der Mittelpunkt ist bereits in uns. Wir sind es. Unser Bewußtsein muß einfach nur lernen, sich so weit zu öffnen, daß wir das ganze Bild erkennen können. Anstatt uns mit Extremen zu identifizieren, anstatt uns auf die eine oder andere Seite zu schlagen oder die eine Seite gegen die andere auszuspielen, sollten wir unser Bewußtsein so weit öffnen, daß wir die ganze Bandbreite der Wirklichkeit auf einmal sehen können. Nur darum geht es im Grunde beim spirituellen Wachstum.

Die Erweckung der Kundalini-Kraft ist die fortschreitende Erkenntnis, daß wir im wesentlichen Energiesysteme sind und daß die Energie in beiden Richtungen durch unser Nervensystem fließt – von unten nach oben und von oben nach unten – und dabei den Mittelpunkt im Herzen erschafft. Wieder sehen wir, daß die beiden Extreme in unserer spirituellen Erfahrung enthalten sind: Energie von oben und Energie von unten.

Legen Sie das Buch einige Atemzüge lang beiseite, wenn Sie diesen Absatz gelesen haben, und lassen Sie Ihren Atem kommen und gehen: wie einen Blasebalg des spirituellen Bewußtseins. Werden Sie sich Ihrer selbst als Einheit im Jetzt bewußt und geben Sie in diesem weitgeöffneten Bewußtseinszustand Ihrem Geist die Freiheit, über das Thema der Balance und des mittleren Weges in Ihrem Leben nachzudenken.

Die Logistik der Meditation

An dieser Stelle müssen wir uns die Frage stellen, wie wir eine regelmäßige Kundalini-Meditationspraxis aufrechterhalten können. Ich bin selbst nicht gerade ein Fan von Extremen, wenn es um Meditationsdisziplin geht, und zwar gerade wegen der Balance, über die wir eben gesprochen haben. Ich werde Ihnen also nicht empfehlen, jeden Morgen um vier Uhr aufzustehen und zu meditieren. Ebensowenig will ich Sie auffordern, sich immer gleich sechs Stunden zur Meditation hinzusetzen.

Vielmehr schlage ich vor, daß Sie die Verantwortung dafür übernehmen, Ihre eigene Definition des mittleren Weges zu finden und danach Ihre persönliche Meditationsdisziplin einzurichten. Es ist keine Frage, daß man eine gewisse Disziplin braucht. Aber dennoch muß in Ihrem Meditationsplan auch Spontaneität möglich sein, damit die beiden Extreme ihren Mittelpunkt finden können.

Versuchen Sie also, zu bestimmten Tageszeiten regelmäßig zu meditieren, soweit Sie sich dabei wohlfühlen. Ihr Zeitplan sollte aber auch für spontane Meditationssitzungen offen sein.

Viele Menschen stehen gerne jeden Morgen eine halbe Stunde früher auf und meditieren, noch bevor sie irgend etwas anderes tun, denn vor Sonnenaufgang scheint eine besondere psychische Energie vorhanden zu sein.

Andere meditieren lieber am Abend, wenn das Haus wieder ruhig ist und sie ihren inneren Frieden finden können. In dieser Hinsicht gibt es sicherlich Morgen- und Abendmenschen. Experimentieren Sie ein wenig und finden Sie heraus, was ihnen lieber ist. Und natürlich ist es auch gut, wenn man morgens und abends oder auch mittags meditiert.

Wir sollten aber darauf achten, daß wir diese festen Zeiten nicht für sakrosankt erklären. Machen Sie's einfach so: Reservieren Sie sich eine halbe Stunde ruhiger Zurückgezogenheit von Ihrem bewegten Alltag, wann immer Sie es am besten arrangieren können. Seien Sie so regelmäßig wie möglich und setzen Sie ein gewisses Maß an Disziplin ein, um sich zu motivieren. Manchmal braucht es Disziplin, um diesen Anfang zu machen und sich am frühen Morgen oder spätabends noch hinzusetzen. Stärken Sie Ihre Disziplin als bewundernswerte persönliche Eigenschaft. Ohne Disziplin werden Sie bei Ihrem spirituellen Wachstum wenig Erfolg haben.

In einer halb- bis dreiviertelstündigen Kundalini-Meditationssitzung werden Sie erst einmal fünf Minuten brauchen, um die elementaren Meditationen des Atembewußtseins durchzuführen. Dann werden Sie zwischen zwei und fünf Minuten über jedes Chakra meditieren, und zwar mit den vier Instrumenten der Meditation, die ich Ihnen noch im einzelnen zeigen werde. Sie werden sich nacheinander durch die sieben Chakren hocharbeiten und dann die Sitzung mit einer mindestens fünfminütigen offenen Meditation beenden, in der Sie einfach nur Ihren aktuellen spirituellen Zustand nach den einzelnen Chakren-Meditationen erspüren. Das ist die normale Kundalini-Sitzung. Sie sollte der Kern Ihrer Kundalini-Entwicklung sein.

Meditationshaltungen

Die traditionelle Kundalini-Haltung ist das Sitzen mit relativ geradem Rückgrat. Das empfehle ich als normale Haltung. Sitzen Sie ruhig, lassen Sie aber trotzdem zu, daß sich der Körper auch ein wenig bewegen kann, wenn Sie dazu das Bedürfnis verspüren. Sie sollten sich also nicht verspannt und eingeschränkt fühlen. Vor allem, wenn Sie Atemmeditationen durchführen, ist es vollkommen in Ordnung, wenn sich das ganze Rückgrat mit den natürlichen Bewegungen der Atemerfahrung mitbewegt.

Sie können auch manchmal auf dem Rücken liegen und Ihre Chakren in dieser Position erspüren. Das ist wieder eine andere Erfahrung. Joseph Chilton Pearce bemerkt dazu: »Mein Lehrer hat mir empfohlen, die Hälfte der Meditationszeit in traditioneller Weise mit überkreuzten Beinen zu sitzen und den Rest flach auf dem Rücken zu liegen. Alle meine Meditationserfahrungen und Empfindungen veränderter Bewußtseinszustände finden in dieser zweiten Phase statt.«

Es ist natürlich, daß die mehr traumartigen Dimensionen der Meditation angeregt werden, wenn wir in der normalen Schlafposition auf dem Rücken liegen. Meine Erfahrung ähnelt der von Joseph Chilton Pearce: Wenn ich aufrecht sitze, gelange ich tief in die spirituelle Wahrnehmung meines gegenwärtigen Bewußtseinszustandes, wenn ich dagegen im Liegen meditiere, gleite ich in diese besonderen Regionen des Bewußtseins, die in der Tradition der Yaqi-Indianer als luzide Träume bekannt sind. Diese tranceartigen Abenteuer vermitteln eine wunderbare Balance für die intensiven Kundalini-Meditationen, die in aufrechtem Zustand durchgeführt werden. Sie können selbst mit der richtigen Balance zwischen den beiden Versionen experimentieren. Viele Leute sitzen lieber aufrecht, wenn sie den Tag mit der Meditation beginnen, und legen sich abends hin, um den Tag mit einer mehr traumartigen Meditation zu beenden.

Es ist auch vollkommen in Ordnung, Chakren-Meditationen im Stehen, Gehen, Laufen oder Tanzen zu vollziehen. Auch wenn Sie in voller Aktion sind, können Sie sich Ihrer Wirbelsäule, den Chakren, der Atmung und der Ganzkörpererfahrung zuwenden: Jeden Augenblick Ihres Lebens sind Sie ein Kundalini-Wesen. Der Trick ist nur, das zu erkennen und zu nutzen.

Ich möchte noch ein paar Worte über die sitzende Position sagen. Wenn Sie in der traditionellen hinduistischen und buddhistischen Position mit gekreuzten Beinen auf dem Boden sitzen, empfehle ich Ihnen ein Kissen oder eine gefaltete Decke unter dem Gesäß. Die Knie und Füße berühren dann den Boden, das Rückgrat ist ein wenig über dem Boden. Diese Position ist für die meisten Menschen bequem und ermöglicht einen leichten Fluß der Kundalini-Energie. Sie mildert auch bei langen Sitzungen den Schmerz im Rücken.

Sie können bei Ihren Kundalini-Meditationen auch auf einem Stuhl sitzen. Er sollte aber eine senkrechte Lehne haben, so daß die Füße flach auf dem Boden aufliegen, die Knie auf gleicher Höhe mit den Hüften sind und das Rückgrat gerade ist. Viele Menschen in unserer Kultur ziehen diese Version vor, zumindest eine gewisse Zeitlang. Experimentieren und beobachten Sie, was Ihnen am besten scheint.

Hatha-Yoga und die Erweckung der Kundalini-Energie

Aus den hinduistischen und buddhistischen Traditionen sind mehrere Arten von Yoga in den Westen gekommen. Sie alle basieren auf Disziplin oder regelmäßiger Praxis, was im Sanskrit als *sadhana* bezeichnet wird. Alle Yogatechniken haben den Sinn, das Fließen der Kundalini-Energie im Körper zu steigern und zu balancieren und auf diese Weise alle Handlungen im Leben spiritueller zu machen.

Der klassische Musiker Yehudi Menuhin hat über Yoga im modernen Leben folgendes gesagt: »Die Praxis des Yoga verleiht ein elementares Gefühl für Maß und Proportion. Wenn wir auf unseren Körper als erstes Instrument reduziert sind, lernen wir es, ihn zu spielen und daraus maximale Resonanz und Harmonie zu beziehen.«

Die Methoden, die ich in diesem Buch erkläre, stammen oftmals von Yoga-Meistern wie etwa Patanjali, der die alten Yogatechniken seiner spirituellen Kultur in seinen *Yoga Sutras* vor mehreren Tausend Jahren systematisierte.

Diese Techniken umfassen Hatha-Yoga, das heißt Körperhaltungen und Bewegungen, um den Körper zu balancieren und zu reinigen, Prana-Yoga, die Technik der Kontrolle und Balance des Atems, Karma-Yoga, das sich auf gute Handlungen in der Gemeinschaft bezieht, und Kriya-Yoga oder Kundalini-Yoga, das fortgeschrittene mentale Methoden einsetzt, um sich auf die Chakren zu konzentrieren und sie mit Energie zu laden.

In der *Bhagavad Gita*, einem anderen spirituellen Text der Hindutradition, heißt es: »Wenn die Unruhe des Geistes, des Intellekts und des Selbst durch die Praxis des Yoga beruhigt wird, findet der Yogi durch die Gnade des Geistes in sich selbst Erfüllung.« Und in einem weiteren alten Text, dem komplexen Buch *Kathopanishad*, wird Yoga folgendermaßen beschrieben: »Wenn die Sinne beruhigt werden, wenn das Bewußtsein ruht, wenn der Intellekt nicht umherschweift, dann – so sagen die Weisen – ist der höchste Zustand erreicht. Die stetige Kontrolle der Sinne und des Geistes sind als Yoga definiert worden. Wer sie erreicht, ist frei von Täuschung.«

Unterricht in irgendeiner Yoga-Disziplin bedeutet natürlich immer eine Steigerung des spirituellen Wachstums. Wenn Sie zum Beispiel die Möglichkeit haben, möchte ich Ihnen wärmstens empfehlen, einen Kurs in Hatha-Yoga zu besuchen, weil die Arbeit mit den Körperhaltungen, den sogenannten *Asanas*, Ihren Kundalini-Prozeß auf jeden Fall fördern wird. Ich selbst praktiziere jeden Morgen mindestens eine halbe Stunde meine liebsten Yoga-Haltungen, weil ich sie als angenehm und wohltuend empfinde.

Aber andererseits ist es ein Irrtum zu glauben, daß die Yoga-Tradition der einzige Weg zur spirituellen Erweckung ist. Diese Methoden sind hervorragende Instrumente, um spirituelle Wachsamkeit zu entwickeln, aber im Kern ist unser spirituelles Erwachen ein Prozeß zwischen uns und dem Geist in uns und ist nicht auf eine bestimmte religiöse Doktrin oder Meditationstechnik beschränkt.

Ich möchte Ihnen eine letzte Beschreibung davon geben, was wirkliches Yoga ist, und auch dieses Zitat stammt aus der *Bhagavad Gita*: »Laß niemals die Früchte einer Handlung dein Motiv sein; und höre niemals auf zu arbeiten. Arbeite im Namen des Herrn, gib selbstsüchtige Wünsche auf. Laß dich nicht von Erfolg oder Mißerfolg bestimmen. Dieses Gleichgewicht wird als Yoga bezeichnet.«

Der Zugang zu den Chakren-Kapiteln

Im zweiten Teil werden wir nun die Chakren nacheinander erforschen. Jedes Kapitel behandelt ein Chakra, bis wir nacheinander alle sieben Chakren untersucht haben. In jedem Kapitel gebe ich Ihnen zusätzliche Informationen über das jeweilige Chakra und spezielle Meditationen, die Sie zur Erweckung dieser Chakren einsetzen können. Sie können das Buch in einem schnellen Durchgang zu Ende lesen, um einen Überblick über alle Chakren zu gewinnen, und dann intensiv an einzelnen Chakren-Meditationen arbeiten. Oder Sie können sich von Anfang an Zeit nehmen, auf jedes Kapitel einen Tag oder eine Woche verwenden, um Ihre innere Erfahrung durch die Meditationen besser in den Blick zu bekommen.

Ich habe dieses Buch als Handbuch konzipiert, mit dem Sie intensiv arbeiten können, bis Sie jede einzelne Meditation meistern. Ich erwarte nicht von Ihnen, daß Sie sich schon beim ersten Lesen alles aneignen. Die Schönheit der Kundalini-Meditation besteht darin, daß Sie jedesmal, wenn Sie über ein Chakra oder Ihr ganzes Energiefeld meditieren, das gesamte Wesen Ihres spirituellen Energiesystems ganz neu betrachten können. Wenn Sie einmal die Meditationen für alle sieben Chakren durchlaufen haben, so werden Sie erkennen, daß Sie eine ganz neue Erfahrungsebene erleben können, wenn Sie zum Kapitel über das erste Chakra zurückkehren und wieder von Anfang an beginnen.

Wir wollen dieses Kapitel damit beenden, daß wir eine einfache Meditation erforschen, die wir bereits behandelt haben. Beobachten Sie, welche Erfahrung spontan zu Ihnen kommt, wenn Sie jetzt das Buch beiseitelegen und es sich in einer Meditationshaltung bequem machen. Sie können dabei auch die Augen schließen. Stimmen Sie sich nun auf Atem, Herzschlag oder Puls und Gleichgewichtsgefühl ein, erleben Sie Ihren ganzen Körper auf einmal im ewigen Hier und Jetzt. Öffnen Sie sich in diesem Zustand meditativer Ruhe für alle Einsichten und Erfahrungen, die jetzt, in diesem Augenblick Ihrer spirituellen Entfaltung, aus Ihrem spirituellen Zentrum zu Ihnen kommen wollen.

TEIL II

Die Erweckung der Energiezentren

Wir sind jetzt bereit, eine intensive Erforschung aller sieben Energiezentren zu beginnen und die traditionellen Funktionen und allgemeinen Bedeutungen der einzelnen Chakren wie auch die jeweiligen Kundalini-Methoden zu ihrer Erweckung und Ausbalancierung zu erlernen.

Eigentlich gibt es keine einheitliche Welttradition in bezug auf das Wesen und die Funktionsweise der sieben menschlichen Chakren. Die hinduistischen und buddhistischen Traditionen Indiens unterscheiden sich zum Beispiel deutlich von den tantrischen und taoistischen Traditionen Tibets, Chinas und der angrenzenden buddhistischen Regionen.

Bedeutungsvolle und unterschiedliche Traditionen in bezug auf die menschlichen Energiezentren kann man auch in jeder anderen spirituellen Tradition aller Stämme und Zivilisationen in der ganzen Welt finden. Sogenannte primitive Religionen verweisen beispielsweise auf die verschiedenen Geister, die in verschiedenen Teilen des Körpers wohnen. Ich habe einige der höchsten Erkenntnisse über die Funktionsweise der Chakren innerhalb von primitiven Traditionen gefunden.

In der westlichen Geschichte haben sich etliche esoterische Gesellschaften wie etwa die Tempelritter, die Freimaurer und die christlichen gnostischen Kulte auf sehr hohem Niveau mit dem Chakren-System und der Verwendung des Christusbewußtseins zur Weckung der Kundalini-Kraft befaßt. Autoren wie Ann Ree Colton haben diese westlichen Chakren-Traditionen und ihre Ähnlichkeiten und Gegensätzlichkeiten mit den hinduistischen und buddhistischen Modellen untersucht.

Obwohl solches Hintergrundmaterial oftmals faszinierend ist, geht es mir in diesem Buch nicht darum, tausend Seiten mit vergleichenden Chakren-Studien zu füllen. Mein Ziel ist es vielmehr, eine praktische, erfahrungsorientierte Erforschung der Chakren zu ermöglichen, so daß Sie das Kundalini-Modell als Instrument nutzen können, um Begriffe zu transzendieren und Ihr eigenes Energiesystem unmittelbar anzuzapfen.

Als Jesus sagte: »Erkennt die Wahrheit, und die Wahrheit wird euch frei machen«, so meinte er damit höchstwahrscheinlich die unmittelbare Erfahrung, mit der wir zumindest zeitweise unseren denkenden und analysierenden Verstand transzendieren können. Es gibt auch einen wunderbaren Satz in der Bibel, wo Gott sagt: »Sei ruhig und wisse, daß ich Gott bin.« Diese Ebene des Wissens ist viel tiefer als irgendein Begriff von Gott oder Erleuchtung, den man mit dem Verstand konstruiert. Wie ich bereits sagte, ist spirituelles Wachstum eine Funktion der unmittelbaren Begegnung mit dem Göttlichen und nicht eine Vorstellung von einer solchen Begegnung.

In diesem Sinne möchte ich Sie nun in die Geographie der Chakren einführen, damit Sie dann auf den Schwingen Ihres eigenen Bewußtseins fliegen und Ihre Chakren in ihrer wirbelnden Dynamik im ewigen Jetzt betrachten können.

5.

Verwurzelung in der Erde
(Erstes Chakra)

Das erste Chakra, das oft auch als Wurzel-Chakra bezeichnet wird, ist stark mit unserem Kontakt mit der Erde, unserem Heimatplaneten verknüpft. Das Sanskritwort für dieses Chakra heißt *muladhara*, zu deutsch »Wurzel«. Und tatsächlich sieht das Nervenbündel an der Basis der Wirbelsäule, das mit dem Wurzel-Chakra verbunden ist, wie ein dichtes Wurzelsystem aus, das von der Wirbelsäule aus in beiden Beinen als Ischiasnerv nach unten verläuft. Dies ist das größte periphere Nervensystem im Körper. An der Stelle, wo es den Sakralplexus unten am Becken verläßt, ist es etwa daumendick und zieht sich wie Wurzelwerk durch beide Beine nach unten bis zu den Zehenspitzen und zur Unterseite der Fersen. Dieses Wurzel-Chakra wird von manchen Menschen als niedriges, unwichtiges Energiezentrum betrachtet. Andere wiederum verehren es – vor allem in den letzten Jahren – mit höchster Achtung.

Als ich mit Anfang Zwanzig sowohl nach einem Beruf wie auch nach einem Weg suchte, der mich tief in mein spirituelles Leben führen würde, studierte ich bei zwei Lehrern, die eine entgegengesetzte Haltung zum Wurzel-Chakra vertraten. Mein Lehrer in der Yogatradition, Kriyananda, lehrte, daß das Wurzel-Chakra gewissermaßen das niedrigste Energiezentrum ist und so schnell und dauerhaft wie nur möglich überwunden und zurückgelassen werden sollte. Irdische Dinge menschlichen oder tierischen Ursprungs, instinktiv und emotional gefärbt, wurden als niedrige und sogar negative Fixierungen betrachtet. Das große Ziel bestand darin, den Körper zu reinigen und so schnell wie nur möglich zu transzendieren, damit man hoch in den himmlischen Reichen des reinen Lichtes und des Gottesbewußtseins leben konnte.

Zur selben Zeit studierte ich aber auch bioenergetische Therapieformen unter der Leitung von Alexander Lowen, dem Begründer der bioenergetischen Tradition, die auf den Lehren des großen Psychiaters Wilhelm Reich basiert. Von Dr. Lowen lernte ich, daß das Wichtigste im Leben darin besteht, sich zu erden, die Wurzeln zu erreichen und die mentalen Illusionen von spiritueller und geistiger Großartigkeit loszulassen.

Ich fand beide Traditionen – gleichwertig und doch entgegengesetzt – gültig und hilfreich in meinem persönlichen Leben, aber manchmal kam es mir vor, als ob mich der Konflikt zwischen den beiden Polen zum Wahnsinn treiben würde.

Damals studierte ich auch mit Alan Watts, einem spirituellen Lehrer, dem nichts heilig war, der alle Traditionen kannte, es aber vorzog, »außerhalb« von ihnen zu leben. Eines Nachts im Jahre 1971 saßen wir in seinem Hausboot in Sausalito, und er erklärte mir, daß es eine Denkhilfe gab, die mich davor bewahren konnte, zwischen den beiden entgegengesetzten philosophischen und spirituellen Traditionen der Liebe zum Himmel und zur Erde zerrissen zu werden.

»Du mußt dein Bewußtsein so erweitern, daß du erkennst, daß du in einem zweihundertprozentigen

Universum lebst«, erklärte er mir mit einem Glitzern in den Augen. »Öffne dein Denken so weit, daß du beide Traditionen als hundertprozentig wahr in sich selbst begreifen kannst. Dann können beide Traditionen harmonisch in dir leben.«

Natürlich lehrte er mich ganz einfach das chinesische taoistische Weltverständnis, in dem alle Dualitäten im ewigen Ganzen aufgehen. Ich hatte oft von diesen Begriffen gelesen, aber seine Worte hallten tief in mir wider, und ich erkannte instinktiv deren Wahrheit. Ich bin ihm immer dankbar gewesen, daß er mich davor bewahrt hat, zwischen dem hinduistischen und dem bioenergetischen Ansatz zum persönlichen Wachstum wählen zu müssen. Schließlich müssen wir uns auch dann, wenn wir zur Begegnung mit dem reinen weißen Licht der himmlischen Sphären fortschreiten, zu unserer Mutter Erde niederbeugen und ihr unsere Verehrung erweisen.

Zum momentanen Zeitpunkt in der Geschichte ist es ökologisch wie auch spirituell wichtig, daß wir uns sowohl von den hinduistischen wie auch den christlichen Haltungen befreien, die die niedrige Wirklichkeit der Erde als negativ, sündhaft, ja sogar als das Reich des Teufels selbst beurteilen und nur die himmlischen, unirdischen Dimensionen des Bewußtseins verehren. Vor allem aus einem ökologischen Blickwinkel muß das ›Unten‹ als letztlich schön betrachtet werden, weil die Hochachtung für unseren Planeten äußerst wichtig ist, wenn das menschliche Leben hier weitergehen soll.

So sollte man also das Wurzel-Chakra, das uns die grundlegendste Verbindung zur Mutter Erde verschafft, als gleichwertige Entsprechung zum Kronen-Chakra auf der Oberseite des Kopfes begreifen. Das ist voll und ganz sinnvoll, wie wir später noch in der

Praxis sehen werden, wenn wir an das Herz-Chakra als Zentrum des Kundalini-Bewußtseins denken.

Die Chakren sind tatsächlich paarweise aufeinander bezogen, vor allem in der taoistischen Tradition Chinas. Auf diese paarweise Verbindung der Chakren möchte ich gleich von Anfang an hinweisen.

Das vierte, also das Herz-Chakra, ist das Zentrum. Wenn wir einen Schritt nach oben und unten gehen, so können wir das fünfte Chakra in der Kehle mit dem dritten Chakra im Solarplexus kombinieren. Wenn wir einen weiteren Schritt nach oben und unten gehen, so können wir das sechste Chakra, den Punkt zwischen den beiden Augenbrauen, mit dem zweiten Chakra oder Sexual-Chakra im Genitalbereich verbinden. Und beim letzten Schritt assoziieren wir das siebte Chakra oder Kronen-Chakra mit dem ersten, dem Wurzel-Chakra. Auch hier finden wir wieder diese Dynamik, daß gleichwertige Extreme einander ausbalancieren. Jesus sagte: »Die ersten werden die letzten sein, und die letzten werden die ersten sein«, und auch das beinhaltet viele Bedeutungsebenen. Jedenfalls ist dies mit Sicherheit eine Art und Weise, wie man das Wurzel-Chakra und das Kronen-Chakra wahrnehmen kann: Sie sind ein Paar. Es ist nicht nur ein spirituelles Vergehen, sondern auch ein höchst gefährliches Vorgehen, wenn man das untere Chakra verneint und sich auf das obere Chakra fixiert.

Mit dieser allgemeinen, aber hoffentlich bedeutsamen Einführung möchte ich die Erörterung des Wurzel-Chakras fortführen, jenes Chakras, das uns mit der Erde und mit unseren instinktiven, animalischen, irdischen Bedürfnissen und Sehnsüchten verbindet und unser Überleben sichert.

Betrachten Sie einen Augenblick lang Ihre eigene

Beziehung mit Ihrer instinktiven, irdischen, animalischen Natur. Ist für Sie die Vorstellung, daß Sie ein irdisches Lebewesen sind, auf irgendeine Weise negativ, oder empfinden Sie Liebe zu unserem Planeten, geht es Ihnen darum, Mutter Natur zu erhalten, sind Sie in Harmonie mit Ihrem instinktiven Bewußtsein, das Sie Tag für Tag leitet? Halten Sie inne, beobachten Sie, was in Ihr Bewußtsein tritt, und achten Sie gleichzeitig weiterhin auf Ihren Atem und Ihre physische Anwesenheit hier im gegenwärtigen Augenblick ...

Auf dem Planeten »reiten«

In der traditionellen Literatur heißt es, daß das Wurzel-Chakra genau auf der Mitte zwischen Anus und Genitalien liegt. Ich sage immer, daß es die Stelle ist, auf der Sie sitzen. Wenn Sie in sitzender Haltung meditieren und sich auf das Wurzel-Chakra konzentrieren wollen, so brauchen Sie nur Ihre Aufmerksamkeit auf jenen Punkt zu lenken, an dem Sie die Erde berühren.

Die Schwerkraft ist sicherlich eine der entscheidenden Eigenschaften des Wurzel-Chakras. Zu einer bestimmten Zeit in meinem Leben hatte ich einen wunderbaren Lehrer: Er war amerikanischer Indianer und verbrachte beträchtliche Zeit damit, mich zu einer unmittelbaren Begegnung mit der Schwerkraft des Planeten zu führen, auf dem wir durch den Raum gleiten. Für ihn begann und endete die spirituelle Entwicklung mit einem Gefühl der Verwurzelung in der Erde. Kein spirituelles Wachstum war möglich, wenn nicht zuvor der Geist der Erde in bewußte Harmonie mit dem persönlichen Bewußtsein gebracht worden war.

Unsere ganze energetische Natur existiert innerhalb der Parameter des energetischen Kraftfeldes unseres Planeten. Wie ich zuvor erwähnte, sind die Chakren selbst – auch zufolge der alten Tradition – kreisende Wirbel, die aus der Entfernung betrachtet genau wie die spiraligen Galaxien aussehen würden, die wir durch unsere Teleskope sehen. Auch Atome sind winzige Galaxien mit einem eigenen Drehwirbel und einem Mittelpunkt. Es braucht uns also nicht zu überraschen, wenn unsere sieben Energiewirbel im Körper ebenso beschaffen sind wie die Makro- und Mikrokosmen um und in uns. Wie oben, so unten.

Ich erinnere mich lebhaft an viele unmittelbare Begegnungen mit meinem ersten Chakra, als ich ein kleiner Junge war.

Inmitten von unverhofften Träumereien, in denen ich Gedanken und äußere Reize hinter mir zurückließ, fühlte ich mich öfters von einer kraftvoll vibrierenden roten Farbe überwältigt, die in mir herauffflutete, als ob sie aus dem Boden unter mir käme. (Die Farbe Rot, die die längste Wellenlänge und die langsamste Frequenz im Farbspektrum hat, ist die Farbe, die am stärksten mit den unteren drei Chakren verbunden ist.)

Nur einige wenige Augenblicke, nachdem dieses Rot durch mich hindurchflutete, empfand ich ein merkwürdiges drehendes Gefühl unmittelbar an der Basis meiner Wirbelsäule, wo ich auf dem Boden saß. Und dann kam es mir vor, als ob sich mein Körper plötzlich zum Zentrum der Erde hinabverlängerte.

An diese Erfahrungen erinnerte ich mich erst in Regressionssitzungen, die ich als Erwachsener professionell in der Hypnoseforschung durchführte. Die meisten von uns können sich nicht in lebhaften Einzelheiten an solche Erfahrungen erinnern, die wir in den ersten zwei oder drei Lebensjahren gemacht haben, es sei denn, wir verwenden solche Regressionsmethoden. Ich glaube aber, daß alle Kleinkinder ähnliche Begegnungen mit ihrem ersten Chakra haben, bis sie sie dann allmählich unterbinden, wenn der rationale Verstand aktiver wird.

Wie, glauben Sie, haben Sie Ihre frühkindlichen Energiekörpererfahrungen erlebt? Oft können sich Menschen vage an ihre Erlebnisse mit dem ersten Chakra erinnern, wenn sie nur ein wenig innehalten und ihr Bewußtsein für ihre frühe Kindheit öffnen.

Versuchen Sie es selbst in den nächsten paar Tagen mindestens einige Male. Halten Sie inne, entspannen Sie sich für einige Augenblick, schließen Sie die Augen, atmen Sie ruhig, richten Sie Ihre Aufmerksamkeit auf Ihre frühe Kindheit, beobachten Sie, ob irgendwelche Gedächtnisspuren plötzlich ins Bewußtsein treten ... etwa das Rot, ein Wirbeln oder ein Gefühl, daß Sie in vollkommener Balance auf unserem wirbelnden Planeten reiten.

Eine tiefe Verbindung mit der Erde eingehen

Von unserer Empfängnis an bis heute reiten wir auf diesem Planeten. Wir leben ständig in dem starken elektromagnetischen Kraftfeld dieses Planeten. Ist es möglich, sich dieser Kraft bewußt zu werden, die jeden Augenblick so viel von unserer Existenz bestimmt?

Ich bin gut befreundet mit einem Professor der Physik an der Universität von Zürich, Eduard Cartier. Er ist der Meinung, daß der größte Teil der Chakren-Erfahrung durch die Feineinstellung des elektromagnetischen Kraftfeldes des menschlichen Körpers auf das Kraftfeld der Erde erzeugt wird. Ich glaube, daß dies zumindest ein Teil des energetischen Bildes ist. Es erklärt zum Beispiel, warum wir die Energie von oben und unten kommen fühlen. Denn wie Sie vielleicht wissen, gleicht unser persönliches elektromagnetisches Kraftfeld einem Magnetfeld mit gekrümmten Linien, wobei die elektromagnetische Energie durch die Oberseite des Kopfes und die Basis der Wirbelsäule eintritt. Das entspricht dem elektromagnetischen Kraftfeld der Erde, das am Nordpol eintritt, sich krümmt und auch am Südpol wieder eintritt.

Deshalb ist es absolut sinnvoll, uns der Schwerkraft bewußt zu werden und uns für die tatsächliche elektromagnetische Kraft der Erde, die uns umgibt und an unserer individuellen Kraft teilhat, zu öffnen. Dies ist ein wesentlicher Schritt zur Erweckung des ersten Chakras. Wir leben in diesem elektromagnetischen Kraftfeld, genauso wie ein Fisch im Wasser und ein Vogel in der Luft lebt. Die Meditation für das Wurzel-Chakra beinhaltet, daß wir uns dieses elektromagnetischen Kraftfeldes bewußt werden, das mit dem Kraftfeld unseres eigenen Körper interagiert. Das klingt schwierig, ist aber in Wirklichkeit ausgesprochen einfach. Es verlangt nur, daß die Wahrnehmungsfähigkeit des Bewußtseins in eine bestimmte Richtung gelenkt wird.

Ich möchte Ihnen jetzt wieder ein wenig Zeit geben, damit Sie das Buch beiseite legen können. Atmen Sie, werden Sie sich Ihres ganzen Körpers auf einmal bewußt. Spüren Sie, daß Sie auf der Erde sitzen. Werden Sie sich bewußt, wo Sie die Erde berühren. Lassen Sie Ihr erstes Chakra mit der energetischen Gegenwart des Planeten verschmelzen. Fühlen Sie sich in harmoni-

scher energetischer Ausrichtung mit den elektromagnetischen Kräften der Erde, aber nicht nur als Vorstellung, sondern als echte Erfahrung.

Die Lotosblüte mit den vier Blütenblättern

Jedes der Chakren wird in der klassischen Überliefe-
rung als Lotosblüte dargestellt. Und jedes einzelne
Chakra hat eine andere Zahl von Blütenblättern. Die
Anzahl der Blütenblätter bezieht sich einerseits auf die
Sanskritsymbolik der *nadis*, feiner Nerven, die an einem
bestimmten Punkt an der Wirbelsäule entspringen, wo
das jeweilige Chakra liegt, und andererseits auf die
Bedeutung bestimmter Vokale und Konsonanten im
Sanskritalphabet.

Die *nadis* sind mit den physiologischen Nervensträngen des Körpers verbunden. So hat zum Beispiel das
coccygeal-spinale Ganglion an der Basis des Rücken-
marks vier Hauptnervenbündel, die aus ihm entspringen, und das paßt zu der Zahl der Blütenblätter des
ersten Chakras.

An dieser Stelle sollte ich erwähnen, daß sowohl in
den Lehren der Hindus wie auch der Chinesen neben
den physiologischen Nervensträngen ein feineres System von energetischen Kanälen im menschlichen Körper existiert. Diese energetischen Kanäle lenken den
elektro-energetischen Fluß, ebenso wie die physiologischen Nerven den biochemischen Fluß der Information
transportieren.

Zum Beispiel basiert die Akupunktur auf diesem
feinen System von Energiekanälen, den sogenannten
Meridianen, die durch den ganzen Körper laufen. Vor

nur wenigen Jahrzehnten wurde eine so esoterische Vorstellung von feinen energetischen Kanälen im Körper vom westlichen Medizin-Establishment als absurd ironisiert. Aber innerhalb kurzer Zeit hat die moderne Medizin die Zuverlässigkeit der Akupunkturbehandlung akzeptiert, obwohl ihre scheinbar magischen Resultate von der Wissenschaft noch nicht voll erklärt werden können. Heute tappen wir noch in vieler Hinsicht im Dunkeln, während es in antiken Zivilisationen bereits ein viel tieferes Verständnis unserer Energiesysteme gab.

Ich möchte Ihnen ein wenig mehr über die traditionelle Vorstellung von der Bedeutung der vierblättrigen Lotosblüte mitteilen. Man muß dabei beachten, daß sie bei einem relativ unbewußten Menschen so aussieht, als ob die Blütenblätter nach unten hängen. Das heißt, daß die Energien dieses Chakras meist nach unten geschickt werden, um grundlegende Überlebensaktivitäten des Individuums aufrechtzuerhalten.

Wenn Sie eine Zeitlang über dieses Chakra meditieren und bewußte Aufmerksamkeit und Energie in diese Gegend schicken, so beginnt die Lotosblüte sich nach oben zu wenden, so daß die Kundalini in der Wirbelsäule nach oben fließt, anstatt nur für Überlebensaktivitäten und mentale Routinefunktionen verbraucht zu werden. Das ist natürlich nur ein symbolisches Bild, es beinhaltet aber eine echte Bedeutsamkeit für alles, was energetisch während einer Kundalini-Meditation geschieht.

Als ich siebenundzwanzig war, hatte ich einen Lehrer, der mir erklärte, wie ich als erstes die Lotosblüten in jedem meiner Chakren ermuntern sollte, sich wie für das Licht der Morgensonne zu öffnen. Wenn dann die Kundalini-Energie ihre Blütenblätter gewärmt hatte, sollte ich sie nach oben richten, so daß die Kundalini-Energie durch mein gesamtes Nervensystem nach oben fließen konnte. Ich möchte auch Ihnen dieses Bild vermitteln; Sie können es als Vision in Ihre Chakren-Meditationen integrieren. Wichtig ist dabei, daß Sie die Lotosblüte bewußt ermutigen, ihren Kopf nach oben zu richten, so daß ihre Energie in die höheren Chakren fließen kann und nicht voll und ganz an der Basis verbraucht wird.

Halten Sie ein wenig inne, wenn Sie Lust haben, legen Sie das Buch beiseite, schließen Sie die Augen und sehen Sie, ob Sie eine rote Blume mit vier Blüten-blättern imaginieren können.

Stellen Sie sich vor, daß diese Blüte nach unten hängt und wie eine noch junge Knospe geschlossen ist. Und stellen Sie sich dann vor, daß die Knospe Licht und Wärme aus Ihrem eigenen mächtigen Brennpunkt der Aufmerksamkeit erhält, so daß sie sich öffnet und ihren Kopf hebt. Nun kann die neuerworbene Energie, die durch ihre Wurzeln fließt, nach oben aufsteigen und sich von der Blüte nach oben und durch alle Chakren ausbreiten.

Die Kontraktion des Schließmuskels

Der nächste Schritt in der Erweckung des ersten Cha-kras ist so ungemein wichtig, daß wir ihm in unseren Meditationssitzungen viel Zeit und Geduld widmen müssen. Wenn Sie sich in diesen Schritt der Kundalini-Erweckung nicht vollkommen vertiefen, können Sie den Rest des Programmes vergessen – er ist entschei-dend.

Diese Meditation arbeitet mit einem Teil Ihres Körpers, den Sie vielleicht als den niedrigsten betrachten. Aber wie einer meiner Zen-Lehrer einmal betont hat: Die spirituelle Erweckung muß am tiefsten Punkt beginnen.

Diese Methode, die ich zum erstenmal von Thakin Kung gelernt habe und dann in dem ausführlichen Buch von B. K. Iyengar, *Light on Yoga,* wiedergefunden habe, ist eine überaus physische Art, mit dem Wurzel-Chakra in Kontakt zu kommen. Denn sie bezieht sich auf die Sphinktermuskeln des Anus, und gleichzeitig wird die Atmung als Pumpe eingesetzt, um die Kundalini-Energie entlang der Wirbelsäule nach oben zu leiten.

Der alte Sanskrittext *Hatha Yoga Pradipika* sagt: »Durch diese Methode erlangt der Yogi unvergleichliches Wissen, und zwar durch die Gunst der Kundalini, die durch diesen Vorgang erweckt wird.«

Bei dieser Methode sitzt man ruhig mit überkreuzten Beinen auf dem Boden oder auf einem Stuhl, wenn Sie dies vorziehen. Legen Sie die Hände so übereinander in den Schoß, daß sich die Daumen kreuzen. Die Augen können sich schließen, wenn es natürlich geschieht.

Atmen Sie langsam, lassen Sie die Energie in Ihrem Nervensystem auf und ab fließen und sinken Sie bei jedem neuen Ausatmen tiefer und tiefer in den Bauch und noch tiefer in das Becken. Kontrahieren Sie nun bei einem langsamen Ausatmen sanft Ihre Schließmuskeln, die den Zugang zum Anus kontrollieren. Senken Sie gleichzeitig das Kinn zur Brust, so daß auch die Nackenmuskeln kontrahiert werden. Auch Ihre Bauchmuskeln werden sich zusammenziehen. Atmen Sie weiter und halten Sie diese physische Kontraktion zwei oder mehr Atemzüge lang, entspannen die dann die Kontraktion mit der gleichen Anzahl der Atemzüge.

Fahren Sie mit dieser Meditation fort,
wollen, kontrahieren Sie die Schließmuskeln,
können, und lockern Sie sie dann im gleichen Z
Beachten Sie von Anfang an, daß Sie die Kontra
einer Weise vollziehen, die sich für Sie gut anfühl

Diese Meditation kann beachtliche Wirkungen erz
gen. Auch hier möchte ich Ihnen wieder empfehle
daß Sie bei einer solchen Meditation am besten den
mittleren Weg gehen. Glauben Sie bitte nicht, daß
»mehr« besser ist. Führen Sie diese Meditation zuerst
nur einige wenige Minuten durch und dehnen Sie sie
dann im Laufe der Tage langsam aus. Vergessen Sie
nicht, daß Sie eine starke Kraft in Ihrem Inneren wek-
ken. Tun Sie es sanft!

Diese Meditation hilft dabei, die nach unten gerichtete Position der Lotosblüte umzukehren, um den Energiefluß, der in die Beine und von dort aus dem Körper
läuft, abzuschließen, so daß der nach oben gerichtete
Strom in der Meditation bewußt gefördert werden
kann. Diese Übung sollten Sie nur durchführen, wenn
Sie sich zuvor meditativ auf Ihren Atem eingestimmt
und einen inneren Erfahrungskontakt mit dem ganzen
Körper im Jetzt hergestellt haben.

Viele Leute finden es zunächst einmal schwierig, den
Schließmuskel auf meditative Weise zu kontrahieren.
Beim Yoga verwenden wir oftmals Muskeln, die nicht
für die Durchführung komplizierter Aufgaben aus-
gebildet sind. Sie werden aber entdecken, daß Sie diese
Muskeln während des Tages ohnehin öfters zusammenziehen. Vor allem kontrahieren Sie die Analmus-
keln beim Liebesakt. Der nach vorne gerichtete Stoß
wird von dieser Kontraktion begleitet. Und das erklärt,
warum die sexuelle Aktivität den Körper mit Kundalini-Energie versorgen kann! Beobachten Sie bei Ihrem

..., wie Sie diese Schließmuskelkon-
...hakras als unwillkürlichen Teil der
...einsetzen. Diese Beobachtung ist
... Kundalini-Kraft überaus wich-
... Basis der Sexualität in der
...l-Chakra-Energie besteht, so
...en fließen kann.

... Sie dies oft genug während jeder Me-
...ssitzung, aber tun Sie es sanft, und versuchen
...e, all die verschiedenen Weisen zu entdecken, auf
die es geschehen kann. Dabei entwickeln Sie ein besonderes Gefühl von seelisch-körperlicher Harmonie,
das für die Entwicklung der Kundalini-Kraft notwendig ist.

Kontrahieren Sie den Anus immer wieder während
des ganzen Tages, auch wenn Sie gerade viele andere
Dinge tun. Sie werden bald bemerken, daß Sie dieses
Gefühl der Kontraktion genießen. Es ist ein unmittelbarer Weg, um Ihre Überlebens- und Sexualenergie durch
den ganzen Körper nach oben zu lenken, und auf diese
Weise kann Ihr Kundalini-Bewußtsein sehr schnell zu
einem normalen Bestandteil Ihres alltäglichen Lebens
werden.

Vor allem werden Sie dadurch aufhören, Ihre Energie
zu verschwenden, und allmählich die Aufladung in
den höheren Chakren steigern. So erheben wir uns vom
Niedrigsten zum Höchsten, wie das chinesische Sprich-
wort sagt.

Sie werden bemerken, daß Sie bei dieser Übung auch
die Bauchmuskeln ganz natürlich zusammenziehen,
und dadurch vermischt sich die Energie des ersten
Chakras auch mit der Energie des dritten Chakras, wie
wir später noch sehen werden. Achten Sie darauf, daß
Sie sich zuallererst auf die Schließmuskelkontraktionen

konzentrieren. Wenn Sie es richtig machen, werden Sie eine energetische Spannung vom Hals bis zum Anus durch Ihren ganzen Rumpf spüren. Diese Spannung fühlt sich gut an, da sie die Wirbelsäule ausrichtet und ein Aufwallen von Vitalität in den Chakren verursacht. Wenn die Energie vom ersten Chakra aus nach oben aufsteigt und gleichzeitig von oben her das erste Chakra erreicht, so führt dies unmittelbar zu einem spürbar höheren Energieniveau in Ihrem ganzen Sein. Dies kann als weißes Licht erlebt werden, als Elektrizität, die durch Ihr System fließt, als plötzliche Wärme oder als ein vollständig neues Gefühl, in das Sie einfach nur hineinatmen und das Sie sowohl von oben wie von unten in sich strömen lassen.

Ich möchte empfehlen, daß Sie jede Meditationssitzung mit einer Zentrierung im ersten Chakra beginnen, selbst wenn Sie vorhaben, sich hauptsächlich auf ein anderes Chakra zu konzentrieren, das mehr Balance braucht. Praktisch gesehen ist es jedoch am besten, wenn man vor dem Beginn der Sitzung keine allzu festen Pläne für den Ablauf einer Meditation macht. Es genügt, über verschiedene Möglichkeiten in der Meditation nachzudenken. Beginnen Sie einfach am Wurzel-Chakra in der Weise, wie ich es Ihnen hier zeige, und arbeiten Sie sich dann langsam nach oben. Ihre Intuition wird Sie bei jedem Schritt des Weges führen.

Wie ich bereits erwähnte, ist die Arbeit an einem Chakra kein isolierter Vorgang. Die Stimulation des Wurzel-Chakras regt auch alle anderen Chakren an, da sie ja eine energetische Einheit sind. Jedesmal, wenn Sie eine Meditation zur Anspannung und Entspannung des Schließmuskels vollziehen, können Sie nach einer Weile innehalten, sich entspannen und den neuen energetischen Zustand Ihres Nervensystems als Ganzes empfinden.

Mit einer Atemübung, die ich als »Energiepumpe« bezeichnen möchte, vereinigen Sie das Oben mit dem Unten und stellen bei jedem vollen Atemzyklus einen bewußten Kontakt mit all Ihren Chakren her. In mehr esoterischen Begriffen vereinigen Sie Himmel und Erde, und dies ist die höchste spirituelle Vereinigung. Prüfen Sie, ob Sie den ganzen Ablauf verstanden haben, lesen Sie die Beschreibungen so lange durch, bis Sie sie auswendig können. Legen Sie dann das Buch beiseite, praktizieren Sie, was Sie gelernt haben, und beobachten Sie, welche Erfahrung daraus für Sie entsteht.

Die Atemübung der »Energiepumpe«

Wir wollen nun eine sehr einfache Methode kennenlernen, wie wir durch den Atem ein ausgeglichenes Strömen der Energie im Körper sowohl von unten nach oben wie auch von oben nach unten fördern können. Praktizieren Sie die folgende Meditation:

1. *Konzentrieren Sie sich beim Einatmen bewußt auf die Empfindung eines Energieflusses von der Erde in das Wurzel-Chakra und weiter nach oben in die höheren Chakren. Atmen Sie langsam ein, so als würden Sie diese Energie ganz sanft in ihr Chakren-System aufnehmen.*
2. *Atmen Sie nun langsam aus und öffnen Sie sich dabei für einen unwillkürlichen Energiestrom, der von oben in Sie hineinfließt. Erleben Sie ein Herabfluten von Licht, Erkenntnis und Kraft in Ihren Körper, gehen sie nacheinander alle sieben Chakren durch, bis sie von oben erleuchtet sind und Sie die Lungen geleert haben.*
3. *Lassen Sie dann ohne Anstrengung den nächsten unwillkürlichen Atemzug in sich hineinströmen, so daß die*

Energie von der Erde in Ihr Energiesystem bis zum
obersten Chakra hineinfließt. (Sie sollten sich das nicht
nur vorstellen, sondern beobachten, ob Sie diese energeti-
sche Erfahrung tatsächlich in sich verspüren.)

4. *Wechseln Sie dann wieder zum Ausatmen: Öffnen Sie*
   sich für das Herabfließen universeller Energie in Ihr
   persönliches Energiesystem. Fahren Sie mit diesem Mu-
   ster einige Atemzyklen lang fort.

Die Schwingungen des Wurzel-Chakras

Sie haben nun gelernt, sich auf Ihren Atem einzustellen,
in Ihr Wurzel-Chakra hineinzuatmen und durch die
Schließmuskelkontraktion das Wurzel-Chakra zu aktivieren. Nun können wir uns dem dritten Instrument –
dem Klang – widmen.

In den Sanskritschriften heißt es, daß »derjenige, der
im Geist und mit der Stimme den natürlichen Namen
von irgend etwas mit schöpferischer Kraft äußert, das
Ding entstehen läßt, das diesen Namen trägt«. Diese
Vorstellung kehrt auch in der hebräischen Tradition des
Alten Testamentes und in den meisten primitiven
Stammeskulturen wieder. Worte haben Macht, wenn
Sie mit voller Intention beschworen werden.

Wenn Sie den Namen des Wurzel-Chakras leise in
Ihrem Inneren erklingen lassen oder mit der Stimme
intonieren, so erwecken Sie dieses Chakra in Ihrem
Bewußtsein zum Leben: Sie vereinigen die energetische
Präsenz des Chakras an der Basis der Wirbelsäule mit
dem mentalen Bewußtsein von diesem Energiezentrum. Das ist eine wirkungsvolle Meditation.

Den alten Yogis zufolge, die den Klang, der aus

ihrem erweckten Chakra hervorkam, unmittelbar vernehmen konnten, lautet der Name des ersten Chakras LAM. Dies ist die hinduistische Version. Ein wenig anders und fast noch kraftvoller klingt es in der tantrisch-buddhistischen Tradition von Tibet und Nepal, nämlich LANG.

Beim LAM berühren sich die Lippen am Ende der Silbe und bringen die männliche und weibliche Energie zur Einheit, wie ich zuvor schon erwähnte, und auf diese Weise entsteht die schöpferische Kraft des Wortes.

Beim LANG passiert etwas anderes: Es ist ein schöpferischer Akt, der mit geöffneten Lippen vollzogen wird und eine stärkere Resonanz im Körper verursacht. Meine Lehrer haben mir im allgemeinen geraten, das innerlichere, weichere, weiblichere LAM zu verwenden, wenn ich sanft und ruhig gestimmt bin, und LANG, wenn ich eine stärkere Empfindung für die jeweilige Meditationssitzung brauche.

Dasselbe möchte ich auch Ihnen empfehlen.

Beachten Sie, daß Sie beim Singen eines Mantras wie LAM oder LANG eine Schwingung sowohl in sich wie auch in Ihrer Umgebung erzeugen und daß diese Schwingung nicht notwendigerweise aufhört, wenn Sie mit dem Singen aufhören. Ja, es ist sogar eines der Ziele des Mantra-Singens, die Chakren zu einer gesteigerten Schwingungsaktivität anzuregen, die auch noch einige Zeit nach dem Singen anhält.

Die Intonation eines bestimmten Mantras verbindet das ganze Nervensystem mit den jeweiligen Schwingungsqualitäten eines jeden Chakras. Auch hier agieren Sie durch bewußte Intention, um Ihren Geist in eine Richtung zu lenken, die sich als wirkungsvoll für die Erweckung der Kundalini-Kraft erwiesen hat.

Jedesmal, wenn Sie den Namen eines Chakras anstimmen, werden Sie einen anderen Klang erzeugen als je zuvor. Darin liegt eine ungeheure Magie ... kein Klang ist jemals derselbe! Sie sind lediglich gefordert, den Klang aus sich hervorkommen zu lassen. Seien Sie eher tragendes Medium als ein Dirigent. Lassen Sie diese Klänge so laut oder leise tönen, wie sie gerade kommen, und geben Sie sich der Kraft der Schwingung in Ihren Chakren hin.

Die Hindutradition hat eine ziemlich komplexe Philosophie in bezug auf den Klang. Wie wir auch in der christlichen Tradition gesehen haben, wird der Klang als das Wesen des Universums, als Urenergie betrachtet, aus der sich dann alles andere materiell manifestiert. Diese Vorstellung wird nun auch in der Wissenschaft als elementares Gesetz angenommen, wie Fritjof Capra und andere es beschrieben haben. Und der große Sufi-Meister Hazrat Inayat Khan sagt in *The Sufi Message*: »Wer das Geheimnis der Klänge kennt, kennt das Mysterium des ganzen Universums.«

Und das Geheimnis der Klänge zu kennen ist ganz einfach! Erzeugen Sie sie! Machen Sie das Singen von Mantras zu einem durchgängigen Bestandteil Ihrer alltäglichen Gewohnheiten, und Sie werden Ihr Leben in eine Kundalini-Symphonie verwandeln.

Halten Sie jetzt inne und nehmen Sie sich Zeit, um den Ablauf des Mantra-Singens auswendig zu lernen, den ich Ihnen in der folgenden Übung erkläre. Vollziehen Sie die Meditation der sieben Schritte und begegnen Sie Ihrem Wurzel-Chakra auf neue Weise.

Mantrameditation für das erste Chakra

Ich möchte Sie jetzt sanft in die Magie des Mantra-Singens einführen. Die folgende Reihenfolge hat sich für die Erweckung des ersten Chakras am günstigsten erwiesen.

1. Erden Sie sich immer zur Vorbereitung durch die Meditation des bewußten Atmens und der Öffnung des Bewußtseins, die Sie voll und ganz im Hier und Jetzt in das Körperbewußtsein führt.
2. Gehen Sie dann zur Kontraktion des Schließmuskels und zur Energiepumpe über, die Sie gerade gelernt haben, damit Sie sich unmittelbar auf das erste Chakra konzentrieren können.
3. Werden Sie nun still, lassen Sie Ihren Atem ohne Anstrengung kommen und gehen. Und lassen Sie dann ohne weiteres Zögern den Klang des Wurzel-Chakras in das Bewußtsein treten. Das kann LAM oder LANG sein, je nachdem, was Ihnen im Augenblick besser liegt. Lassen Sie die Silbe nun im Geist schwingen, noch bevor Sie sie laut anstimmen. Sie hören einfach nur den Klang in dem inneren Reich Ihres Bewußtseins.
4. Lassen Sie nun wieder ohne Anstrengung oder geistigen Druck diesen Klang auch in den Stimmbändern lebendig werden. Die Lippen sind dabei noch immer geschlossen. Dieses feine Singen ist sehr, sehr wirkungsvoll und sollte einige Atemzüge lang durchgeführt werden, bevor sich dann die Lippen öffnen.
5. Wenn Sie bereit sind, öffnen Sie die Lippen und bilden Sie beim Ausatmen den Klang L. Die Zunge berührt dabei das Gaumendach. Halten Sie diesen Konsonanten ungefähr drei Viertel der Ausatmung und versuchen Sie zu spüren, wie die Schwingung tief in Ihr Wurzel-Chakra hinabreicht.

6. Lösen Sie jetzt die Zunge vom Gaumendach und lassen Sie das L in ein weiches A übergehen, während Sie weiter langsam und ruhig ausatmen.
7. Und nun entsteht entweder M oder NG. Lassen Sie dabei Ihr System selbst wählen, welcher Klang sich bei diesem Ausatmen von allein einstellt. Halten Sie Ihre Aufmerksamkeit weiter auf dem ersten Chakra. Dies ist die wichtigste Tätigkeit Ihres Bewußtseins beim Mantra-Singen. Fahren Sie mit diesem Mantra-Singen so lange fort, wie Sie wollen.

Die Mandala-Meditation für das Wurzel-Chakra

Nun können wir auch die vierte, die optische Dimension für das Wurzel-Chakra einführen. Ich möchte umfassend erklären, wie man über Zacharys Mandala für das Wurzel-Chakra meditiert. Dann können Sie sich dem Bildteil zuwenden und die Meditation mit dem visuellen Stimulus durchführen.

In Kapitel 3 habe ich Ihnen dargelegt, auf welche vier Arten die Augen unwillkürlich auf etwas blicken. Ich möchte, daß Sie die vier Stufen dieses Prozesses auswendig lernen, damit Sie sie bei jeder Mandalameditation einsetzen können. Das wird dann sehr bald eine automatische Meditationsgewohnheit.

Erstens: Schauen Sie auf die BEWEGUNG.
Zweitens: Schauen Sie auf die FORM.
Drittens: Schauen Sie auf die FARBE.
Viertens: Schauen Sie auf den RAUM.

Vorbereitende Meditationen

Gleich werden Sie sich dem Bildteil zuwenden, um die visuelle Meditation für das Wurzel-Chakra durchzuführen. Aber vergessen Sie nicht, daß dieser Schritt auf den vorhergehenden Stufen aufbaut. Um die Wirkung der visuellen Meditation zu steigern, sollten Sie sich unbedingt durch die ersten drei Schritte, die ich in diesem Kapitel beschrieben habe, darauf vorbereiten. Ich möchte es noch einmal kurz wiederholen, damit Sie auch das auswendig lernen können.

Schritt Eins: GANZKÖRPERBEWUSSTSEIN UND ENERGIEPUMPE
Schritt Zwei: KONZENTRATION AUF DAS ERSTE CHAKRA
(Schließmuskelkontraktion)
Schritt Drei: MANTRA-SINGEN
(LAM ODER LANG)
Schritt Vier: MANDALA-KONTEMPLATION
(Wurzel-Chakra, Bild 2)

Ich empfehle Ihnen, bei jedem Chakra diese Reihenfolge einzuhalten und zuerst die erste, dann die zweite und dritte Methode zu praktizieren, und erst dann die vierte, visuelle Meditation durchzuführen, falls Sie dieses Buch bei sich haben. Sie werden Zeit brauchen, um die vier grundlegenden Meditationen für jedes Chakra im Gedächtnis zu behalten. Jeder zukünftige Erfolge mit diesem Übungsprogramm basiert natürlich darauf, daß Sie diese Meditationsprozesse wirklich verinnerlichen.

Ich möchte Sie auch darauf hinweisen, daß Sie die Mandalameditation auch ohne das Buch praktizieren können, wenn Sie die einzelnen Abbildungen oft genug betrachtet und sich eingeprägt haben. Sie können die

Augen schließen, Zacharys Bilder visualisieren und die vierte Methode durch innere Vorstellungskraft aktivieren. Sie können so die vierte Methode also auch dann praktizieren, wenn Sie das Buch nicht bei sich haben.

Die Begegnung mit dem Mandala

Wenn Sie auf ein Chakren-Mandala blicken, so soll dabei das eigene Atembewußtsein im Brennpunkt der Aufmerksamkeit stehen.

1. Schließen Sie die Augen und werden Sie sich Ihres ganzen Körpers im Jetzt bewußt.
2. Richten Sie inmitten dieses Atembewußtseins Ihre Aufmerksamkeit auf die physische Gegenwart des Chakras, über das Sie gerade meditieren.
3. Lassen Sie den Klang für dieses Chakra in sich entstehen, indem Sie ihn laut anstimmen oder still in Ihrem Inneren klingen lassen.
4. Öffnen Sie die Augen und blicken Sie auf das Mandala!

Im Mandala für das erste Chakra werden Sie als erstes ein nach unten gerichtetes Dreieck in der Mitte erblicken. Dieses Dreieck ist weiß (das symbolisiert die Macht der Dreiheit).

Rings um das Dreieck liegt ein gelbes Quadrat, das die strukturelle Festigkeit des ersten Chakras symbolisiert. Das Quadrat ist von einem weißen Kreis umgeben, der die letztendliche kreisförmige Einheit aller Dimensionen des Universums symbolisiert. Am Rande des Kreises schließen sich vier Lotosblätter an. Sie sind in den Farben Orange und Rot gehalten, da die Grundfarbe des ersten Chakras gewöhnlich mit diesen Farben assoziiert wird. Die Lotosblätter liegen in einem weißen Feld, das das reine weiße Licht und die Leere des menschlichen Bewußtseins jenseits von Gedanken und Formen darstellt. Dieses ganze Bild wird von einem vielfarbigen Rand eingerahmt.

Wenn Sie nun also auf das Mandala blicken, so sollten Sie zuerst die Bewegung suchen, dann alle verschiedenen Formen, die ich gerade beschrieben habe, und anschließend die Farben. Erspüren Sie ferner den Raum zwischen sich und dem Mandala, damit Sie über das Mandala wieder zu Ihrem Körper finden, wenn Sie beim Betrachten des Bildes Ihr Atembewußtsein verloren haben.

An diesem Punkt in der Meditation werden Sie mit dem Mandala die Erfahrung eines gemeinsamen Raumes teilen. Das Mandala beeinflußt Ihr Bewußtsein, und Ihr Bewußtsein beeinflußt das Mandala – zusammen tanzen Sie einen energetischen Tanz.

Den Prozeß umkehren

Wenn Sie einmal diesen Punkt in der Meditation erreicht haben, wenn Sie also alle vier Methoden der Begegnung mit dem Chakra aktiviert haben, können Sie weiter auf das Mandala blicken, solange Sie wollen. Und irgendwann kann dann das LAM oder LANG auf die Lippen und in den Körper zurückkehren und die akustische Schwingung in Harmonie mit den optischen Schwingungen bringen, die Sie durch die Augen aufnehmen. Schließen Sie dann die Augen, kontrahieren Sie den Schließmuskel, um Ihr Bewußtsein in eine noch tiefere Harmonie mit dem ersten Chakra zu bringen.

Entspannen Sie sich dann, atmen Sie ohne Anstrengung weiter und öffnen Sie sich für eine neue Erfahrung in Ihrem ganzen Chakren-System.

Sie haben hier ein äußerst umfangreiches Meditationsprogramm vor sich. Was ich jetzt gerade skizziert habe, wird Sie wahrscheinlich für Wochen, Monate und vielleicht sogar Jahre beschäftigen, wenn Sie es wirklich beherrschen wollen. Aber Sie haben ja alle Zeit der Welt in diesem Universum! Das werden Sie sehr schnell entdecken, wenn sich Ihre Meditation vertieft. Dabei ist es äußerst wichtig, und das möchte ich Ihnen als Lehrer immer wieder ans Herz legen, daß Sie diese Abläufe unbedingt auswendig lernen sollten! Nur dann werden Sie die Kräfte, Freuden, Erkenntnisse und Verwirklichung der Kundalini intensiv erleben können.

Sie können nun die Mandalameditation für das erste Chakra durchführen. Ich werde verstummen, damit Sie nun alle vier Methoden dieser Wurzel-Chakra-Meditation für sich erforschen können. Dieses Chakra wird übrigens mit dem Elefanten assoziiert, jenem starken und bewußten Tier, das über ein so gutes Gedächtnis und Durchhaltevermögen verfügt. Lassen Sie bei dieser Meditation den Geist des Elefanten in sich eintreten.

6.

Verwandlung der sexuellen Energie
(Zweites Chakra)

Die Hauptfunktion des zweiten Chakras ist die Verwirklichung elementarer schöpferischer Energie, und zwar in Form von sexueller Energie, die das Nervensystem dann in höhere Schwingungen spiritueller Energie verwandeln kann.

Als ich mit der Erforschung der Kundalini-Energie begann, hörte ich einmal, daß die Sufi-Meister des Nahen Ostens der Meinung sind, daß eine impotente Person keine Hoffnung auf Selbstverwirklichung hat. Diese grundlegende Vorstellung paßt zu allem, was wir bisher über die Erweckung der Kundalini-Kraft erörtert haben, nämlich, daß die sexuelle Energie ein wesentlicher Bestandteil ist, ein elementarer Druck, der uns den für die Erweckung der höheren Chakren nötigen Treibstoff liefert.

In der christlichen Tradition haben Mönche als Teil ihrer spirituellen Disziplin das Zölibat angenommen, deshalb sieht es vielleicht so aus, als ob Sexualität als Gegensatz zu spirituellem Wachstum betrachtet wurde, nicht aber als treibende Kraft. Aber in Wirklichkeit beinhaltet das Zölibat nicht notwendigerweise eine vollkommene Ausschaltung von sexuellen Energien. Vielmehr ist es eine kontrollierte Neuorientierung dieser Energie. Sowohl in der christlichen Mönchstradition wie auch in den tantrischen und taoistischen Kundalini-Meditationsmethoden wurde die Ejakulation als der große Feind der spirituellen Verwirklichung betrachtet. Man glaubt, daß das Sperma die Essenz der spirituellen Kraft des Mannes ist, und wenn es regelmäßig weggeworfen und durch Ejakulation während des Liebesakts oder der Masturbation vernichtet wird, dann ist unschätzbare spirituelle Energie verloren.

Eine Frau, die dieses Buch liest, empfindet jetzt vielleicht, was schon so viele Frauen gestört hat: den höchst maskulinen Schwerpunkt der traditionellen Kundalini-Lehren. Schließlich ist Ejakulation kein weiblicher Vorgang. Warum sprechen alle traditionellen Abhandlungen über sexuelle Spiritualität nur über die Erfahrung des Mannes, so als ob Frauen auf dem Kundalini-Weg überhaupt nicht existieren würden, oder wenn, dann höchstens als sexuelle Gefährten, um den männlichen Prozeß des spirituellen Erwachens zu fördern?

Tatsächlich ist die meditative Tradition in dieser Hinsicht sehr chauvinistisch gewesen. Zum Glück beginnen zumindest einige wenige moderne Kundalini-Lehrer wie etwa Mantak Chia bewußt an der Eliminierung des männlichen Übergewichts den Kundalini-Lehren zu arbeiten. Und ich hoffe, daß es mir gelungen ist, wenigstens den größten Teil der männlich-tendenziösen Aspekte der traditionellen Kundalini-Lehren, die ich Ihnen weitergebe, auszumerzen.

Es ist unbestreitbar wahr, daß Männer und Frauen eine etwas unterschiedliche Kundalini-Erfahrung haben, und zwar aufgrund ihres unterschiedlichen sexuellen Aufbaues und ihrer physisch-energetischen Gaben. Im großen und ganzen ist die Kundalini-Meditation für Frauen leichter, weil sie es nicht mit dem Ejakulationsfaktor zu tun haben. Ihre sexuellen Energien sind schon von Natur aus mehr nach innen gerichtet. Dies ist einer der Hauptgründe dafür, daß viele Frauen offenbar spontan intuitiver und mehr auf ihre spirituellen Energien eingestimmt sind als die meisten Männer.

Wenn Sie also eine Frau sind, so werden Sie bemerken, daß Sie es leichter lernen können, Ihre sexuellen Energien aus den tiefen in die höheren Chakren zu leiten als ein Mann, denn Ihr weibliches Wesen besteht darin, Ihre Essenz nicht aus Ihrem Körper herauszuschießen, sondern Sie zu halten und zu nähren. Es ist keine Frage, daß Schoß und Herz einer Frau engstens verbunden sind, denn dies ist eine natürliche Bedingung für erfolgreiche Mutterschaft. Deshalb glaubt man, daß es für die Frau leichter ist, die Energie nach oben zu lenken, vor allem zum mittleren Herz-Chakra. Das ist natürlich verallgemeinernd, aber ich möchte diesen Unterschied benennen, da ich ihn bei männlichen und weiblichen Klienten im Laufe der Jahre immer wieder beobachtet habe. Daß sowohl das Sexual-Chakra wie auch das Herz-Chakra als weiblich betrachtet werden, sollten wir nicht leichtfertig übersehen.

Die Frage der Ejakulation

Wenn Sie ein Mann sind, so möchte ich Ihnen folgendes über die Ejakulation Ihrer Lebensessenz sagen: Einerseits bin ich der Meinung, daß die alten Buddhisten und Taoisten zweifellos recht hatten, wenn sie darauf hinwiesen, daß die Energie, die zur Schöpfung einer Samenzelle, also einer vollständigen energetischen Manifestation neuen Lebens, nötig ist, ihre eigene Bedeu-

DIE SIEBEN CHAKREN UND
DIE SPEKTRALFARBEN

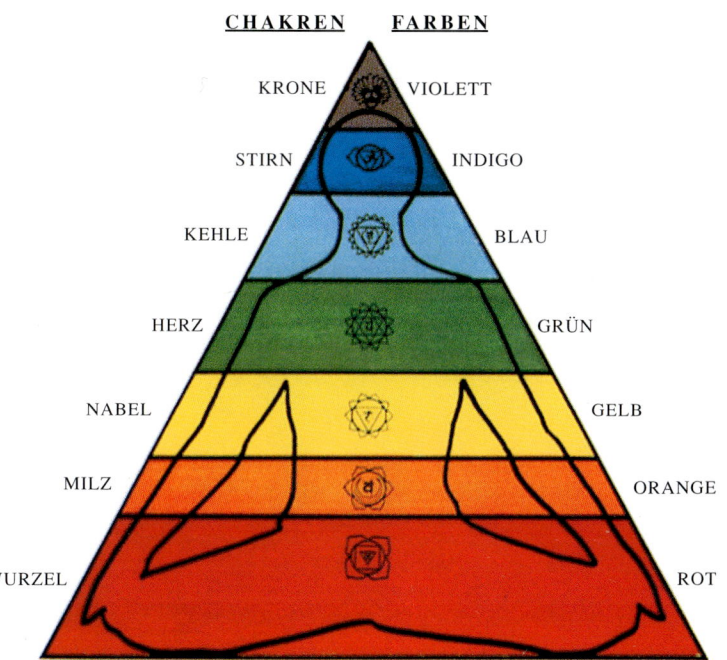

tung hat. Und wenn man diese eine Samenzelle dreihundert bis fünfhundert Millionen Mal multipliziert – das ist die Anzahl dieser winzigen Körper, die im allgemeinen in einem Ejakulat enthalten sind –, so ist es offensichtlich, daß bei jeder Ejakulation ein großer Teil dieser Energie verlorengeht. Deshalb heißt es, daß ein kluger Mann seinen Samen bewahrt, daß er es lernt, seine sexuelle Ladung länger zu halten und weniger oft zu ejakulieren. Vielleicht werden Sie sich irgendwann bereit fühlen, besondere Methoden zu erlernen, um Ihren Samen während eines Sexualaktes vollkommen zurückzuhalten. Dies ist ein schönes Ziel, dem Sie sich nach etwa sechs Monaten bis einem Jahr fleißiger Kundalini-Meditation verschreiben können. Aber vollständige Zurückhaltung des Spermas ist für eine erfolgreiche Kundalini-Meditation keineswegs notwendig.

Mein allgemeiner Rat an dieser Stelle in Ihrer Kundalini-Entwicklung wie auch die Tendenz dieses Buches im ganzen ist Mäßigung, wie es auch Buddha empfohlen hat. Ich empfehle Ihnen, daß Sie Ihre sexuelle Essenz bewußt schätzen lernen und sie bei jeder Ejakulation mit voller Erkenntnis dessen, was sie tun, verausgaben. Diese Bewußtseinserweiterung im sexuellen Bereich wird ganz von selbst Ihr Ejakulationsmuster in die Richtung der Mäßigung lenken.

Es sollte zumindest kurz erwähnt werden, daß Ejakulation nicht dasselbe wie Orgasmus ist. Männer mit höherer spiritueller Entwicklung halten Ihren Samen zurück, während sie gleichzeitig beachtliche Orgasmen aller sieben Chakren erleben. Auf diese Weise können Männer ihre Sexualität auf eine »weiblichere« Weise erfahren. Sie haben eine Vielzahl von Orgasmen, von Kundalini-Energie, die durch all ihre sieben Chakren braust, ohne daß sie dabei notwendigerweise ejakulieren. In dieser Hinsicht kann ein Mann sehr viel über die Seligkeit der Kundalini lernen, indem er sich auf seine eigene weibliche Natur in den drei weiblichen Chakren einstimmt und außerdem auch von Intimpartnerinnen lernt. Darüber habe ich in *Peak Sexual Experience* geschrieben.

Ob Frau oder Mann – wenn Sie einmal Kundalini-Meditation für sich allein praktiziert haben, so werden Sie feststellen, daß sich Ihre sexuellen Erfahrungen mit Ihrem Partner wunderschön verwandeln, wenn Sie sich während des Liebesaktes mehr und mehr dem Fluß der sexuellen Energie in die höheren Chakren öffnen.

Spirituell wache Sexualpartner haben seit unzähligen Generationen die Gegenwart der Kundalini-Energie unmittelbar verspürt und entsprechend ihrer natürlichen spirituellen Entwicklungsstufe eingesetzt. Und seit undenklichen Zeiten wurde das zweite Chakra als Instrument spirituellen Erwachens erkannt und verwendet. Sehr alte ägyptische, sumerische, burmesische, Maya- und Inka-Schriften – um nur einige wenige der archäologischen Funde zu nennen – stellen das zweite Chakra als wichtiges spirituelles Zentrum dar.

Das Sexual-Chakra in Aktion

Zwischen der Erfahrung des ersten und des zweiten Chakras kann man keine feste Grenze ziehen. Die physischen Sexualorgane liegen offensichtlich sowohl im ersten wie auch im zweiten Energiezentrum. Im ersten, dem Erd-Chakra, sind die Sexualorgane mit unseren Fortpflanzungsinstinkten verbunden, mit der Vermehrung und Aufzucht einer neuen Generation unserer Spezies. Im zweiten, dem Sexual-Chakra, dessen Hauptelement übrigens nicht die Erde, sondern das Wasser ist, sind unsere Sexualorgane mit dem tatsächlichen Fließen von Samen- und Vaginalflüssigkeit assoziiert, mit dem Liebesakt selbst und mit dem Anzapfen der schöpferischen Kundalini-Energie, die im ersten Chakra aufgerollt liegt und darauf wartet, erweckt zu werden.

Wir alle kennen das Gefühl der Kundalini-Energie, die tief in uns erwacht, wenn wir sexuell erregt werden. Es ist eine äußerst deutliche physiologische Empfindung, wenn die sexuelle Energie in unsere Genitalien strömt. Normalerweise verspüren wir dieses Einströmen nicht nur in der Genitalregion, sondern als heiße elektrische Energiewallung, die die Wirbelsäule hinauf- und hinunterläuft und unser gesamtes Nervensystem durchzieht.

Das heftige ekstatische Aufwallen von sexueller Energie, wenn wir sexuell erregt sind, ist eine gemeinsame Basiserfahrung, wenn wir über Kundalini-Energie sprechen. Die sexuelle Erfahrung definiert ein wichtiges Element der Kundalini-Energie, die sich im Hier und Jetzt manifestiert. Was wir mit dieser Energie tun, entscheidet dann darüber, wie die Kundalini-Energie auf die verschiedenen Chakren einwirkt.

In den Hinduschriften wird das zweite Chakra nicht nur in den Genitalien selbst angeordnet, sondern bis in Richtung Nabel hinauf. Dort ist tatsächlich auch der Punkt in der Wirbelsäule, wo die Sexualganglien die Wirbelsäule verlassen und nach unten und vorne zu den Sexualorganen streben. Achten Sie einmal darauf, wenn Sie sexuell erregt sind, wie sich Ihre Aufmerksamkeit unmittelbar auf Ihr Sexualzentrum richtet – Sie werden es selbst mit immer größerer Klarheit bemerken und dann für sich selbst feststellen können, wo das zweite Chakra liegt.

Ich möchte jetzt wieder ein wenig innehalten, so daß Sie Ihre Aufmerksamkeit in die Richtung lenken können, über die wir gerade gesprochen haben, erstens auf Ihre Atemerfahrung im Jetzt, dann auf Ihren ganzen Körper als energetisches System, dann auf Ihr Sexual-Chakra. Schließen Sie die Augen, nachdem Sie diesen Absatz gelesen haben, lassen Sie sich ein wenig in die Vergangenheit treiben und erinnern Sie sich an eine kurz zurückliegende Situation, in der Sie sexuell erregt waren. Erleben Sie noch einmal die energetische Erfahrung, wie es sich anfühlt, wenn das zweite Chakra erwacht.

Yin und Yang in der Sexualität

Vielleicht haben Sie davon gehört, daß die chinesischen Taoisten alles im Universum als entgegengesetzte Polaritäten betrachten, nämlich *yin* und *yang*, die sich auf die weiblichen und männlichen Qualitäten des Universums beziehen. Diese spirituellen Begriffe entsprechen genau den wissenschaftlichen Begriffen »negativ« und »positiv«, die sich auf die elektrischen Ladungen der Energie in atomaren und subatomaren Gebilden beziehen, aber nicht wertend gemeint sind.

Ich finde dieses Modell äußerst wichtig, wenn wir das Wesen der Energiezentren in unserem Körper erforschen wollen. Das erste Chakra zum Beispiel, das zur Erde gehört, ist fest, relativ unnachgiebig und wird als maskulin oder *yang* betrachtet. Das zweite Chakra, das eng mit dem Element des Wassers verbunden ist – mit den Samen- und Vaginalflüssigkeiten, die ihrem Wesen nach immer fließen – wird als weiblich oder *yin* betrachtet. Wenn wir vom ersten zum zweiten Chakra aufsteigen, verwandelt sich die Kundalini-Energie vom männlichen zum weiblichen Zustand. Es entsteht eine Polarität in unserem energetischen System – und aus dieser Polarität entspringt schöpferische Kraft, ebenso wie dies auch in der subatomaren Physik der Fall ist.

Wir haben gesehen, daß das erste Chakra die Energie für starke männliche Aktionen liefert, die für das Überleben wichtig sind. Nun wird das zweite Chakra zum Gegenteil dieses äußerlichen Machttypus und verleiht uns die nährende, emotionale, weibliche Kraft, die für die Empfängnis und die Geburt eines neuen zarten Lebewesens nötig ist.

Wichtig ist es, bei dem Umgang mit den Chakren zu verstehen, daß dieses Wechselspiel zwischen den Gegensätzen das dynamische Wesen des ganzen energetischen Systems widerspiegelt. Aus polaren Gegensätzen entspringt die Manifestation – dies ist die Lehre sowohl der alten Meister wie auch der modernen wissenschaftlichen Meister. Unser sexuelles Wesen drückt diese Wirklichkeit ganz drastisch aus.

Polarität im Chakren-System

Ich möchte nun das Verhältnis von yin und yang, von weiblich und männlich, nachgiebig und unnachgiebig kurz darstellen und zeigen, wie sich diese Polarität in den sieben Chakren manifestiert:

Das erste Chakra (Erde) ist männlich: fest, irdisch, yang.

Das zweite Chakra (Sexualität) ist weiblich: flüssig, strömend, yin.

Das dritte Chakra (Macht) ist wieder männlich: willensstark, yang.

Das vierte Chakra (Herz) ist weiblich: liebevoll, integrierend, yin.

Das fünfte Chakra (Kehle) ist männlich: realistisch, logisch, yang.

Das sechste Chakra (Stirn) ist weiblich: intuitiv, geheimnisvoll, yin.

Das siebte Chakra (Krone) ist männlich: reines, strahlendes Licht, yang.

Weil das weibliche Herz-Chakra am entscheidenden Mittelpunkt der sieben Chakren liegt, wird das Ungleichgewicht zwischen den vier Yang-Chakren und den nur drei Yin-Chakren in vollkommener Weise ausgeglichen. Das ist aber nur dann wirklich der Fall, wenn das Herz-Chakra tatsächlich zum wichtigsten zentralen, balancierenden Chakra für das ganze Energiesystem gemacht wird. In manchen hinduistischen Yogaschulen, wo das Kronen-Chakra zum wichtigsten Zentrum erklärt wird, entsteht anstelle einer Balance des Männlichen und Weiblichen im Herzen ein sehr maskulines, explosionsartiges Aufsteigen und Austreten der Energie in der Mitte des Kopfes. Diese Art der Meditation lehre ich nicht, aber es gibt sie – zur Zufriedenheit jener Menschen, die nach der Erfahrung des großen »Urknalls« dürsten.

Ich empfehle Ihnen, über den oben dargelegten Plan nachzudenken und diese Yin-Yang-orientierte Betrachtungsweise der Chakren im Gedächtnis zu behalten. Vergessen Sie nicht, daß Sie die Begriffe Yin und Yang, Weiblich und Männlich zu neuen Sinnebenen weiterentwickeln werden, wenn Ihr Erfahrungswissen über die Chakren über kulturell vorgeprägte Vorstellungen hinauswächst. Ich bin der Meinung, daß die taoistische Tradition des alten China offenbar die tiefsten Erkenntnisse über die innere Einheit und Harmonie der beiden entgegengesetzten Pole beinhaltet. Yin und Yang werden in jeder Hinsicht als gleichwertig angesehen. Unsere Tradition dagegen bevorzugt in extremer Weise das Yang: das Harte, Männliche, Feste und Aggressive. Eine der wunderbaren Wirkungen der Kundalini-Meditation – sofern sie sich an den Methoden dieses Buches orientiert – besteht darin, daß wir durch sie eine vollkommene Balance zwischen dem Männlichen und Weiblichen, zwischen dem Oben und Unten, dem Starken und dem Nachgiebigen, dem Yang und dem Yin erhalten.

Die Stetigkeit des Wandels

Eine weitere Dynamik müssen wir beachten, wenn wir Kundalini-Meditationen durchführen: die Tatsache, daß alles im Universum sich ständig vom Yin zum Yang und wieder zurück verwandelt. In den chinesischen Schriften finden wir immer wieder dasselbe Grundprinzip: daß die einzige unveränderliche Wahrheit im Leben darin besteht, daß sich alles ständig verändert. Nacht wird zum Tag, Licht verwandelt sich in Finsternis und kehrt dann unwiderruflich zur richtigen Zeit zurück, und die Zyklen des Lebens wiederholen sich ständig ohne Ende, aber auf immer neue Art und Weise.

Auch die elementare Bewegung des Liebesakts, die

Vor- und Zurückbewegungen des Beckens, die die Dynamik des Hinein und Hinaus erzeugen, spiegelt dies wieder. Durch diese Bewegung laden wir uns mit Kundalini-Energie auf. Wie wir gesehen haben, wechselt auch unsere Atmung ständig vom Einatmen zum Ausatmen und wieder zurück. Vielleicht verstehen Sie jetzt ein bißchen besser, warum die bloße Beobachtung des Atems so deutliche ausbalancierende wie auch aufladende Wirkungen in Ihrem Energiesystem zeitigt. Mit jedem neuen Atemzyklus schließen Sie sich an die elementare Wahrheit des Universums an: daß nichts jemals gleich bleibt, selbst wenn wir denselben Prozeß immer und immer wiederholen. Jeder Stoß und jeder Atemzug ist immer neu. Deshalb ist die Verwandlung die letztendliche Wirklichkeit, auf der unser Leben beruht.

Da jedes Chakra von Chakren mit entgegengesetzter Ladung umgeben ist, gibt es eine ständige Interaktion zwischen den Chakren, einen ständigen Tanz von Yin und Yang. Wenn wir uns zu sehr in einem der Chakren fixieren, stören wir die Balance von Yin und Yang im Körper und werden schließlich körperlich krank, emotional gestört, geistig verwirrt oder spirituell unausgeglichen – oder gleich alles zusammen.

Deshalb empfehle ich, daß Sie sich bei jeder Kundalini-Sitzung nacheinander auf alle Chakren einstimmen, so daß Sie sie regelmäßig ausbalancieren können. Sie brauchen nur Ihre bewußte Aufmerksamkeit nacheinander auf alle Chakren zu lenken, mehr ist nicht nötig, um sie auszubalancieren.

Dr. René Dubos beschreibt in seinem umwälzenden Medizinbuch *Man, Medicine and Environment* die natürliche Tendenz des menschlichen Organismus, eine solche Balance oder »Homöostase«, wie der medizinische

Ausdruck dafür lautet, zu erreichen. Der Körper weiß, wie er die Balance wiedergewinnen kann, wenn wir unsere Aufmerksamkeit auf die Zentren richten, die ausbalanciert werden müssen. Ich habe diesen Aspekt in meinem Buch *Conscious Healing* als vollständiges Heilprogramm ausgearbeitet und die Prinzipien der Chakren-Balancierung auf die körperliche Genesung von Krankheiten und Verletzungen angewendet. Aber hoffentlich brauchen Sie nicht mehr körperlich krank zu werden, um die Wiedergewinnung einer inneren Balance zu erlernen, schließlich werden Sie ja bald die Kundalini-Meditation beherrschen.

Emotionen und das zweite Chakra

In vielen Chakren-Büchern liest man als grobe Verallgemeinerung, daß alle unsere Sehnsüchte und emotionalen Bedürfnisse aus unserem zweiten Chakra entspringen. Aber wenn wir es genauer untersuchen, so sehen wir, daß zunächst das erste Chakra mit unseren Überlebensinstinkten und den dazugehörigen Emotionen zu tun hat. Angst wird zum Beispiel als Emotion des ersten Chakras betrachtet, ebenso wie Gier, Habsucht und besitzergreifendes Verhalten. Die »Fight-or-Flight«-Reaktion (Kämpfen oder Fliehen) angesichts einer Gefahr ist ebenso eine emotionale Reaktion des ersten Chakras.

Beim zweiten Chakra gelangen wir zu feineren zwischenmenschlichen Gefühlen. Das Sanskritwort für das zweite Chakra lautet zutreffend *svadhisthana*, das mit der Wortwurzel für »süß machen« zusammenhängt. Unsere präsexuellen und sexuellen Sehnsüchte nach Intimität mit einer anderen Person können uns das

Leben tatsächlich auf wunderbare Weise »versüßen« und Gefühle entstehen lassen, die die Überlebensreaktionen des ersten Chakras transzendieren.

In Übereinstimmung mit dem Urelement des Wassers, das dem Sexual-Chakra zugeordnet wird, fühlen sich unsere Emotionen oftmals so an, als würden sie wie starke Ergüsse aus uns hervorströmen. Das Wort »Emotion« kommt von dem lateinischen Wort movere für »bewegen« und der Vorsilbe e(x), die »heraus« bedeutet. Das zweite Chakra ist also zutiefst mit unseren emotionalen Bewegungen und mit Bewegung in jeder Hinsicht verbunden.

Man hat oft den Eindruck, daß Emotionen unter dem ruhigen Wasserspiegel des Lebens schlummern und dann plötzlich wie ein Wasserdrache hervorbrechen, der in einer sintflutartigen Lagune an die Oberfläche kommt. Tatsächlich ist das Tiersymbol für das zweite Chakra ein Wasserdrache. In der hinduistischen Tradition lebt dieses geheimnisvolle Geschöpf wie das Monster von Loch Ness unmittelbar unter der Oberfläche des Bewußtseins, dort, wo es vom Verstand gerade nicht mehr wahrgenommen und kontrolliert werden kann. In ganz ähnlicher Weise liegen unsere sexuellen Energien und Emotionen genau unterhalb der Oberfläche des Bewußtseins und steigen manchmal mit erschreckender Kraft auf, wenn unser Bewußtsein sich sexuellen Reizen öffnet.

Die Energie des ersten Chakras zum zweiten Chakra aufsteigen zu lassen, bedeutet, die männliche Kontrolle des ersten Chakras loszulassen und sich tieferen menschlichen Emotionen zu öffnen, die sich der Kontrolle entziehen. Der Wasserdrache kann nicht in Gefangenschaft leben, wie viele alte asiatische und europäische Mythen erzählen – er würde lieber sterben, als die Freiheit der fließenden Bewegung aufzugeben.

Wenn Sie meditieren, so sollten Sie beim Übergang vom ersten zum zweiten Chakra darauf achten, daß Sie sich der Kraft dieses Chakras in einer fließenden, weiblichen, emotionalen Weise unterwerfen. In der traditionellen Hindufolklore wird die Kundalini-Energie immer als weibliche Gottheit dargestellt, und die latente Kraft der Kundalini aufzuwecken heißt mit Sicherheit, eine weibliche Kraft zu erwecken.

Wenn Sie bemerken, daß Sie sich vor den geheimnisvollen, weiblichen Yin-Dimensionen Ihres Energiesystems fürchten, so werden Sie etwas mehr Zeit und Konzentration auf die Atemmeditationen verwenden müssen, die Sie bereits erlernt haben. Vor allem müssen Sie beim Ausatmen tiefer und tiefer gehen, längere Zeit den Atem anhalten, während die Lungen ohne Luft sind, um die Tiefen Ihres Seins kennenzulernen. Auf diese Weise lernen Sie es, diese Eigenschaft der Leere, der weiblichen Hingabe zu lieben. Andernfalls wird Ihre ganze spirituelle Entwicklung behindert werden. Ein großer Teil dieses Buches zielt darauf ab, diese Hingabe sanft zu fördern.

Atemmeditation zur Anhebung der Kundalini-Kraft

Nun, da wir diese theoretischen Überlegungen über das Wesen des zweiten Chakras angestellt haben, ist es Zeit, die erste Methode vorzustellen, mit der Sie dieses Energiezentrum unmittelbar berühren und aktivieren können. Wir beginnen beim Atem, der ersten Methode.

Erinnern Sie sich an die »Energiepumpe«, die ich Ihnen bereits erklärt habe: Sie lassen bei jedem Einatmen mehr Energie im Körper nach oben strömen, und bei jedem Ausatmen lassen Sie mehr Energie im Körper nach unten strömen. Die Atemtechnik des zweiten Chakras beginnt mit diesem balancierten Atemmuster und geht dann in einen anderen Vorgang über, der in einem bewußten Willensakt die Energie vom ersten Chakra zum zweiten Chakra anhebt.

Was wir mit dieser Atemmeditation zur Anhebung der Kundalini-Kraft tun, ist entscheidend für alle späteren Schritte in diesem Übungsprogramm. Wir erwecken den Wasserdrachen der Kundalini-Kraft, so daß ihre ungeheure weibliche Kraft nach oben wallen und die Oberfläche unseres Bewußtseins durchbrechen kann. Wir setzen unsere Willenskraft ein, um die Lotosblüte nach oben zu drehen, so daß die magische sexuelle Energie, die an der Basis unserer Wirbelsäule schläft, aufsteigen kann.

Sehr oft ist die Energie, die in Ihr zweites Chakra eintritt, keineswegs überwältigend sexuell aufgeladen. Ich habe bereits gesagt, daß diese Energie subtil ist. Auch wenn ich vom Sexualzentrum manchmal im unmittelbar sexuellen Sinn spreche, ist es eigentlich ein Energiewirbel und sollte nicht zu eng mit den physischen sexuellen Organen identifiziert werden. Je mehr Sie diese Aufladungsübung praktizieren, um so mehr werden Sie für sich selbst erfahren, welcher Art diese Energie ist. Erfahrung ist der Schlüssel.

Verbringen Sie jetzt einige Zeit damit, herauszufinden, welche Empfindungen Sie verspüren, wenn Sie diese Atemmeditation zur Anhebung der Kundalini-Kraft durchführen. Wenn Sie zunächst überhaupt nicht viel verspüren, so ist das durchaus in Ordnung. Sie erlernen hier eine sehr raffinierte Methode, auch wenn Sie erst einmal einfach erscheint. Sie verwenden das

Bewußtsein selbst, um einen Strom von Lebenskraft in Ihrem Sexual-Chakra zu erzeugen. Beobachten Sie, was mit Ihnen geschieht, wenn Sie den Anleitungen folgen und sich für die Aktivierung des zweiten Chakras öffnen.

Atemmeditation zur Anhebung der Kundalini-Kraft

1. *Stellen Sie sieh beim Einatmen vor, daß Sie sexuelle Energie aus den Tiefen Ihres ersten Chakras nach oben ziehen, so daß sie durch Ihre Sexualorgane strömt. Halten Sie den Atem einen Augenblick lang bei gefüllten Lungen an, lassen Sie dann das Potential der sexuellen Kraft vom zweiten Chakra aufsaugen.*
2. *Lassen Sie beim Ausatmen die Luft einfach aus den Lungen »fallen«. Achten Sie überhaupt nicht auf die Ausatmung, werden Sie einfach auf mühelose Weise leer, wie ein Eimer, der in einen Brunnenschacht geworfen wird, tief hinunter, dorthin, wo das Wasser ist.*
3. *Ziehen Sie jetzt allmählich ganz bewußt das Wasser mit dem Eimer Ihres Bewußtseins nach oben. Sie werden ein feines lustvolles Prickeln spüren, wenn die sexuelle Energie höher und höher bis zur Oberfläche Ihres Sexual-Chakra-Bewußtseins steigt. (Sie sollten dabei das Rückgrat aufrecht halten, sofern Sie die Meditation im Sitzen durchführen.)*
4. *Halten Sie jetzt wieder beim Maximum der Einatmung inne, und fühlen Sie, wie dieser neue Eimer voll elementarer sexueller Energie Ihre Sexualorgane mit einem noch höheren Potential von sexueller Kraft und Lust auflädt. (Sie können diese Energie – ohne Anstrengung – auch noch höher an der Wirbelsäule entlang nach oben in die*

nächsthöheren Chakren bis in den Kopf leiten. Aber gerade wenn Sie sich vor einer hohen Aufladung Ihrer Sexualorgane fürchten, sollten Sie sich weiterhin auf das zweite Chakra bei dieser Atemmeditation zur Anhebung der Kundalini-Kraft konzentrieren.)

5. *Atmen Sie wieder tief und ohne Anstrengung bis in die Tiefen Ihres Körpers aus und fahren Sie mit dieser Übung fort – leiten Sie die sexuelle Energie nach oben, bis Sie das Gefühl haben, daß Ihre Sexualorgane kräftig aufgeladen sind.*

Sie sitzen auf Ihrem Kundalini-Potential

Viele Hindulehren ermutigen die Meditierenden, sich eine schöne junge nackte Frau vorzustellen, die begierig nach einer sexuellen Begegnung verlangt (sehen Sie auch hier wieder die männliche Voreingenommenheit), und diese sexuell erregende Phantasie zu verwenden, um die nach oben strömende Energie des zweiten Chakras zu wecken. Ich bin nicht kategorisch gegen diese Methode eingestellt, solange man sie als gelegentliches Beiwerk zu dieser Phase der Kundalini-Erweckung verwendet. Seien Sie aber sehr vorsichtig und lassen Sie sich nicht in sexuellen Phantasien fesseln. In dieser Hinsicht finde ich so populäre Kundalini-Bücher wie etwa *Sexual Secrets* äußerst irreführend und oberflächlich, da sie einen etwas pornographischen Zugang zur Aktivierung der Kundalini-Kraft darstellen. Die Kundalini-Meditation ist keine Masturbation, und Sie sollten darauf achten, daß Sie nicht Ihre alten Masturbationsgewohnheiten aktivieren, wenn Sie diese äußerst wichtige Meditation durchführen.

Nach dieser Warnung möchte ich Ihnen trotzdem eine kleine Hilfestellung bei der gelegentlichen Verwendung von sexuellen Phantasien zur Erweckung der Kundalini-Kraft geben. Wenn Sie mit den traditionellen Hinduphantasien experimentieren wollen, so empfehle ich das folgende allgemeine Muster:

Für Frauen: Stellen Sie sich vor, daß Sie nackt auf dem Schoß eines kraftvollen Mannes sitzen und daß sein erigierter Phallus in Ihnen ist. Er hält sich vollkommen still in Ihnen, und Sie können spüren, wie seine männliche Kraft mit Ihrer weiblichen sexuellen Kraft in Interaktion steht.

Für Männer: Stellen Sie sich vor, daß Sie mit gekreuzten Beinen sitzen, auf Ihrem Schoß sitzt eine wunderschöne Frau, Ihr erigierter Phallus ist in ihr, Sie atmen ruhig, bewegen sich nicht, sondern stimmen sich nur auf das kraftvolle energetische Geschehen in Ihrem zweiten Chakra ein, während Ihr Energiezentrum mit dem sexuellen Zentrum der Frau interagiert.

So setzt man im Prinzip sexuelle Phantasien ein, um eine Aufladung der Kundalini zu erzeugen. Sie können diese Phantasie oder Abwandlungen davon einsetzen, sollten aber auch einen beträchtlichen Teil Ihrer Meditationszeit auf Erfahrungen ohne sexuelle Phantasien verwenden.

Nach etwa einer Woche von Meditationen ohne Phantasien werden Sie bemerken, daß bei jedem Atemzug glückselige Empfindungen natürlich, sanft und wunderschön am zweiten Chakra aufsteigen. Das Entscheidende dabei ist, daß Sie sich nur mit so viel sexueller Energie aufladen, wie Sie ohne Masturbation ertragen

können. Anfänger in dieser Technik sollten die Sexualorgane nicht allzu stark aufladen, weil sie sonst nicht
ruhig genug bleiben können, um mit dem Prozeß der
Verwandlung der Kundalini fortzufahren und sie zu höheren Chakren aufsteigen zu lassen.

Ich möchte hier keine Urteile fällen, auch sollten Sie
keinerlei Gewissensbisse haben, wenn Sie sich manchmal der Masturbation hingeben, während Sie diese
Methode der Aufladung des zweiten Chakras erlernen.
Beobachten Sie sich selbst in Aktion und entdecken Sie
Schritt für Schritt, wie viele Atemzüge zur Aufladung
des Sexual-Chakras Sie aus Ihrer Tiefe aufnehmen können, ohne dabei Ihre meditative Ruhe zu verlieren.

Konzentration auf das zweite Chakra

Wir kommen jetzt zur Aktivierung des Sexual-Chakras
durch die zweite Methode der Kundalini-Meditation:
Sie lernen es, die Aufmerksamkeit Ihres Geistes stärker
und stärker auf den Ort des betreffenden Energiewir-
bels im Körper zu richten. Ich möchte Sie nun durch
diesen grundlegenden Vorgang führen, den Sie auswendig lernen sollten.

Als erstes müssen wir immer die Erweckung des
Wurzel-Chakras durchlaufen, die sich auf die Erfahrung der Schließmuskelkontraktion gründet. Dies ist
die Grundlage für die Erweckung des zweiten Chakras.

Ich möchte ein wenig mehr über diese Schließmus-
kelübung sprechen, da sie fast immer irgendwie ein
Anfangshindernis für Kundalini-Schüler ist.

Niemand weiß genau, warum diese Übung so starke
Wirkungen zeitigt. Auf jeden Fall spürt man, daß auf

diese Weise das Wegströmen der Lebensenergie nach unten aufgehalten und nach oben umgelenkt wird. Jedesmal, wenn Sie den Schließmuskel bewußt zusammenziehen, schließen Sie ein Energieventil, und Sie werden dabei auch immer mehr Lust verspüren. Sie setzen Ihre Willenskraft an einem wichtigen Punkt im Energiekörper ein, um die Flut umzulenken und Ihren Lebensstrom nach oben zu richten. Im Grunde ist diese Anspannung des Schließmuskels die Basis, auf der das Kundalini-Bewußtsein aufbaut.

Wenn der Schließmuskel dann aktiviert ist, können Sie Ihre Aufmerksamkeit auf die nächsthöhere Stufe richten. Sie werden aber bemerken, daß Sie nach mehreren Wochen regelmäßiger Meditation über das erste Chakra eine ganz natürliche Neigung entwickeln, den Schließmuskel auch bei allen höheren Chakren-Übungen ein wenig zu kontrahieren.

(Jedesmal, wenn Sie die Meditation des Atembewußtseins durchführen, die Sie jenseits der Gedanken und in das ewige Jetzt führt, werden Sie bemerken, daß Sie schneller und besser in die Meditation hineinfinden, so daß sie keine unzusammenhängende Reihe von isolierten Erlebnissen mehr ist. Vielmehr beginnt sie schon, sobald Sie nur daran denken. Das ist die wunderbare Kraft der täglichen Meditationsgewohnheit: Sie können schnell durch die Reiche des Bewußtseins gleiten, die Sie bereits gemeistert haben).

Erforschen Sie diesen Vorgang nun in aller Tiefe. Wenn Sie feststellen, daß Sie sich überladen haben, atmen Sie einige Atemzüge lang durch den Mund und konzentrieren Sie sich auf das Ausatmen. Auf diese Weise senden Sie ein wenig von Ihrer sexuellen Aufladung dorthin zurück, woher sie gekommen ist.

Meditation zur Konzentration auf das zweite Chakra

1. *Führen Sie zunächst die Grundübung durch: Werden Sie sich bewußt, wie die Luft durch die Nase hinein- und hinausströmt. Nehmen Sie auch die Geräusche, die durch die Atmung entstehen, in die Weite Ihres Bewußtseins auf. Auch die Bewegungen in der Brust und im Bauch sind darin enthalten. Nehmen Sie schließlich auch den Herzschlag und den ganzen Körper im Jetzt in die Weite Ihres Bewußtseins auf.*

2. *Konzentrieren Sie sich auf das erste Chakra. Kontrahieren Sie den Schließmuskel, um das Eingangstor zum Boden Ihres Energiesystems zu schließen, und ziehen Sie während dieser ganzen Meditation immer wieder den Schließmuskel zusammen. Lassen Sie den Klang LAM oder LANG in sich aufsteigen, singen Sie ihn vielleicht auch laut, um das Wurzel-Chakra zu erwecken. Visualisieren Sie nun das Mandala des Wurzel-Chakras oder blicken Sie darauf, um die visuelle Dimension der Meditation zu aktivieren.*

3. *Erweitern Sie jetzt den Brennpunkt Ihrer Aufmerksamkeit, indem Sie die Meditation zur Anhebung der Kundalini-Kraft anwenden, die Sie gerade gelernt haben, und laden Sie Ihr Sexualzentrum bei jedem neuen Einatmen mit immer mehr vibrierender sexueller Energie auf.*

4. *Lassen Sie nun Ihre Aufmerksamkeit voll und ganz in die Genitalzone aufsteigen. Öffnen Sie sich für eine fließende, schmelzende Empfindung in den Genitalien. Befreien Sie sich bei jedem neuen Ausatmen von Gedanken, tauchen Sie in die Tiefe Ihres Beckens hinab und bringen Sie bei jedem neuen Einatmen mehr sexuelle Energie in Ihre Sexualorgane. Das Becken kann sich dabei auch leicht bewegen, während Sie atmen.*

5. *Atmen Sie nun (bevor Sie sich überladen) ruhig und gleichmäßig und konzentrieren Sie sich inmitten dieses gesteigerten Energiezustandes weiterhin im zweiten Chakra.*

Das Mantra des zweiten Chakras

Der Klang des zweiten Chakras ähnelt ein wenig dem LAM oder LANG des ersten Chakras, wirkt aber ganz anders auf das Bewußtsein und das Nervensystem.

Ich muß übrigens gestehen, daß ich die ersten zwei oder drei Male, als ich dieses Mantra anstimmte, überhaupt nicht viel verspürte. Nur weil mein Lehrer mich aufforderte weiterzumachen, hielt ich durch ... und kann diese Lektion jetzt an Sie weitergeben.

Man braucht einen gewissen Zeitraum, etwa eine Woche, um das Nervensystem auf diese Klänge einzustimmen. Das ist genau wie mit irgendwelchen anderen neuen Klängen, die Sie hören. Zuerst klingen sie merkwürdig und irgendwie bedeutungslos. Wenn man dann lernt, zuzuhören und tiefer einzudringen, erlebt man umfassende Panoramen von subtilem Sinn, von Genuß und tiefgreifender Wirkung.

Ich erinnere mich zum Beispiel daran, wie ich zum erstenmal zu einem kleinen Dorf in den Drakensberg Mountains in Südafrika geflogen bin, wo der Stamm der Basutu lebt. Als ich landete und aus dem Postflugzeug stieg, klangen die Laute der Stammesmitglieder, die mich umringten, wie ein undurchdringliches Geschnatter. Ich fühlte mich von einem vollkommen sinnlosen Schwall von Klängen umgeben.

Aber kurze Zeit später begannen diese Klänge Gestalt anzunehmen, Sinn zu transportieren, meinen Ohren Genuß zu bereiten und meinen Geist aufzuwecken. Genauso wird es auch mit diesen einfachen Klängen sein, die ich Ihnen beibringe, wenn Sie sie nur tief genug in Ihrer Seele widerhallen lassen. Diese Mantren wurden einstmals als Wesensklänge bezeichnet. Sie wurden in tiefer Meditation sowohl von den großen Meistern der alten Zeiten wie auch von modernen Meistern gehört, und zwar so, als würden sie unmittelbar aus den Chakren-Zentren entspringen. Wie ich zuvor bereits erwähnt habe, sind die Chakren schnell drehende Energiewirbel, und dieses Wirbeln erzeugt einen bestimmten Ton, genauso wie ein wirbelnder Kreisel einen Pfeifton von sich gibt. Allerdings haben die Chakren eine unendlich komplexere Schwingungsqualität.

Der Klang eines jeden Chakras ist denn auch eine riesige Symphonie. Und die Chakren eines jeden Menschen erzeugen einen symphonischen Ton, der genau dieser Person zu eigen ist. So sind wir also am Rande eines außerordentlich weiten Wirklichkeitsbereiches, wenn wir uns auf die feinen Schwingungsharmonien einstimmen, die durch die Energiezentren sowohl im eigenen Körper wie auch in denen unserer Mitmenschen erzeugt werden.

Lassen Sie diese Klänge sanft zu sich kommen. Wenden Sie einfach Ihre Aufmerksamkeit in ihre Richtung und öffnen Sie sich für den Strom des Klanges, der aus den Tiefen Ihrer eigenen Chakren aufsteigt, während Sie diesen Fluß durch Ihren Gesang erwecken.

Der Klang des Sexual-Chakras ist VAM oder VANG. Lassen Sie das Vvvvvvvvvvv mindestens bis zur Hälfte des Ausatmens auf den Lippen verweilen und gehen Sie dann in das AM oder ANG über. Fühlen Sie die Schwingung tief in Ihren Sexualorganen.

Das sechsblättrige Mandala

Ich möchte Ihnen nun das sechsblättrige Mandala für das zweite Chakra vorstellen, das von Zachary geschaffen wurde. Bevor Sie über dieses Sexualmandala meditieren, möchte ich kurz beschreiben, was Sie vorfinden werden.

Die sechs Blütenblätter dieser Lotosblume geben die verschiedenen Intensitäten der Emotionen dieses Chakras wider, und zwar von kühlem Blau bis zu heißem Rot mit allen Nuancen dazwischen. Diese sechs Blütenblätter drücken auch die sechs *nadis* aus, die an dieser Stelle aus dem Rückgrat austreten.

In diesem Mandala ist auch der zunehmende Mond enthalten, denn der Mond ist die beherrschende Planetenkraft des zweiten Chakras, eine weibliche Yin-Energie.

Wie ich zuvor schon erwähnte, empfehle ich Ihnen, auf einem solchen Mandala zunächst nach Bewegung oder Nichtbewegung zu suchen, um es als unbewegtes und deshalb unbedrohliches Ding im Raum zu erkennen.

Schauen Sie sich dann die Formen im Mandala an. Aus dem Mittelpunkt entspringen sechs Blütenblätter, die unsere Wahrnehmung in alle Richtungen ausbreiten.

Betrachten Sie dann die verschiedenen Farben des Regenbogens in einem kreisenden Blick. Sie stellen all Ihre emotionalen Nuancen, all ihre sexuellen Leidenschaften dar.

Blicken Sie dann auf das Mandala, um es im Raum zu lokalisieren, sehen Sie die Luft zwischen Ihnen und dem Bild, lassen Sie Ihre eigene Anwesenheit ebenso wirklich werden wie die Illustration, auf die Sie gerade blicken.

Entspannen Sie sich, schauen Sie das ganze Bild auf einmal an und lassen Sie den Klang VAM oder VANG in Ihrem ganzen Wesen erklingen.

Bringen Sie Ihre ganze Aufmerksamkeit wieder in den Bereich Ihres zweiten Chakras. Atmen Sie in genau die Erfahrung hinein, die jetzt gerade in Ihrem Bewußtsein auftaucht, während kraftvolle sexuelle Energie in wunderbarer Schönheit durch Ihr ganzes Chakren-System flutet.

Nehmen Sie sich Zeit, um die volle Chakren-Meditation für das erste und zweite Chakra, die Sie bis jetzt gelernt haben, zu erforschen.

7.

Feuer im Nabel
(Drittes Chakra)

Das dritte Chakra ist ein wunderbar komplexes Energiezentrum. Es hat mit persönlicher Macht und Organisationstalent zu tun sowie mit der Fähigkeit, durch Handlungen unsere Ideen in der physischen Welt zu verwirklichen. Dieses Chakra ist auch mit der Tendenz verbunden, okkulte Kräfte einzusetzen, um die Umgebung und die Mitmenschen zu manipulieren. In einem positiveren Sinn kann die Willenskraft des dritten Chakras verwendet werden, um den Kontakt mit den spirituelleren Dimensionen des Lebens zu initiieren, die um so mehr entwickelt werden, je mehr wir für die höheren Chakren erwachen.

Manche Menschen sind zu sehr auf dieses Willens-Chakra fixiert. Sie agieren als Manipulatoren und nicht als Teilnehmer in den intimen, sozialen und geschäftlichen Bereichen des Lebens. Andere sind in diesem Chakra schwach, haben Angst vor ihrer eigenen Macht und sind deshalb unfähig, ihre Träume erfolgreich zu verwirklichen. Dieses Kapitel ist einer strahlenden dritten Alternative gewidmet: der Verwendung der Willenskraft, um die Kundalini-Energie in die nächsthöhere Manifestation – die Liebe – zu verwandeln.

Ich möchte Ihnen mehrere verschiedene Themen nennen, die das dritte Chakra definieren, so daß Sie zu

einem tieferen begrifflichen Verständnis des Willens-
zentrums gelangen können. Dann werden wir die letzte
Hälfte dieses Kapitels den vier Methoden der Kundalini-Meditation widmen, die das Erweckungserlebnis
dieses Chakras erzeugen.

Die primären Elemente

Sie werden sich erinnern, daß die ersten zwei Chakren
mit je einem Element assoziiert waren. Das Wurzel-Chakra ist in Erde gebettet, das Sexual-Chakra in Wasser.
Wenn wir im Chakren-System nach oben steigen, entdecken wir das dritte Energiezentrum, das Willens-Chakra, das mit dem Feuerelement leuchtet. Wenn wir noch
einen Schritt höher zum vierten Chakra, dem Herz-Chakra, gehen, so sehen wir es von der mystischen Eigenschaft der Luft durchdrungen oder – wie es im Sanskrit
heißt – dem *prana*. So befinden sich im menschlichen
Torso, in der Wirbelsäule unter dem Hals, alle vier
Grundelemente: Erde, Wasser, Feuer und Luft. Sie stehen in engster Wechselwirkung miteinander und sind
trotzdem deutlich voneinander unterschieden.

Wenn wir dann ins fünfte Chakra aufsteigen, also in
den Hals, so entdecken wir noch ein weiteres Element:
den Klang, also Schwingung, die sich als auditive
Energie manifestiert. Obwohl dieses Element manchmal nicht in die Liste aufgenommen wird, nimmt es
in den meisten spirituellen Traditionen eine zentrale
Stellung ein. In der christlichen Tradition heißt es:
»Am Anfang war das Wort (die ursprüngliche Klangschwingung), und das Wort war bei Gott, und das
Wort war Gott.« Auch in der Hindutradition wird der

Klang als äußerst wichtig betrachtet: als die letztendliche Schwingungsenergie des geschaffenen Universums.

Wenn wir zum sechsten Chakra emporsteigen, das zwischen den Augenbrauen liegt, so finden wir ein Energiezentrum, welches das Licht als Urelement sowohl empfängt wie auch manifestiert. Der westlichen religiösen Überlieferung zufolge soll Jesus gesagt haben: »Ich bin das Licht.« In der modernen Wissenschaft wird die Lichtgeschwindigkeit von den Physikern als der letzte Parameter des bekannten Universums betrachtet.

Wenn wir dann schließlich zum Kronen-Chakra aufsteigen, entdecken wir eine spirituelle Qualität, die tatsächlich jenseits aller Worte und Zuschreibungen liegt, obwohl manche Adepten diesem Chakra Begriffe wie »Denken« oder »Christusbewußtsein« oder »höchstes Wissen« zuordnen. Dies ist eine Ebene der Wirklichkeit, die jenseits der Begriffsfähigkeit des menschlichen Bewußtseins liegt, und dennoch können wir sie unmittelbar erfahren und in ihre unendliche Gegenwart eintreten, selbst wenn wir bei unserer Rückkehr nicht ganz definieren können, was wir erfahren haben.

Weil jedes dieser Grundelemente eine andere Ebene der Schwingungsenergie darstellt, ist es sinnvoll, daß sie in verschiedenen Gegenden des menschlichen Nervensystems angeordnet sind. Ebenso sinnvoll ist es auch, daß diese Schwingungen um so höher im Nervensystem liegen, je feiner sie werden.

Das Feuerelement

Heute morgen gingen mein kleiner zweijähriger Sohn und ich wie immer in den letzten Monaten vor Sonnenaufgang nach draußen. Was spirituelle Adepten mühsam zu erreichen suchen, ist für ihn eine spontane Gewohnheit: Er wacht beim ersten Schimmer der Dämmerung auf. Ich finde es irgendwie auffällig, daß die meisten kleinen Kinder ganz selbstverständlich zu dieser schwingungsstarken Zeit des frühen Morgens aufstehen.

Wir saßen auf der vorderen Veranda und hörten den Vögeln in den Bäumen zu. Wir sahen, wie gelegentlich eine weiße Wolke über uns dahintrieb, und warteten darauf, daß die Sonne allmählich die Wolken erst zartrosa, dann feuerrot färben würde. Dann schließlich blinzelte die Sonne selbst durch die Blätter, ließ ihre ersten Strahlen in unsere Augen blitzen und berührte uns unmittelbar.

Mein Sohn wird dieses Morgenrituals niemals überdrüssig, immer wird er ganz aufgeregt, wenn die Sonne für einen neuen Tag in sein Leben aufsteigt. Und selbst nach vielen tausend Sonnenaufgängen bin auch ich noch immer von jedem neuen Sonnenaufgang zutiefst berührt. Ich bin sicher, daß auch Sie dieses Gefühl verspüren, wenn Sie den Sonnenaufgang in Ihrem täglichen Leben beobachten.

Ich warte nur auf die Zeit, bis ich endlich meinem Sohn das Gedicht von William Wordsworth beibringen kann, das der Höhepunkt meiner frühkindlichen poetischen Welt war:

Mein Herz hüpft in der Brust, wenn ich den Regenbogen dort im Himmel sehe: So war es, als mein Leben begann, und nun, da ich ein Mann bin, ist es ebenso! So sei es auch, wenn ich einst alt bin, und wenn nicht, dann will ich sterben!

Ehrfurcht vor der Gegenwart der Sonne in unserem Leben zu empfinden heißt nur, daß wir als menschliche Wesen reagieren. Das uns gemäße Element – schon im Mutterleib und auch später – ist das Wasser, das Flüssige. Aber ohne die Sonne, ohne Feuer, ohne Verbrennung gäbe es überhaupt kein Leben in dieser ganzen irdischen wäßrigen Existenz des Menschen. Die Sonne ist die Explosion, die neues Leben entstehen läßt. Und das dritte Chakra ist das Energiezentrum, das die Kraft der Sonne in unser Leben bringt, das uns jenseits der Polarität, der Dualität der beiden ersten Chakren und in eine ganz andere, dreiheitliche Art der Energie bringt.

Die Lokalisierung des Macht-Chakras

Das dritte Chakra wird oft der Gegend zugeordnet, die wir als Solarplexus bezeichnen. Mit diesem Namen bezeichnet die medizinische Tradition die Anwesenheit der Sonnenenergie in dieser Gegend des Körpers. Aber das dritte Chakra umfaßt einen Bereich, der sich vom Solarplexus bis hinunter zum Nabel erstreckt. In vielen Hinduschriften wird das dritte Chakra denn auch als das Nabel-Chakra bezeichnet.

In China und anderen fernöstlichen Ländern, wo das dritte Chakra in den Kampfkünsten sehr aufmerksam beobachtet wurde, wird es normalerweise ein wenig unter dem Nabel lokalisiert. Es wird als Chi-Zentrum bezeichnet, aus dem die sprichwörtliche Chi-Energie hervorkommt, die der Energiespeicher für alle Kampfsportarten ist. In ähnlicher Weise lokalisieren die Zuni, Yaqui und Huichole-Indianer das Machtzentrum unmittelbar unter und ein wenig links vom Nabel.

Wenn wir die Chakren zu lokalisieren suchen, sollten wir uns immer vor Augen halten, daß sie keine statischen, festen Entitäten sind. Sie liegen bei verschiedenen Menschen an leicht verschiedenen Stellen. Auch verschieben sie sich ein wenig nach oben oder unten auf der Wirbelsäule, je nach dem emotionalen und spirituellen Zustand eines Menschen.

Die Erweckung des Macht-Chakras

Wenn sie Kontakt mit Ihrem Macht-Chakra aufnehmen wollen, so empfehle ich Ihnen die folgende einfache Übung.

1. *Nachdem Sie diesen Absatz gelesen haben, können Sie das Buch beiseitelegen und aufstehen. Es lohnt sich immer, sich richtig zu strecken, strecken Sie sich also hingebungsvoll und gähnen Sie tief, um Ihren ganzen Körper aufzuwecken.*
2. *Sie stehen aufrecht, die Beine sind gespreizt, die Zehen zeigen genau nach vorne. Beugen Sie leicht die Knie und ballen Sie beide Hände zur Faust, Handflächen nach oben.*
3. *Atmen Sie mit einem starken Ha! aus, kontrahieren Sie dabei Ihre Bauchmuskeln wie auch Ihre Hand- und Armmuskeln. Wenn Sie jetzt einatmen, entspannen Sie Ihren Bauch und Ihre Hände und lassen Sie Ihr Becken ein wenig nach hinten kippen. Wenn Sie jetzt wieder ausatmen, ziehen Sie die Muskeln zusammen und fühlen Sie Ihre Kraft tief im Bauch. Entspannen Sie während der Einatmung, kontrahieren Sie während der Ausatmung und führen Sie dies mehrere Atemzyklen lang fort, um das dritte Chakra zu aktivieren. Fühlen Sie, wie die Kraft durch Ihr System heraufwallt, wenn Sie Ihre Aufmerksamkeit fest auf die Chi-Energie in Ihrem Bauch lenken?*

Zivilisationen des dritten Chakras

Oftmals während meiner Studien habe ich Lehrer getroffen, die die Idee vertraten, daß wir gegenwärtig als Weltzivilisation an der Auflösung von destruktiven Ungleichgewichten des dritten Chakras zu arbeiten haben, so daß wir dann zu einer herzzentrierten Periode des vierten Chakras in der menschlichen Zivilisation fortschreiten können. In ihrem Buch *Wheels of Life* stellt Anodea Judith fest, daß »unsere Kultur sich gegenwärtig evolutionär gesehen ihren Weg durch den letzten Teil des dritten Chakras bahnt«. Joseph Chilton Pearce und Gopi Krishna kommen in ihren Schriften zu ähnlichen Ergebnissen.

Das dritte Chakra ist mit Sicherheit mit der menschlichen Fähigkeit verbunden, die Umgebung zu manipulieren, mit dem Willen Pläne auszuhecken und in einer Weise zu handeln, daß sie sich verwirklichen. Die Technik ist heute die große Ausdrucksform von Handlungen, die durch das dritte Chakra gelenkt werden. Denn sie ist ein Mittel, um die verschiedenen Energiequellen auf unserem Planeten – wie etwa Wind, Sonne, Schwerkraft, Verbrennung und Kernspaltung – zu kontrollieren.

Aus unseren beiden unteren Chakren entstehen mächtige Sehnsüchte, die uns zur Handlung, zur Bewegung treiben, um die Befriedigung unseres Verlangens zu erreichen. Die praktische Funktion des dritten Chakras, die des Willens, besteht darin, unseren Bedürfnissen und Trieben Logik, Ordnung und Erfüllung zu vermitteln.

Traditionellerweise wird das dritte Chakra mit den logischen Funktionen des Bewußtseins assoziiert, die uns in die Lage versetzen, unsere Umgebung planvoll zu unserem Vorteil zu manipulieren. Hier trifft der Verstand auf das Gefühl, hier erwacht das Potential des denkenden Verstandes zum erstenmal und wird für Pläne und Handlungen eingesetzt. Die Entwicklung der Technik ist das letzte Ergebnis dieser willentlichen Aktivität des dritten Chakras.

Jenseits des Strebens nach Machtgewinn durch technische Manipulationen gibt es auch die ältere Praxis, die Kraft des dritten Chakras für okkulte Machenschaften einzusetzen. Bei den Medizinmännern von Naturvölkern findet man die – durchaus menschliche – Tendenz, Willenskraft einzusetzen, um die feineren Dimensionen der menschlichen Gemeinschaft zu manipulieren. Durch die ganze Geschichte hindurch gibt es Berichte über solche okkulten Praktiken.

Auch die jüngste Geschichte zeigt deutliche Ausdrucksformen dieser Macht des dritten Chakras, die auf dubiose Weise zur Manipulation anderer Menschen eingesetzt wurde. Man könnte sicherlich sagen, daß Leute wie Rasputin, der mächtige Mönch der russischen Geschichte, und sicherlich auch Hitler in der modernen europäischen Geschichte ein hyperaktives drittes Chakra hatten, ohne daß das vierte Chakra genügend erweckt war, um ihre Kraft in eine liebevolle Richtung zu lenken. Auch die amerikanische Business-Welt der achtziger Jahre weist dieses unbalancierte Machtspiel des dritten Chakras auf. Und die meisten Diktatoren der letzten fünfzig Jahre, die in herzloser Weise das Leben von zahllosen Millionen von Menschen geschädigt oder zerstört haben, zeigten auf gröbste Weise ein hyperaktives drittes Chakra, das für das Herabfließen der Energie aus dem vierten Chakra verschlossen war.

Dieses Energiezentrum ist rohe Kraft, die sich als

Gewalt, Haß, Manipulation und kaltherzige Aggression, aber auch als eine ganz andersartige Energie manifestieren kann, wenn sie mit den höheren Chakren ausgeglichen wird. Wenn also diese Kraft des dritten Chakras ausbalanciert wird, so ist sie in keiner Weise als negativ oder schlecht abzulehnen. Sie ist sogar absolut notwendig für die Manifestation eines ausgeglichenen spirituellen Selbstausdrucks. Nur wenn der Energiefluß zwischen dem dritten und vierten Chakra blockiert ist, gibt es Probleme.

Vielleicht finden Sie es der Mühe wert, einige Augenblicke lang innezuhalten, das Buch beiseite zu legen und darüber zu reflektieren, welche Gefühle Sie gegenüber all jenen Menschen aus Ihrer persönlichen Bekanntschaft oder aus den Medien empfinden, die eine volle Ladung dieser Willenskraft des dritten Chakras in sich tragen und auf verschiedene Art und Weise manifestieren. Und dann über Ihre eigene Willenskraft zu reflektieren ...

Wille, der durch Liebe transformiert wird

Umgekehrt sind Menschen mit einem zu inaktiven, blockierten Machtzentrum schwach, ineffektiv und unfähig, ihre Bedürfnisse und Sehnsüchte ganz zu erfüllen. Die meisten von uns fallen zumindest in bestimmten Teilen unseres Lebens unter diese Kategorie. Wir haben viele Sehnsüchte und Träume, aber aus dem einen oder anderen Grund gelingt es uns nicht, so zu handeln, daß sie sich erfüllen. Allerdings muß an dieser Stelle angemerkt werden, daß sich unsere Sehnsüchte und Träume auch verändern, wenn wir die Energie der höheren Chakren tiefer erleben. Wenn wir eine weitere Vision vom Sinn des Lebens gewinnen, verändern wir unsere Pläne, damit sie zu dem passen, was wir mit unserem Leben machen wollen.

Ich erinnere mich ganz klar an meine Jahre Anfang Zwanzig, als ich zum erstenmal erkannte, daß ich gewisse Kräfte hatte, vor allem im Bereich der Hypnose, eines meiner liebsten Forschungsgebiete, an dem ich damals arbeitete. Meine spirituellen Meditationen erweckten einen gesteigerten Fluß von Kundalini-Energie durch meine Chakren, und eine Zeitlang war ich versucht, diese Kräfte für okkulte Manipulationen über das dritte Chakra zu verwenden. Die Verlockung, in den unteren Chakren zu bleiben, wenn die Kundalini-Energie zunimmt, ist tatsächlich sehr stark. Wir wären alle gern mächtige Magier, wir besäßen gerne die Fähigkeit, alle möglichen Dinge zu manipulieren, aber in einem ausbalancierten Kundalini-Meditationsprogramm, wie ich es zum Glück erlernte, wird das Verlangen nach okkulter Macht bei den meisten Menschen durch das Herabfließen der Herzenergie – durch Liebe und Weisheit von oben – transformiert.

Blockierte Chakren

Wie ist es möglich, daß eines oder mehrere von unseren Chakren blockiert werden? Wurden wir so geboren, liegt es an psychologischer Konditionierung oder gibt es eine dritte Erklärung?

Wie ich zuvor erwähnt habe, durchlaufen wir als Kinder eine genetische Matrix für unsere physische, emotionale und mentale Entwicklung. Als Therapeut kann ich ohne Zögern feststellen, daß ein Mensch, der im Kindesalter in der Entfaltung einer seiner grundlegenden Eigenschaften geschädigt wurde, in eben diesen Dimensionen auch als Erwachsener blockiert sein wird. Dies trifft auf die kognitive, emotionale und manchmal selbst auf die physische Entwicklung zu. Wenn Sie zum Beispiel als Kind im Bereich des Herzens verletzt wurden, so wird Ihr Herz-Chakra auch im Erwachsenenalter blockiert sein – bis Sie sich mit dieser Blockade auseinandersetzen und es zulassen, daß die Energie wieder durch dieses Chakra fließt.

Ich bin auch der Meinung, daß es eine gewisse genetische Veranlagung gibt, die einen Einfluß darauf hat, wie sich unsere Chakren öffnen oder nicht öffnen und zu welcher Zeit im Leben diese Öffnung stattfindet. Leute wie Gopi Krischna weisen dem genetischen Faktor einen hohen Stellenwert zu. Die Hindus beziehen hier auch den Faktor der Reinkarnation mit ein.

Ein weiteres Wirkungselement ist unsere gegenwärtige und vergangene Umgebung, da sie Chancen zum Lernen und für den spirituellen Fortschritt bietet. Damit meine ich Lehrer aller Art, auch Bücher. Ich glaube, daß es im Leben eine gewisse Magie gibt, die uns immer das bringt, wofür wir bereit sind, genau dann, wenn wir dafür bereit sind, und daß wir gefordert sind, die Lektion und den Lehrer zu erkennen und einen Nutzen aus dieser Situation zu ziehen. Wenn wir es versäumen, uns zu öffnen und zu lernen, so bleiben unsere Chakren unerweckt.

Was glauben Sie? Welchen Faktoren schreiben Sie Ihren gegenwärtigen spirituellen Zustand zu? Wenn Sie das Gefühl haben, daß Ihre Chakren blockiert sind, warum ist das so? Und wenn Sie das Glück haben, daß Sie Ihre spirituelle Fähigkeit, den Kundalini-Strom zuzulassen, regelmäßig steigern können, warum sind Sie mit diesem fortgeschrittenen Zustand gesegnet worden? Haben Sie das schon ins Leben mitgebracht, hat es mit Reinkarnation zu tun, liegt es an Ihren Kindheitserfahrungen oder Ihren bewußten Handlungen im Erwachsenenalter?

Nehmen Sie sich einige Augenblick Zeit, sich auf Ihren Atem einzustimmen, falls Sie während des Lesens Ihre bewußte Aufmerksamkeit verloren haben. Werden Sie sich Ihres ersten Chakras bewußt ... Ihres zweiten ... dritten ... und jetzt Ihres ganzen Chakren-Systems als Ganzes ... und reflektieren Sie über die Fragen, die ich gerade gestellt habe ... haben Sie Blockaden, und wenn ja, warum?

Der strahlende Edelstein

Im dritten Chakra haben wir es mit der Sonne zu tun, also paßt es bestens, daß das Wort für das dritte Chakra mit dieser Kraft verwandt ist. Im *Gautamiya-Tantra*, einer der ältesten Schriften in der Reihe der yogischen *Vaisnava-Tantra*-Lehren, steht der folgende Satz: »Dieser Lotos (das dritte Chakra) wird Mani-pura genannt, weil er leuchtet wie ein Edelstein.«

Wenn Sie über dieses Chakra meditieren, so können Sie sich beispielsweise ein strahlend rotes Energiezentrum tief in Ihrem Machtzentrum vorstellen. Rot ist auch tatsächlich die vorrangige Kundalini-Farbe. Sir John Woodroffe sagt: »Über die Kundalini sollte man immer so meditieren, als ob sie rot sei.«

Aber auch hier möchte ich zur Vorsicht mahnen – Sie werden sich zu schnell zu weit treiben, wenn Sie Meditationen zum dritten Chakra übertreiben. Das gilt allgemein und vor allem dann, wenn Sie die Farbe Rot in Ihrem Bewußtsein vergegenwärtigen. Gehen Sie es locker an. Prüfen Sie, ob sich nicht der manipulative Teil Ihrer Persönlichkeit in die Methoden einklinkt, die ich Ihnen hier für die Erweckung der Kundalini-Kraft gebe. Es muß immer ein Gleichgewicht von Freiheit und Spontaneität im spirituellen Leben geben.

Ich muß gestehen, daß ich im Umgang mit Yoga-Schülern oft das Gefühl hatte, daß es unter ihnen viele gibt, die übermäßig auf die manipulativen Kräfte ihres dritten Chakras fixiert sind, nicht selten zum Schaden der Erweckung des Herz-Chakras. Eine solche Behauptung wird mich in bestimmten extremen Yoga-Kreisen nicht besonders beliebt machen, aber ich bin der Meinung, daß Ehrlichkeit hier von großem Wert ist, vor allem, weil ich als Therapeut viel mit Klienten gearbeitet habe, die jahrelange extreme Disziplin in Ashrams durchlebt haben, bevor sie zu einem weniger kontrollierten Lebensstil übergegangen sind. Es hat sehr viel Manipulation des menschlichen Geistes durch die vom dritten Chakra ausgehende Herrschaft gegeben und zu wenig Freude am spirituellen Weg um seiner selbst willen. Die Kundalini-Energie ist ein wildes Tier, sie läßt sich nicht gerne zähmen und durch strenge und unablässige Kontrolle quälen. Statt dessen wollen wir uns lieber mit ihrer Energie anfreunden und an ihrer Magie teilhaben, sie aber gleichzeitig freilassen.

Alles mit Maß!

Der wilde Widder

Welch ein merkwürdiger Zufall, daß der dem dritten Chakra zugeordnete Klang im Sanskrit RAM heißt, und das Tier, das mit diesem Chakra assoziiert wird, im Englischen »ram« (Widder) heißt!

Ich meditiere gern über den Widder, während ich am Wachstum meines dritten Chakras arbeite. Schließlich ist der Widder für seine Größe sehr stark und kann heftig stoßen. Gleichzeitig ist er aber auch erstaunlich ausgeglichen und kann sich sehr gut zurückhalten. Der Widder hat einen unabhängigen Geist, er liebt es nicht, beherrscht und diszipliniert zu werden. Er hat sein eigenes Wesen und lebt danach. Auf diese Weise führt uns der Geist dieses Tieres wunderbar zu einem angemessenen Umgang mit den Energien des dritten Chakras: Respekt, Gleichgewicht und Harmonie mit der Natur.

Ich möchte Ihnen empfehlen, den Widdergeist in sich aufzunehmen, wenn Sie über das Macht-Chakra meditieren.

Die Erlösung des Willens durch das Lachen

Alan Watts, ein echter Widder in vielerlei Hinsicht, war der erste, der mich gelehrt hat, daß das Machtzentrum auf jeden Fall auch die Eigenschaft des Humors, des Lachens haben muß, wenn es auf eine balancierte, positive Weise aktiviert werden soll. Alan war ganz und gar kein »vollkommener« Meister, aber trotzdem war er ein großartiger Lehrer. Er konnte auf wunderbare Weise sowohl über sich selbst wie auch über den Menschen im allgemeinen lachen, der mit seinem Intellekt die unendlichen spirituellen Reiche des Lebens zu definieren und zu beherrschen sucht.

Tatsächlich haben viele echte spirituelle Meister in allen Epochen immer wieder gesagt, daß gerade dann, wenn man über große persönliche Macht verfügt, auch ein großes Lachen mit dabei sein sollte. Wenn Sie eines von Castanedas Büchern über den Yaqui-Indianer und Meister Don Juan Mateus gelesen haben, so wissen Sie von den Lachsitzungen, die Don Juans Lehren kontrapunktieren. Ich habe mehrere Zenmeister mit einem ähnlichen Lachen kennengelernt. Mein Sufi-Lehrer in San Francisco in den späten sechziger Jahren, Samuel Lewis, hatte auch ein recht beachtliches Lachen.

Alle großen Meister lassen immer wieder die logischen Bereiche des Bewußtseins hinter sich und treffen auf die offensichtlichen Ungereimtheiten, die die Substanz der spirituellen Wirklichkeit ausmachen. Das ist der Trick der Meister – zum Lachen fähig zu sein, wenn der Druck der Kundalini-Verwirklichung zu groß wird.

Dieses Lachen sollte zu Ihrem persönlichen Sicherheitsventil werden, wenn Sie sich zu stark aufladen. Versuchen Sie so gut wie möglich festzustellen, wann Sie sich zu ernst nehmen. Denken Sie daran, daß das Leben ein unendlicher Witz tief aus dem Herzen des großen Gelächters ist und daß wir es sind, die gekitzelt werden; das ist die Botschaft des Lachens im dritten Chakra.

Innere organische Verbrennungsmaschinen

Im dritten Chakra tritt die Kraft der Verbrennung im menschlichen Körper in Aktion. Diese innere menschliche Verbrennung, nämlich die Verdauung, ist die Art und Weise, wie wir Brennstoff und Sauerstoff aufnehmen und sie in winzigen inneren Explosionen verbinden, die die Hitze und Energie erzeugen, die wir brauchen, um am Leben zu bleiben und unsere Aktivität zu erhalten.

Im ersten Chakra ist die Schwerkraft die hauptsächliche Wirkungskraft. Im zweiten Chakra ist die Hauptwirkungskraft die Anziehung der Gegensätze. Im dritten Chakra ist die Hauptwirkungskraft die Verbrennung. In den ersten beiden Chakren gibt es eine Kraft, die als Sog oder Ziehen erlebt wird. Im dritten Chakra geschieht etwas ganz anderes. Wir haben eine Explosion – eine Freisetzung von Energie. Und diese Freisetzung von Energie verleiht unserer Willenskraft die Energie, unsere Sehnsüchte und Träume in der Welt zu manifestieren.

Erwartungsgemäß reguliert das dritte Chakra die Funktion der Adrenalindrüsen, die im Solarplexus liegen. Adrenalin ist die Energiequelle für ein plötzliches Aufwallen von Kraft, wenn wir erschrecken oder wütend werden.

Wenn unsere Adrenalindrüsen träge sind, was einem zu wenig stimulierten dritten Chakra entspricht, so fühlen wir uns chronisch energiearm. Viele Leute, die mit chronisch depressiver Stimmung zu mir in die Therapie kommen, reagieren wundervoll auf Übungen, die die Kundalini-Energie zum dritten Chakra hochführen. Meistens geht mit diesem Kundalini-Erwachen auch ein wenig explosive Wut einher, und dies wird dann als kathartische Phase emotionaler Heilung und als sehr angenehm empfunden. Gleichzeitig muß aber auch heilende Energie von den höheren Chakren nach unten fließen, damit das dritte Chakra zum Gleichgewicht gebracht wird.

Wenn das dritte Chakra ausbalanciert (statt überstimuliert) wird, so wird uns dies helfen, ein gleichmäßiges Fließen persönlicher Macht aufrechtzuerhalten, auf das wir uns verlassen können. Wenn genausoviel Energie von oben wie von unten kommt, so funktioniert das Machtzentrum wunderbar.

Auch die Bauchspeicheldrüse ist mit dem dritten Chakra engstens verbunden. Deshalb wird unsere Verdauung unmittelbar durch die Kondition unseres dritten

Chakras beeinflußt. Viele Leute mit Verdauungsproblemen müssen ihr drittes Chakra ausbalancieren, damit ihr System zu einer wirkungsvollen Verbrennungsmaschine wird.

Der Feueratem

In den *Upanischaden*, einer der wichtigsten Sammlungen von Yoga-Lehren aus alten Zeiten in Indien, wird eine spezielle Kundalini-Übung, der sogenannte Feueratem, beschrieben. Ich möchte Ihnen diese Methode vorstellen, damit Sie das Fließen der Kundalini-Energie in Ihrem dritten Chakra unmittelbar steigern können. Setzen Sie diese Übung aber maßvoll und mit Bedacht ein. »Wie Löwen, Elefanten und Tiger sehr langsam und vorsichtig gezähmt werden müssen, so sollte auch Prana (der Atem) sehr langsam unter Kontrolle gebracht werden, wobei das Fortschreiten sich nach der Fähigkeit und den physischen Grenzen der jeweiligen Person richten soll.« (Diese Warnung wird im alten *Hatha Yoga Pradipika* ausgesprochen).

Ich habe das Gefühl, daß wir wirklich lernen sollten, unseren Atem zu kontrollieren, indem wir mehrere solche *pranayama* Atemübungen regelmäßig durchführen. Wenn sie mit nichtmanipulativen Meditationen kombiniert werden, bei denen der Atem nur beobachtet wird, so kann eine optimale spirituelle Balance erreicht werden. Die ersten paar Atemmeditationen, die ich Ihnen gegeben habe, waren zumeist spontane Atemtechniken, bei denen man den Atem beobachtet, aber nicht zu kontrollieren versucht. In dieser neuen Atemmeditation werden wir den Atem zeitweilig kontrollieren, und zwar auf eine recht einschneidende Weise.

Die Meditation des Feueratems

Diese Meditation wird mit sehr wenig Luft in den Lungen durchgeführt. Sie ist das Gegenteil eines tiefen und langsamen Atmens.

1. Beginnen Sie mit einer schnellen kräftigen Kontraktion Ihrer Bauchmuskeln, so daß die Luft fast unmittelbar aus der Lunge durch den Mund austritt. (Dieses plötzliche Ausatmen ist dem Ausatmen beim Husten sehr ähnlich, und wenn die Luft herausströmt, so sollte dies hörbar sein. Aber dieses feurige Ausatmen unterscheidet sich vom Husten dadurch, daß es kontrolliert ist und von der Gegend des dritten Chakras ausgeht, nicht von der Kehle. Am wichtigsten ist dabei, daß dieses Ausatmen fast unmittelbar, mit aggressiver Kraft stattfindet.)

2. Nachdem Sie also auf diese Weise ausgeatmet haben, entspannen sie Ihre Atemmuskeln für kurze Zeit (etwa eine halbe Sekunde) vollständig, so daß die Luft sehr schnell hereinfließen kann, um die ausgeatmete Luft zu ersetzen. (Auch das Einatmen ist dem Einatmen beim Husten sehr ähnlich, nur ist das Einatmen beim Feueratem sanfter und bewußter, und Sie kontrahieren nur einmal pro Atemzug, während Sie bei einem Husten bei jedem Atemzyklus mehrere Bauchkontraktionen haben.)

3. Sobald die Luft in Ihre Lunge zurückgeströmt ist, stoßen Sie sie wieder mit einem starken, plötzlichen Ausatmen aus, indem Sie das Zwerchfell und die Bauchmuskeln mit Kraft anspannen. Lassen Sie jedesmal, wenn Sie ausatmen, den Klang Huh! erklingen, entspannen Sie sich dann sofort und lassen Sie die Luft wieder hereinströmen.

Dieser ganze Zyklus des Ausatmens und Einatmens dauert nur etwa eine halbe Sekunde. Führen Sie diese

Übung etwa zwanzig Zyklen lang durch und steigern Sie die Anzahl der Zyklen, wenn Sie sich für eine höhere Aufladung Ihres Kundalini-Systems bereit fühlen. Vielleicht hilft es Ihnen, bei jedem Atemzug leise vor sich hinzuzählen.

Ihr Schließmuskel wird sich bei dieser kraftvollen Atemübung ganz von allein zusammenziehen. Tatsächlich erzeugt jede heftige physische Aktivität sofort eine Kontraktion dieses Muskels. Es ist eine reaktive Anspannung am Grunde des Chakren-Systems, um eine sofortige Zunahme an verfügbarer Energie im System zu erzeugen. Bei der Kundalini-Meditation verwenden wir diese natürliche Methode der energetischen Aufladung nicht zum Zweck einer grobphysischen Handlung, sondern zu einer feinen inneren Energetisierung.

Ich möchte Ihnen empfehlen, jetzt oder in den nächsten Stunden, wenn es Ihnen paßt, mit diesem Feueratem zu experimentieren. Es braucht wirklich Übung, ihn zu meistern.

Aber recht bald werden Sie entdecken, daß dies ein natürlicher wie auch sehr angenehmer Akt der Aufladung ist. Achten Sie bitte darauf, daß der Feueratem bei einer vollen Kundalini-Meditationssitzung erst dann durchgeführt wird, wenn Sie die Meditationen zu den beiden ersten Chakren vollzogen haben. Ich möchte noch einmal den ganzen Ablauf skizzieren, den wir bis jetzt gelernt haben, damit er so weit klar in Ihrem Bewußtsein ist:

1. Konzentrieren Sie sich auf Atmung, Herzschlag, Gleichgewicht, die Präsenz des ganzen Körpers im Jetzt.
2. Vollziehen Sie die meditative Kontraktion des Schließmuskels, um sich im ersten Chakra am Grunde Ihrer Wirbelsäule zu zentrieren.

3. Führen Sie dann die Übung der Energiepumpe durch, um die Energie sowohl nach oben wie auch nach unten in Ihr »irdisches« erstes Chakra zu leiten.
4. Intonieren Sie als nächstes das Mantra des ersten Chakras: LAM oder LANG.
5. Meditieren Sie auf das Mandala des ersten Chakras.
6. Konzentrieren Sie sich jetzt auf das zweite Chakra, führen Sie die Atemmeditation zum Aufsteigen der Kundalini durch, wobei Sie ganz bewußt mit jedem neuen Einatmen Energie in das zweite Chakra heraufziehen.
7. Halten Sie Ihre Aufmerksamkeit in Ihrer Genitalzone, während Sie atmen, und öffnen Sie sich für die Erweckung dieses »flüssigen« Chakras.
8. Vollziehen Sie die Klangmeditation zum zweiten Chakra: VAM oder VANG.
9. Meditieren Sie über das Mandala zum zweiten Chakra.
10. Schreiten Sie nun zur Konzentration auf das dritte Chakra fort und praktizieren Sie den Feueratem, den wir gerade gelernt haben.

Mentale Konzentration auf das dritte Chakra

Der Feueratem wird Ihre Aufmerksamkeit mit voller Energie auf die Gegend des dritten Chakras in Ihrem Körper lenken. Wenn Sie die Übung beendet haben, sitzen Sie ruhig, beobachten Sie Ihren Atem in aller Ruhe und konzentrieren Sie sich auf die Bewegung Ihres Bauches, während Sie atmen.

Die folgende Konzentrationsmeditation wird es Ihnen ermöglichen, Ihre Wahrnehmung des dritten Chakras zu erweitern.

Meditation zur Konzentration auf das dritte Chakra

Kontrahieren Sie beim Ausatmen Ihre Bauchmuskeln, bis Sie vollkommen luftleer sind. Bleiben Sie so einen Augenblick lang, bis Sie das Bedürfnis zum Einatmen verspüren. (Zusammen mit der Spannung in Ihren Bauchmuskeln wird dieser Druck Ihr Bewußtsein unmittelbar auf das dritte Chakra lenken.)

Atmen Sie jetzt schnell durch die Nase ein, so daß sich die Lunge ganz mit Luft füllt, während Ihre Aufmerksamkeit noch immer auf dem Bauch ruht.

Atmen Sie wieder genauso aus wie zuvor: Kontrahieren Sie langsam die Bauchmuskeln, bis Sie vollständig leer sind und nach Luft hungern.

Atmen sie schnell wieder ein und fahren Sie mit diesem Muster fort, bis Sie sich tief in Ihrem dritten »Feuer-Chakra« zentriert fühlen.

Die Erweckung des dritten Chakras durch den Klang

Jetzt, da Sie Ihre Aufmerksamkeit auf das dritte Chakra gelenkt und es durch den Feueratem geweckt haben, ist es Zeit, den Klang einzusetzen, um die Chakren weiter zu erwecken und auszubalancieren.

Der Klang des dritten Chakras ist RAM oder RANG. Beginnen Sie diesen Klang ohne Mühe aus Ihrem inneren Sein zu manifestieren. Lassen Sie es zuerst ganz leicht in Ihrem Bewußtsein klingen, denn das Rrrr erzeugt Kraft und Volumen tief in der Gegend Ihres dritten Chakras. Dieser Klang beinhaltet große Macht.

Öffnen Sie sich ihm – das Universum wird mit einstimmen, wenn Sie auf diese Weise Ihr drittes Chakra energetisieren.

Achten Sie darauf, daß dieser innere Klang durch den Atem gesteuert wird, selbst wenn er vorläufig nur tief in Ihrem Inneren klingt. Beim Ausatmen wird der Klang zum aktiven Ausdruck, beim Einatmen hallt er in Ihnen wider, auch wenn Sie ihn nicht aktiv erzeugen. Dann kommt das nächste natürliche Ausatmen, und der Klang wird intensiver und beginnt in Ihrem Vokalsystem zu vibrieren, bis er schließlich in der äußeren Welt hörbar wird.

Sie werden bemerken, daß der Anfangskonsonant den hauptsächlichen Druck erzeugt, und wenn Sie dann zum *am* oder *ang* fortschreiten, löst dieser Auslaut die Kraft des Konsonanten mit einer sanften Explosion auf. Genießen Sie diese Erfahrung und lassen Sie sich tiefer und tiefer in den freien Ausdruck dieses Klanges hineinziehen. Halten Sie den Klang auf einer Ebene, auf der Sie die aufsteigende Kraft spüren, aber intonieren Sie ihn nicht gezwungen oder aggressiv. Sie lernen dabei, wie man auf einer gesteigerten Ladung von persönlicher Macht »sitzt«, wie man diese Ladung genießen kann, um sie dann zum Herz-Chakra hinaufzuleiten.

Das Mandala der Kraft des dritten Chakras

Zachary hat eine der besten Illustrationen des dritten Chakras erzeugt – weder in alten Texten noch in modernen Darstellungen habe ich bisher eine bessere gesehen. Ich möchte Ihnen auch hier wieder eine Beschreibung und Erklärung des Mandalas geben. Dann können Sie sich dem Bildteil zuwenden und die Mandalameditation selbst praktizieren.

Zachary hat ein rotes Dreieck in die Mitte des Mandalas gesetzt, wie es auch traditionellerweise geschieht. Das Dreieck stellt das Feuer dar und gleichzeitig auch die Dreierkonstellation der drei unteren Chakren, die zusammen die Grundlage für das Überleben und das spirituelle Wachstum des Menschen ausmachen.

Um den weißen Kreis, der das Dreieck umgibt, hat er dann die zehn Lotosknospen abwechselnd in Grün und Rot gemalt. Das feurige Rot wird üblicherweise für das dritte Chakra verwendet, aber die grüne Farbe ist unkonventionell. Als ich dieses Mandala zum erstenmal betrachtete, war ich ein wenig verwirrt. Schließlich heißt es ja, daß Grün die Farbe des vierten, des Herz-Chakras, ist und mit dem dritten gar nichts zu tun hat.

Aber als ich dann zum erstenmal über dieses Mandala meditierte, begriff ich sofort, was Zachary bezweckte: Noch während er sich auf das dritte Chakra konzentrierte, führte er unser Bewußtsein konstruktiv und ohne Mühe zum vierten Chakra. Die roten Blütenblätter lenken unsere Aufmerksamkeit nach unten und zurück zu den Ursprüngen der Kundalini-Energie, so daß die Energie kraftvoll in dieser Richtung strömt, die grünen Blütenblätter wiederum führen uns nach oben zum Herz-Chakra.

Auf diese Weise werden wir durch die Meditation über dieses Mandala nicht von der roten Farbe der Sonne und der Quelle der aufsteigenden Kundalini-Energie von unten überwältigt. Statt dessen erfahren wir eine Bewegung, die nach oben zum Herzen, zum Mitgefühl, zu einer Integration von Willenskraft und Liebe führt.

Diese Bewegung vom Bewußtsein des dritten Chakras zu dem des vierten Chakras ist, wie wir gesehen haben, eines der wichtigsten Themen in unserer Zeit. Hervorragende Therapeuten wie etwa Rollo May (in seinem Buch *Love and Will*) haben dieses Thema in den vergangenen Jahrzehnten aus psychologischer Sicht behandelt. Und in diesem vorliegenden Buch erlernen Sie konkrete und wirksame Meditationen, die das Gleichgewicht, über das viele Autoren theoretisch gesprochen haben, unmittelbar beeinflussen.

Jedesmal, wenn Sie meditativ auf dieses Mandala des dritten Chakras blicken, werden Sie sich tatsächlich genau die Therapiesitzung gönnen, nach der unsere ganze Zivilisation hungert: Es geht um den Ausgleich der aggressiven männlichen Willenskraft durch das liebende, weiblichere Mitgefühl.

Wenn Sie zum erstenmal über dieses Mandala des dritten Chakras meditieren, so gehen Sie zuvor die vorbereitenden Übungen durch, die Sie bereits gelernt haben. Werden Sie sich Ihrer Atmung bewußt ... Ihres ersten Chakras ... des zweiten Chakras ... des dritten Chakras ... schwingen Sie mit dem Klang RAM oder RANG ... Betrachten Sie das Mandala, wie Sie es zuvor gelernt haben, nehmen Sie es auf vier verschiedene Arten des Sehens in sich auf: ... Bewegung ... Form ... Farbe ... Raum ... Und öffnen Sie sich für eine spontane Meditationserfahrung, während Sie einen weiteren Schritt ins Kundalini-Bewußtsein eintreten.

8.

Mitgefühl ausstrahlen
(Viertes Chakra)

Wir kommen nun zu dem Chakra, das mit jener magischen Eigenschaft assoziiert wird, die wir Liebe nennen, und die idealerweise als Grundlage aller anderen Chakra-Eigenschaften im menschlichen Energiesystem dient.

Ich möchte darauf hinweisen, daß die menschliche Liebe niemals isoliert dasteht: Sie wird durch das energetische Zusammenspiel der ersten drei Chakren gespeist. Wenn wir alle sieben Energiezentren des menschlichen Körpers durchschritten haben, werden wir deutlich erkennen, daß die menschliche Liebe tatsächlich durch die Verschmelzung der Energie der drei oberen Chakren mit der Energie der drei unteren Chakren erzeugt wird. Wenn die Energie sowohl von oben wie auch von unten kraftvoll strömt, dann ist das Herz-Chakra im Gleichgewicht und strahlt Gesundheit aus.

Unter dem Herz-Chakra liegt, wie wir gesehen haben, die Welt der Materie, des Überlebens und der Fortpflanzung, der Manipulation und Beherrschung der physischen Lebensbereiche. Darüber liegt die Welt des Geistes, des reinen Denkens, der Intuition, der zwischenmenschlichen Kommunikation und schließlich der universellen Einheit und Transzendenz.

Das Herz-Chakra ist in einem ganz grundlegenden

Sinn die Vermählung von Materie und Geist, von Konkretem und Abstraktem, von Wissen und Weisheit, von Erde und Himmel. Es liegt im Zentrum, und wenn es durch Energien von oben und unten ausbalanciert wird, wird es zum Ort, an dem sich die schöpferische Kraft des Universums im menschlichen Körper entfaltet.

Sie werden sich erinnern, daß das Herz-Chakra als weiblich betrachtet wird. Es interagiert mit dem männlichen Chakra darunter und verwandelt die Ich-Kraft des dritten Chakras in eine ganz neue Stufe des Bewußtseins: die der mitfühlenden und kraftvollen Liebe. Die Fähigkeit, selbstsüchtige Wünsche loszulassen und persönliche Opfer zu bringen, um anderen menschlichen Wesen zu helfen, entsteht durch die Erweckung des vierten Chakras.

Der Transformationswirbel des vierten Chakras kann auch die sexuelle Energie des zweiten Chakras (eines ebenfalls weiblichen Chakras, wie wir gesehen haben) in sich aufnehmen und dieses rohe Verlangen so transformieren, daß eine höhere Ebene erreicht wird. Die Energie des zweiten Chakras verbindet sich mit der schneller schwingenden Energie des vierten Chakras, und dadurch kann im Zentrum der sexuellen Leidenschaft Liebe entstehen.

Die Verschmelzung von Macht und Liebe

Wie ich zuvor schon angedeutet habe, erfordert die menschliche Liebe Willenskraft, um sich manifestieren zu können. Es gibt Liebe als philosophisches oder theologisches Konzept. Aber wenn Liebe in der Welt wirken soll, wenn sie sich in mitfühlender Wechselwirkung mit anderen menschlichen Wesen ausdrücken will, so braucht sie viel Kraft, um die Trägheit der gewohnten egoistischen Verhaltens- und Gefühlsmuster zu überwinden. Die Liebe transformiert den Willen, und der Wille verleiht der Liebe Kraft. Diese Wechselwirkung zwischen den beiden Gegensätzen ist eine der schönsten Dynamiken unseres Chakren-Systems.

Wenn die Willenskraft nach oben gelenkt wird und nicht in sexueller Besessenheit und Manipulation nach unten strömt, so überwindet sie Hindernisse, die ihr den Weg versperren, und führt uns zum vierten Chakra. Wie Joseph Chilton Pearce sagte: »Das dritte Chakra verwendet Willenskraft, um das zweite mit dem vierten zu verbinden, um Sex und Liebe zu vereinigen.«

Therapeuten verbringen viel Zeit damit, Menschen bei diesem Schritt zu helfen. Eine große Zahl von Menschen, vor allem Männer, sind im Bereich ihrer unteren drei Chakren psychisch gefangen. Unter Umständen ist dabei auch noch ihr fünftes Chakra überaktiv, aber das vierte, das Herz-Chakra, ist wie tot – eine chronische Blockade verhindert, daß es aktiv an der Energie der anderen Chakren teilnimmt.

In den siebziger Jahren haben viele Männer versucht, ihren gefühllosen, aggressiven männlichen Gewohnheiten zu entkommen und liebevollere weibliche Eigenschaften anzunehmen, indem sie ihre Willenskraft und ihr Dominanzstreben, also die Ausdrucksformen ihres dritten Chakras, blockierten. Sie glaubten, daß sie weich und unterwürfig werden müßten, um höhere Ebenen spiritueller Verwirklichung zu erreichen und bessere Beziehungen mit dem entgegengesetzten Geschlecht herzustellen.

Das hat sich schließlich als falsch herausgestellt. In Wirklichkeit nämlich sind diese Männer auf die infantilen Energieebenen des ersten und zweiten Chakras zurückgefallen, wo sie zwar ihr Bedürfnis nach weichen Gefühlen stillen konnten, andererseits aber nicht die feurige Kraft fanden, um ihre emotionalen Schwächen zu durchbrechen und zu echt mitfühlenden Dimensionen der Liebe durchzudringen.

Die Botschaft der Kundalini-Weisheit besteht darin, daß die Willenskraft nicht unterdrückt werden sollte. Vielmehr sollte sie bis zum Äußersten genutzt werden. Aber wir sollten sie in einem nach oben strömenden Energiefluß einsetzen, nicht in Manifestationen, die die Energie spiralig nach unten ziehen. Wir brauchen Willenskraft, um das Herz-Chakra zu nähren. Das dürfen wir niemals vergessen.

Einer der Gründe, weshalb mir der Kundalini-Zugang zur persönlichen Evolution ideal erscheint, liegt darin, daß er konkrete Methoden bietet, um bestimmte Dinge zu erreichen, von denen andere Philosophien, Religionen und Therapiemethoden nur reden. Es ist wunderschön und klingt gut, wenn man große Worte über die Verschmelzung von Willenskraft und Liebe macht, aber wie geschieht dies in der Praxis? Wie sehen die tatsächlichen Schritte aus, mit denen wir unsere unteren Energiezentren mit der Kraft der Liebe verwandeln können, die im Herz-Chakra liegt?

Die Lokalisierung des Zentrums

Als erstes müssen wir natürlich erst einmal feststellen, wo unser spirituelles Herzzentrum, das vierte Chakra, im Körper liegt. Das christliche Kreuz zeigt genau, wie wir dieses Zentrum lokalisieren können. Sie brauchen nur die Arme auszubreiten und Ihr Bewußtsein auf den Punkt zu richten, wo sich die Vertikale mit der Horizontalen kreuzt. Dort liegt das Herzzentrum. Es überrascht nicht, daß der christliche Glaube, wo Liebe mit Gott gleichgesetzt wird, dieses Kreuz verwendet, um das Herz der christlichen Botschaft auszudrücken. Ich empfehle Ihnen eine kleine Pause, damit Sie diese einfache und dennoch vollkommene Zentrierungsmeditation ausprobieren können. Ich habe sie vor vielen Jahren von einem radikalen und sehr liebevollen Professor am theologischen Seminar von San Francisco gelernt.

Wenn Sie diesen Absatz gelesen haben, legen Sie einen Augenblick das Buch beiseite ...

Konzentrieren Sie sich wie üblich auf Ihren Atem, schließen Sie die Augen und heben Sie beide Arme, so daß ein Kreuz entsteht. Die Kraft, die aus dieser Haltung entsteht, sollten Sie nicht als religiöses Symbol empfinden, sondern als eine bewußt erlebte Erweckung Ihres Herz-Chakras: Die Energien von oben und von unten treffen sich in diesem Punkt, und es beginnt dieses eigenartige Wirbeln im vierten Chakra, das die Liebe im Zentrum des menschlichen Körpers entstehen läßt.

Prana: Der höchste Stoff des Lebens

Prana ist ein weiteres wichtiges Sanskritwort, das eine ganz grundlegende Dimension des menschlichen Lebens beschreibt. Ich möchte dieses Wort und den damit verbundenen Begriff nicht zum vergötterten Objekt der Verehrung machen, wie so viele es getan haben. Aber ich möchte Ihnen eine solide Grundlage für Ihr *prana*-Bewußtsein vermitteln.

Prana wurde beschrieben als »homogene Einheit, die

in jedem Teil des Körpers vorhanden ist. Es ist die feine, unsichtbare, alles durchdringende göttliche Energie des ewigen Lebens. Es ist selbst unsichtbar, aber seine Wirkungen sind manifest. Es bestimmt Geburt, Wachstum und Verfall aller beseelten Organismen.«

Die *Upanischaden*, die tantrischen Schriften, die *Raghava-Bhatta*-Texte aus alten Zeiten wie auch viele zeitgenössische Bücher sind übervoll von ruhmreichen und oftmals widersprüchlichen Beschreibungen der Qualitäten von *prana*. Ich ziehe einen mehr von Erfahrung bestimmten Zugang zum *prana* vor und möchte diese elementare Energie zuallererst im Sinne der Luft verstehen, die wir einatmen.

Wir haben die Elemente von Erde, Wasser und Feuer kennengelernt. Und nun kommen wir zum vierten Element, der Luft. Denken Sie daran, daß es kein Feuer ohne Luft, keine Verbrennung ohne Sauerstoff gibt. Auch gibt es kein Feuer ohne das Erdelement Kohlenstoff. Wir können also deutlich sehen, daß das dritte Chakra, das Feuer, sowohl von unten (Kohlenstoff) wie auch von oben (Luft) gespeist wird, damit die Hitze und Energie des Feuers entstehen.

In den alten Zeiten wußten die spirituellen Meister durch unmittelbare innere Offenbarung, daß jeder Atemzug, wie auch die Luft, die bei jedem Atemzug aufgenommen wurde, irgendwie magisch war und die Qualität des Lebens und der Lebenskraft eines jeden Menschen bestimmte. Deshalb wurde behauptet, daß die Luft eine magische, lebensspendende Substanz enthält, die sie als *prana* bezeichneten.

Viel später – vor nur etwa hundert Jahren – entdeckten wir durch unsere Wissenschaft, die aus dem dritten Chakra stammt, daß die Luft, die wir einatmen, tatsächlich eine magische Substanz, den Sauerstoff, enthält, der unserem bisherigen Wissensstand zufolge jede Sekunde unseres Lebens auf diesem Planeten speist.

Aber sehen Sie nun, was die populäre Wissenschaft damit anfängt. Sie macht eine Entdeckung, wie etwa das Vorhandensein von Sauerstoff in der Atmosphäre, und behauptet dann, daß das Geheimnis vorüber ist, daß alles erklärt worden ist, daß es eben doch kein *prana* gibt, also keine mystische Substanz jenseits der Fassungskraft des menschlichen Verstandes. Alles wird dadurch erklärt, daß man dieser geheimnisvollen Substanz das Etikett »Sauerstoff« aufklebt.

Aber was ist Sauerstoff?

Mein Freund – jener Professor an der Universität von Zürich – gibt uns die neueste wissenschaftliche Antwort auf diese Frage: Wir wissen einfach nicht, was Sauerstoff ist. Wir kennen einige seiner Eigenschaften. Aber je tiefer wir in die subatomaren Vorgänge hineinblicken, um so weniger verstehen wir wirklich die grundlegende Wirklichkeit der Luft, die wir einatmen. Das Geheimnis wird um so größer, je umfangreicher unser wissenschaftliches Wissen wird. *Prana* bleibt ein großes Geheimnis, das die Wissenschaft nicht bis in seine letzten Tiefen ausloten kann. Durch Meditation aber können Menschen einen unmittelbaren Kontakt mit dieser Substanz herstellen.

Jedesmal, wenn wir einatmen, nehmen wir *prana* in unseren Körper auf. Die Wissenschaftler bezeichnen es mit dem deduktiven Begriff des »Sauerstoffs«. Diese Energiequelle tritt in den Körper ein, durchläuft dann chemische Reaktionen, um Verbrennung zu erzeugen, und dadurch erhalten wir Energie für die Aufrechterhaltung unserer Zellfunktionen.

Wir werden das letzte Geheimnis dieses Vorgangs niemals ergründen, so raffiniert wir es mit unseren wissenschaftlichen Erklärungen, die aus dem dritten und fünften Chakra kommen, auch anstellen werden. Wir können aber das Mikroskop des Bewußtseins selbst einsetzen, um *prana* in Aktion zu erfassen. Dies ist ein äußerst spannender Vorgang! Warum tun es so wenig Menschen regelmäßig?

Die Antwort auf diese Frage ist einfacher, als man glauben würde. Wir haben Angst davor, nach innen zu blicken und unser spirituelles Wesen und unsere energetische Funktionsweise direkt zu erfahren, denn wenn wir dies tun, müssen wir all unsere gewohnten Begriffe hinter uns lassen. Wir müssen das dritte Chakra transzendieren, um das vierte zu erreichen. Wir müssen die manipulative Herrschaft über unsere Umwelt und unsere verstandesmäßige Erfassung der Wirklichkeit aufgeben, wenn wir mit ganzem Auge nach innen blicken und unsere Lebensvorgänge intuitiv erkennen wollen.

Prana kann in seiner dynamischen Wirkungsweise beobachtet werden. Nur darum geht es letztlich bei der Beobachtung des Atems. Aber damit die Beobachtung stattfinden kann, muß der denkende Verstand ruhig werden. Für viele Menschen ist dies fast unmöglich: vor allem für diejenigen, die in den Machtspielen von intellektueller Überlegenheit befangen sind.

Meditation ist die Methode, durch die wir es lernen können, unsere Begriffe und unsere manipulativen Denkwerkzeuge lang genug beiseite zu legen, um zumindest einen flüchtigen Blick auf die Großartigkeit jenes Bewußtseins zu werfen, das weit jenseits von deduktiven Folgerungen liegt, die aus dem dritten Chakra kommen.

Wir müssen unsere kognitiven Schießeisen am Tor der meditativen Erkenntnis ablegen, wenn wir in das Reich des Kundalini-Bewußtseins hineintreten wollen.

Sind Sie bereit?

Pranayama-Atmung

An dieser Stelle möchte ich Ihnen eine der wichtigsten Atemübungen der alten *pranayama*-Disziplin vermitteln. Der große Yogalehrer Patanjali lehrte diese Atemtechnik vor mehreren tausend Jahren in seinen Schriften. Diese Methode bleibt ebenso neu und wirksam wie in jener Zeit, als er sie seinen Schülern weitergab.

Es gibt zwei entgegengesetzte und dennoch gleichwertige Arten, um diese Atemmeditation durchzuführen, und ich möchte Ihnen wärmstens empfehlen, sie immer beide zusammen auszuführen, damit Ihre Atmung im Herz-Chakra ausbalanciert wird. Wenn Sie nur die eine Variante üben, so wird die Atmung Ihr Bewußtsein nach oben in den Kopf lenken und auf diese Weise Herz und Kopf vereinigen. Wenn Sie umgekehrt atmen, so wird Ihr Bewußtsein tief in die drei unteren Chakren wandern und sie mit der Herzenergie vereinigen.

Das Atemmuster ist sehr leicht zu erlernen, wenn Sie einmal das entsprechende Prinzip verstanden haben. Es bezieht sich auf das Herz-Chakra und ist eine der wichtigsten Kundalini-Meditationen.

Probieren Sie zuerst etwa acht bis zwölf Zyklen lang die abwechselnde Nasenatmung aus, und erspüren Sie für sich selbst, wie diese Atmung Sie beruhigt, die unteren Chakren balanciert und Energie in Ihrem ganzen System verteilt.

Die abwechselnde Nasenatmung

1. *Sitzen Sie bequem und richten Sie Ihre Aufmerksamkeit mindestens eine oder zwei Minuten auf Ihren freien Atem, bevor Sie beginnen, die Atmung zu kontrollieren.*

Sie können auch die Arme ausbreiten, so daß ein Kreuz entsteht, und auf diese Weise das Bewußtsein unmittelbar auf das vierte Zentrum lenken.

2. Bringen Sie nun eine Hand zur Nase, wobei die Handinnenfläche zum Mund weist, und legen Sie den Daumen neben das eine Nasenloch und den Zeigefinger neben das andere Nasenloch, so daß Sie ohne weiteres die eine oder die andere Öffnung schließen können, indem Sie einen leichten Druck auf die Nase ausüben.

3. Lenken Sie nun ihr Atembewußtsein tief nach unten in Ihre ersten drei Chakren, um sie auszubalancieren und mit einem Strom liebender Energie, die von oben herabfließt, aufzuladen. Um dies zu erreichen, schließen Sie einfach das Nasenloch auf der Seite des Daumens, während sie langsam durch das andere Nasenloch ausatmen.

4. Wenn Sie am Ende Ihres Ausatmens angelangt sind, bleiben Sie einen Augenblick leer und konzentrieren Sie sich auf die Erde tief unter ihrem ersten Chakra. Entfernen sie dann den Daumen von der Nase und drücken Sie mit dem Zeigefinger auf die andere Seite der Nase, so daß Sie jetzt durch das andere Nasenloch einatmen.

5. Atmen Sie bis zum Maximum ein und atmen Sie dann wieder aus, ohne die Haltung der Finger zu verändern, bis sie dann wieder leer sind. Bleiben Sie einen Augenblick lang so.

6. Kehren Sie nun die Haltung der Finger wieder um, so daß Sie wieder durch das erste Nasenloch einatmen. Halten Sie einen Augenblick beim Maximum der Einatmung inne und atmen Sie dann durch dasselbe Nasenloch wieder aus. Gehen Sie zum anderen Nasenloch über und atmen Sie ein und aus. Und wieder zurück zum ersten und atmen Sie ein und aus. Und immer so weiter.

7. Fahren Sie mit diesem Atemmuster fort: Ein- und Aus-

atmen auf einer Seite, dann der Wechsel zur anderen Seite
und wieder Ein- und Ausatmen.

8. *Füllen Sie die Lungen vollkommen mit Luft, wechseln Sie*
   von einem Nasenloch zum anderen und atmen Sie voll-
   ständig aus. Atmen Sie dann wechselseitig weiter:
   Einatmen, Ausatmen. Wechsel,
   Einatmen, Ausatmen.
   Wechsel, Einatmen, Ausatmen. Wechsel und immer so
   weiter.

Meditation zur Hebung des Herzbewußtseins

Zur Umkehrung dieser Atemübung brauchen Sie nur den
Wechsel zwischen den Nasenlöchern beim Maximum der
Einatmung durchführen. Dadurch wird die Integration von
Herz und Kopf gesteigert, während der Wechsel beim Mini-
mum der Ausatmung die Integration von Herz und Unter-
leib fördert. Mit dem umgekehrten Atemmuster bringen Sie
also bei jedem Einatmen Energie oder prana *nach oben in den*
Kopf. Halten Sie bei prall gefüllten Lungen einen Augenblick
inne, und wechseln Sie dann zur Ausatmung auf die andere
Nasenöffnung. Atmen Sie auf derselben Seite ein, und brin-
gen Sie mehr Energie nach oben in den Kopf. Wechseln Sie
dann wieder zum ersten Nasenloch zurück, um den nächsten
Zyklus des Ausatmens und Einatmens einzuleiten.

   Probieren Sie jetzt also diesen Herz-Kopf-Atem für sich
selbst aus und folgen Sie dabei dem einfachen Muster:
   Ausatmen, nicht wechseln, Einatmen.
   Jetzt Wechseln, Ausatmen, Einatmen.
   Wechseln, Ausatmen, Einatmen.
   Wechseln und so weiter ...

Der Klang des Herzens

Sie wissen jetzt, wie Sie das Herz-Chakra lokalisieren können (die Meditation mit ausgebreiteten Armen) und wie Sie die Herzenergie durch das Chakren-System bewegen können, indem Sie die abwechselnde Nasenatmung anwenden. Und nun sind wir bereit, um eine dritte Methode zur Erweckung dieses Energiezentrums zu erlernen: die Vokalisierung des Mantras für das vierte Chakra.

Bevor ich Sie mit diesem Klang bekannt mache, möchte ich erwähnen, daß Sie diese Urklänge während des ganzen Tages als spirituelle Begleitmusik im Bewußtsein behalten können, ganz egal, was Sie gerade tun. Ich stimme mich zum Beispiel oft auf die Musik des Herz-Chakras ein. Wenn ich mehr Kraft in meinem Leben brauche, lasse ich die Musik des dritten Chakras in meinem Bewußtseinshintergrund mitklingen. Und wenn ich in eine sexuelle Beziehung eintrete, singe ich mich oftmals mit dem Klang des zweiten Chakras in diesen Bewußtseinsbereich. Wenn ich mehr Verwurzelung in der Erde brauche, lasse ich das Mantra des ersten Chakras erklingen. Wenn ich mich in das Reich der Kommunikation ausdehnen will, stimme ich im Stillen die Musik des fünften Chakras an. Und wenn ich schließlich tief in der Meditation bin, erfüllt oftmals das OM des sechsten Chakras mein Bewußtsein. Diese Klangübungen möchte ich auch Ihnen empfehlen.

Ich hoffe, daß Sie allmählich zu spüren beginnen, daß jeder einzelne Chakren-Klang eine Schwingungserfahrung in genau der Körpergegend erzeugt, wo das betreffende Chakra liegt.

Man hat noch keine wissenschaftliche Erklärung dafür gefunden, weshalb ein bestimmter Konsonant eine

Schwingungserfahrung in dem dazugehörigen Chakra hervorruft, es geschieht einfach. Der dem betreffenden Chakra zugeordnete Klang wird Ihnen also helfen, sich auf das jeweilige Chakra zu konzentrieren.

Jetzt sind wir soweit, daß wir das Mantra des vierten Chakras in die Symphonie der Chakren-Klänge aufnehmen können. Es ist ein weiches, weibliches JAM oder JANG.

Nehmen Sie sich viel Zeit, um diesen besonderen Herzton zu erspüren. Sitzen Sie ruhig und lassen Sie Ihren Atem von selbst kommen und gehen, bemühen Sie sich nicht, ihn zu verändern. Beobachten Sie, wie sich Ihre Atmung von selbst entspannt, wenn Sie Ihre Aufmerksamkeit auf sie richten. Erweitern Sie Ihr Bewußtsein, so daß die Anwesenheit des ganzen Körpers spürbar wird. Fühlen Sie, wie Energie von oben und von unten in Ihr Chakren-System fließt. Breiten Sie die Arme aus und lenken Sie auf diese Weise die innere Wahrnehmung auf das Herz-Chakra.

Lassen Sie nun das Herzmantra JAM oder JANG in Ihnen lebendig werden. Beginnen Sie mit einem sehr sanften Iiiiiiiii und lassen Sie sich auf halbem Wege der Ausatmung in den zweiten Teil des Klanges hineingleiten, das Aaaaaaaa, das bei allen Chakren-Mantras gleich ist und in der Mitte der Silbe liegt. Dann beenden Sie die Silbe mit einem Mmmmmm oder Nnnnnnggggg ...

Anahata heißt »Loslassen«

Das Sanskritwort für das Herz-Chakra ist merkwürdig. Im oberflächlichen Wortsinn bedeutet es »nichtgeschlagen«, »nichtverletzt«, »strahlend«, »rein«. Wenn wir dann tiefer in die heilige Bedeutung dieses Wortes eindringen, finden wir, daß *anahata* bedeutet »der Klang, der entsteht, ohne daß zwei Dinge aufeinanderschlagen«. In den alten Schriften des Yogameisters Visvanatha heißt es, daß wir im Herz-Chakra »den Klang« entdecken, »der Sabdabrahmamaya ist, und das heißt: durch keine Ursache erzeugt«.

Wieder denke ich an meine Diskussionen mit meinem Freund, dem Physiker Eduard Cartier. Er ist der Meinung, daß der Begriff eines Klanges, der ohne eine bekannte Quelle entsteht, sehr gut zu bestimmten Theorien aus der Astrophysik über den Ursprung des Universums paßt.

Im wesentlichen geht es hier um die Feststellung, daß im intuitiven Weltverständnis der Yogatradition im Zentrum eines jeden Chakras ein Kern enthalten ist, den man »Same« oder *bija* nennt. Aus diesem Samen entspringt eine Schwingung, die sowohl ein Klang wie auch ein charakteristisches Energiemuster ist, das ein bestimmtes Chakra kennzeichnet.

Der Kern eines jeden Chakras war für die Yogameister also jenes energetische Programm, das die Entwicklung derjenigen Körpergegend beherrscht, die unter dem Einfluß dieses Chakras steht. Wir sehen also, daß die Hindutradition schon vor Jahrtausenden die genetische Basis des Lebens intuitiv begriffen hat. Dieses Verständnis entsprang nicht aus wissenschaftlichen Experimenten, sondern aus dem inneren Blick in den Kern des Lebens: *bija*, den Samen.

Bei Meditationen über das vierte Chakra sollten wir auf den Namen *anahata* achten, jenen Samenklang, der von nirgendwoher kommt, der durch kein bekanntes Werkzeug erschaffen wurde, der aus der Leere entstand und sich im Herz-Chakra manifestiert. Ich habe zuvor schon erwähnt, daß im hinduistischen Verständnis des Lebens die Klangschwingung als die Schöpfungskraft des Universums betrachtet wird. Alles, was existiert, besteht aus Klangschwingung. Eine solche Sicht des Universums entspricht wiederum genauestens der neuen Physik, wie sie durch Wissenschaftsautoren wie Fritjof Capra, Gary Zukav und Itzhak Bentov popularisiert wurde.

Wenn wir also das Samenmantra für jedes der Chakren erklingen lassen, stimmen wir unser ganzes physisches und mentales Sein auf den Klang eben jenes Chakras ein, das wir singen, und verbinden uns harmonisch mit dem geheimnisvollen Zentrum unseres Chakren-Universums.

Ich möchte hier auch erwähnen, daß sich die Wissenschaftler gegenwärtig über die Bedeutung einer neuen Entdeckung streiten. Sie betrifft die umfangreichen Milchstraßen, aus denen das bekannte Universum besteht. Bisher glaubte man immer, daß die Verteilung dieser Galaxien im Raum durch den Zufall bestimmt sei. Aber neuere Analysen haben gezeigt, daß sie in ganz bestimmten Mustern organisiert sind, deren Bedeutung noch nicht festgestellt werden konnte.

Für mich ist dies eine sehr wichtige Entdeckung. Ich bin der Meinung, daß auch unsere menschlichen Chakren Galaxien sind. »Wie innen, so außen.« Wenn wir tief in das Innere eines Atoms blicken, so treffen wir auf Galaxien von sich drehenden Wirbeln, die sich einer tieferen Erforschung entziehen, zumindest an diesem Punkt der Forschung. Und wenn wir tief in unsere eigenen Chakren blicken, so entdecken wir dasselbe: ungeheure Universen, die um so weiter werden, je mehr wir in sie hineinschauen.

Wir blicken auf unendliche innere Galaxien, wenn

wir unsere Aufmerksamkeit auf die Chakren in unserem Körper richten. Und unser energetischer Körper ist, wie Rodney Collin in seinem Buch *The Theory of Celestial Influence* zeigt, nichts weniger als ein winziger Mikrokosmos des Universums als Ganzem.

Diese Vorstellung hat so ungeheure Ausmaße, daß wir sie keinesfalls zu ernst nehmen sollten. Statt dessen sollten wir aus vollem Hals lachen, wenn wir für einen kurzen Augenblick die Chakren-Galaxien in uns erblicken. Welch ein Witz, daß wir uns für so kleine unwichtige Wesen halten, obwohl wir doch mindestens sieben Galaxien von unendlichen Dimensionen in uns haben! Kein Wunder, daß Alan Watts oft über den Ernst in meinem Gesicht loslachte, wenn er in meine Augen schaute und sah, wie ich meine winzigen Egoprobleme betrachtete – angesichts der galaktischen Wirklichkeit meines Chakren-Bewußtseins.

Durch das Singen des Samenmantras für das Herz-Chakra konzentrieren Sie sich unmittelbar auf das Zentrum der zentralen Galaxie, die in Ihnen wirbelt. Welch ein Wagnis! Und dennoch ist es dann in der Praxis überaus beruhigend, balancierend und zentrierend. Schließlich sind Sie ja selbst diese Galaxie. Sie sind es selbst. Sie erweitern ganz einfach Ihr Bewußtsein, um zu einem bewußt partizipierenden Teil des unendlichen Ganzen zu werden.

Um nichts anderes geht es letztlich bei der Meditation.

Nachdem nun solche Vorstellungen im Wirbel Ihres Bewußtseins kreisen, können Sie beobachten, welche Erfahrung Sie machen, wenn Sie Ihre festen Begriffe am himmlischen Tor zurücklassen und in den *anahata*-Klang eintreten. Atmen Sie vollkommen frei, Sie können auch die Augen schließen. Zentrieren Sie sich in Ihrem Chakren-System, diesen wirbelnden Galaxien,

und versetzen Sie sich in die Schwingung des Herz-
klanges, die jenseits von allem, was Sie kennen, entsteht. JAM ... JANG ...

Die Vision des Herzens (das Mandala für das vierte Chakra)

Zachary hat mit seinem Mandala-Entwurf für das vierte Chakra etwas sehr Gewagtes getan. Normalerweise
wird das vierte Chakra in den gängigen Texten in
Grüntönen wiedergegeben, da man dies für die Farbe
des Herzens hält. Aber Zachary hat die etwas statische
Darstellung des Herz-Chakras in eine dynamischere
Erfahrung verwandelt, wie Sie sehr bald selbst feststellen werden.

Sie werden sich erinnern, daß er im dritten Chakra
die Farbe Grün verwendete, um Sie schon in die Richtung des vierten Chakras zu führen. Jetzt, da Sie beim
vierten Chakra angelangt sind, finden Sie nicht die
»äußere« grüne Energie dieses Chakras, sondern das,
was in den alten Texten als die »innere« Samenfarbe
des *anahata*-Chakras beschrieben ist: Gold!

»Hier wohnt Kakini (die innere Göttin des vierten
Chakras), deren Farbe dem Gelb eines strahlenden Blit-
zes gleicht, heiter und heilbringend.« So heißt es in einem Sanskrittext, der von dem wahrscheinlich bedeu-
tendsten Kundalini-Forscher, Sir John Woodroffe, in seiner Übersetzung der Kundalini-Schriften (1918) zitiert
wird. »Diese Linga (Göttin) ist wie glänzendes Gold, wie
die stetige Flamme einer Wachskerze an einem windstil-
len Ort.« Welch ein Bild für das Herz-Chakra!

Wenn Sie über Zacharys Mandala meditieren, so

werden Sie einen sechszackigen Stern bemerken, der sich aus zwei Dreiecken zusammensetzt, im Sanskrit *trikonas* genannt. Solche Dreiecke werden mit mehreren der Chakren assoziiert, wie Zachary gezeigt hat, aber gerade im Herz-Chakra ist die Dreiecksform am stärksten vertreten: Sie ist verdoppelt und erzeugt auf diese Weise sechs kleinere Dreiecke, die in alle Richtungen nach außen weisen und die *anahata*-Samenschwingung zu den sechs anderen Chakren senden. Das Bild ist vollkommen.

Jedes der sechs Chakren-Dreiecke erzeugt dann zwei Blütenblätter: eines, das die unteren physischen Chakren durchdringt und erweckt, und eines, das die höheren spirituellen Dimensionen des Lebens durchdringt und erweckt. Wenn Sie auf das Zentrum dieses Mandalas blicken, dabei atmen und Ihren Geist einer nichtbegrifflichen Erfahrung öffnen, so blicken Sie geradewegs in das Zentrum Ihres eigenen Universums. Hier im Herz-Chakra sind wir auf vielerlei Weise am Mittelpunkt angelangt. Ich halte es für überaus wichtig, daß wir uns dieses Mandala sehr häufig ins Bewußtsein rufen und regelmäßig den Samenklang intonieren, der vom Zentrum des Universums, ja selbst von jenseits des Universums kommt, in unser persönliches Leben eintritt und alle unsere Chakren auf ausgeglichene Weise energetisiert.

Sich mit der Kundalini-Kraft zu beschäftigen ist ein immenses Erlebnis. Deshalb bemühen wir uns ja auch so sehr, sie in ihrer ganzen Gestalt zu erfassen. Aber wenn es zuviel wird, so lassen Sie bitte das große Gelächter ausbrechen, damit Sie nichts von alledem allzu ernst nehmen.

Manchmal werden Sie vielleicht auf das Zentrum des Mandalas blicken und den Eindruck haben, als würden

Sie bestimmte Dinge darin »sehen«. Zum Beispiel könnten Sie die Gesichter von geliebten Personen sehen, oder irgendein Gesicht, das Sie noch nicht kennen, vielleicht das eines Meisters, der zu Ihnen kommt. Seien Sie offen für solche Visionen, obwohl Sie sich andererseits auch nicht daran klammern sollten, wie wir noch genauer beim fünften Chakra besprechen werden.

Der Tiergeist des vierten Chakras ist im übrigen eine Antilope oder ein Reh, ein starkes, aber gefühlvolles, kraftvoll springendes und doch erdgebundenes Tier. Manchmal kommt dieses Tier zu Ihnen, wenn Sie die Mandalameditation des vierten Chakras durchführen. Der Geist dieses Tieres kann Sie dem Geist Ihres eigenen Herzens näher bringen. Genießen Sie es, wenn diese Antilopenenergie in Sie eintritt, und atmen Sie ruhig weiter ...

Beim Thema des Herz-Chakras und seiner zentralen Bedeutung könnte ich richtig poetisch werden. Statt dessen will ich lieber schweigen und die Worte vorbeiziehen lassen, damit Sie sich dem Herzmandala zuwenden und die volle Meditation durchführen können, die Sie ja mittlerweile bereits auswendig können. Öffnen Sie sich für eine neue Erfahrung, einen neuen Kontakt mit dem Göttlichen in Ihnen. Hören Sie dem Klang zu, der aus dem innersten Zentrum des *anahata*-Mandalas erklingt, während Sie leise den Klang des Herzzentrums intonieren.

9.

Kundalini in Aktion
(Fünftes Chakra)

Die ganze menschliche Kommunikation ist im Prinzip im fünften Energiezentrum lokalisiert, das wir in diesem Kapitel erforschen wollen. Ein Beispiel: Jeden Augenblick, in dem ich an diesem Buch geschrieben und Ihnen diese Worte übermittelt habe, habe ich viel Kraft aus dem fünften Chakra eingesetzt, denn dies ist das Chakra der zwischenmenschlichen Kommunikation. Ohne es gäbe es keinen Austausch von Ideen von einer Person zur anderen und praktisch überhaupt keine menschliche Zivilisation.

Es ist vollkommen sinnvoll, daß das Kommunikations-Chakra in der Kehle liegt, denn hier befindet sich ja auch unser wichtigstes Kommunikationswerkzeug: der Kehlkopf. Durch dieses Organ können wir die durch die Luftröhre nach außen strömende Luft in eine Schwingungsbotschaft verwandeln, die die Außenwelt aufnehmen und beantworten kann.

Das fünfte Chakra umfaßt auch Zunge, Mund und Lippen. Dazu kommt dann noch das Zwerchfell in der Gegend des dritten Chakras, das die Willenskraft für den Selbstausdruck liefert, und alles zusammen ergibt den mechanischen Apparat, der für die stimmliche Kommunikation erforderlich ist. Wir sollten nicht vergessen, daß der größte Teil der menschlichen Kommunikation bis vor wenigen hundert Jahren, als die bewegliche Druckerpresse erfunden wurde, nur durch den stimmlichen Austausch erfolgte.

Das fünfte Chakra ist auch engstens mit jenen Teilen des Gehirns assoziiert, die komplexe Gedankenströme erzeugen, die sich schließlich in Worten und Taten manifestieren. In diesem Chakra treten wir in das Reich der abstrakten Begriffe ein.

In meiner therapeutischen Praxis habe ich beobachtet, daß die meisten Menschen in unserer Gesellschaft sehr stark im fünften Chakra fixiert sind, daß sie in einer Welt aus Begriffen, Gedanken, Ideen, Träumen und Phantasien leben. Wir sinken nach unten ins dritte Chakra, um unsere Ideen durch wirkliche Energie zu manifestieren, wenn die Zeit zum Handeln gekommen ist. Und wir wechseln auf die Ebene des zweiten und vierten Chakras, wenn wir sexuell erregt oder emotional geladen sind.

Aber im größten Teil unserer alltäglichen Existenz versinken wir in Gedanken, verfangen wir uns in Wörtern, Bildern, Symbolen – in der Welt des begrifflichen Bewußtseins, das zum fünften Chakra gehört.

Das ist weder gut noch schlecht, sondern nur eine Frage der Balance. In diesem Kapitel müssen wir uns fragen, ob wir im Vergleich zu den anderen Chakren zu viel oder zu wenig Zeit in diesem Chakra verbringen, ob dieses Chakra schwach, ausbalanciert oder hyperaktiv ist.

Wenn das Kommunikations-Chakra inaktiv ist, so sind wir in mentalem Schlaf gefangen und denken die Dinge nicht genügend durch, um ein produktives, erfüllendes Leben zu führen. Es gibt sicherlich Menschen, die in ihrer analytischen und begrifflichen Funktion blockiert sind. Wenn das Kommunikations-Chakra zu schwach ist, so schließen sich diese Personen aus der

menschlichen Kommunikation und dem Fluß des alltäglichen verbalen Verkehrs aus.

Wenn das Kommunikations-Chakra überaktiv ist, so
wird diese Energie den anderen Chakren entzogen.
Zum Beispiel haben die meisten von uns die Gewohn-
heit, zu denken und immer nur zu denken, ohne diese
Gedanken genügend auf unser Herz-Chakra einzu-
stimmen. Viele Menschen verlieren auch zu leicht den
Kontakt mit dem Macht-Chakra. Sie werden zu großen
Denkern, aber ihre Handlungen sind unterentwickelt.
Viele von uns flüchten auch vor den eigenen sexuellen
Energien, vor der wichtigsten Quelle der Kundalini-
Energie, indem sie sich die ganze Zeit in Gedanken
versenken. Notorische Theoretiker sind nicht gerade
als große Liebhaber bekannt.

Das fünfte Chakra ist oftmals aus dem Gleichgewicht,
wenn nicht genügend Energie aus den beiden oberen,
intuitiveren spirituellen Chakren herabfließt. Unglück-
licherweise leben wir in einer Kultur, die es Kindern abgewöhnt, spirituelle Erkenntnisse in ihre kognitiven Erfahrungen einzubringen. Es gibt einen starken Drang,
das fünfte Chakra mit seiner maskulinen Entsprechung,
im dritten Chakra zu vereinigen. Aber haben wir in der
Schule jemals einen Kurs besucht, in dem wir aufgefordert wurden, uns für das Herabströmen spiritueller Inspiration von oben zu öffnen?

In dieser Hinsicht haben wir die amerikanische Ver-
fassung vollkommen falsch interpretiert. Wir haben
angenommen, daß Religion und die spirituelle Intuition des sechsten Chakras identisch sind und haben
dann das Kind mit dem Bade ausgeschüttet. Wir haben
eine dogmatische religiöse Indoktrination von unseren
Schulen ferngehalten, gleichzeitig aber auch eine spirituelle, intuitive Erziehung.

Das Ergebnis ist eine Nation, die auf kognitivem Gebiet und in ihren kognitiv-manipulativen Handlungen zwar höchst geschickt, in intuitiv-kognitiven mentalen Vorgängen aber äußerst ungeübt ist. Wir haben uns auf die unteren männlichen Chakren fixiert und die beiden höchsten wie auch das mittlere Chakra vollkommen übersehen. Deshalb sind wir zwar im allgemeinen intellektuell und physisch gut entwickelt, aber spirituell und emotional völlig unentwickelt.

Ich möchte keineswegs unsere Entwicklung des fünften Chakras abwerten. Was wir auf dem Gebiet der Kommunikation geschafft haben, ist durchaus beachtlich. Ich kann hier sitzen und fast ohne Anstrengung meine inneren Gedanken in den Speicher meines Computers eingeben, und Sie können dort sitzen und diese Wörter in Ihrem Buch lesen, als würden wir beieinander sitzen und darüber kommunizieren. Schon das gedruckte Wort selbst, das die mündliche Überlieferung in feste Form brachte, war für die Menschheit ein radikaler Schritt.

Beim Schreiben dieses Buches habe ich mich jedoch bemüht, das Zentrum meines Bewußtsein nicht im fünften Chakra zu halten, sondern auch tiefer zum Herz-Chakra und den drei unteren wie auch nach oben zu den beiden oberen Chakren vorzudringen. Das letzte, was Sie in bezug auf die Kundalini-Kraft brauchen, ist noch mehr Input aus einer rein intellektuellen Ebene. Sich in intellektuelle Konstrukte über die Chakren zu verstricken, ist zu einem chronischen Problem des Westens geworden, seit die Weisheit und die Kraft der Kundalini unsere Kultur erreicht hat.

Wie wir gesehen haben, können die Chakren durch Begriffe dargestellt werden, aber sie sind keine Begriffe. Sie sind echte Wirklichkeit. Ich habe also Begriffe verwendet, um Ihr Bewußtsein von Begriffen wegzuführren und auf die Wirklichkeit hinzulenken, die hinter den Begriffen liegt. Ist es mir gelungen? Sind die Chakren jetzt mehr als Vorstellungen in Ihrem Kopf? Sind Sie schon dabei, sich mit ihnen anzufreunden, mit diesen lebendigen Schwingungsmustern im Zentrum Ihres Bewußtseins?

Halten Sie einen Augenblick lang inne und stellen Sie sich die folgende Frage: Sind Ihre Chakren real, oder sind sie nur Konstruktionen Ihres begrifflichen Denkens? Haben Sie sich für die wirkliche Gegenwart dieser geheimnisvollen Energiewirbel in Ihrem Körper geöffnet, oder haben Sie sich wohlbehütet in der intellektuellen Reflexion Ihres fünften Chakras eingeschlossen?

Das Hauptquartier der Schwingung

Wie wir gesehen haben, ist jedes der sieben Chakren ein schwingendes Energiezentrum, das einen Samenklang übermittelt. Das sind innere Schwingungen, die sich wohl über eine gewisse Entfernung direkt verbreiten. Aber wir brauchen das Kommunikationszentrum des fünften Chakras, wenn wir unsere inneren Gefühle und Gedanken, unsere inspirierten Erkenntnisse und unseren Gesang in die Welt um uns ausbreiten wollen, damit sie von anderen menschlichen Wesen empfangen werden können.

So hat das fünfte Chakra im Grunde eine Brückenfunktion. Es bringt unsere inneren Schwingungen in die äußere Welt. Es liefert uns ein Werkzeug, um uns auszudrücken. Das Herz-Chakra ist der Höhepunkt unseres inneren reflexiven Bewußtseins. Wenn wir das Herz-Chakra ausbalancieren, können wir vollkommene persönliche Balance in uns selbst erlangen. Aber um mit der äußeren Welt in Verbindung zu treten, müssen wir zum Kehl-Chakra aufsteigen, damit wir unsere Gefühle, Erkenntnisse und Gedanken ausdrücken können.

Durch das fünfte Chakra können wir die physische Wirklichkeit transzendieren und jenseits der Bereiche von Berührung und physischer Manipulation gelangen. Durch das Kehl-Chakra kommen wir in das unsichtbare Reich der Klangübermittlung, in die nichtphysischen Dimensionen des Lebens. Wir gehen über unser physisches Selbst hinaus, wenn wir beginnen, uns in der Form von Schallwellen, durch Sprechen, Schreien, Singen, aber auch durch Maschinenschreiben, Tonband- und Videoaufnahmen und all diese Erweiterungen des Körpers der Außenwelt mitzuteilen.

Vor langer Zeit dachte man, daß es außer den offensichtlichen Elementen von Erde, Wasser, Feuer und Luft noch ein fünftes Element gäbe. In der westlichen Terminologie wurde es als Äther bezeichnet, und im Sanskrit als *akascha*. Man glaubte, daß in diesem fünften Element die Reiche des Geistes lägen.

In der Tradition wurde mit diesem fünften Element der Klang assoziiert. Die Hindus glaubten, daß der Klang die Urquelle aller materiellen Wirklichkeit sei, und wie wir gesehen haben, setzten auch die alten Hebräer und die Christen das »Wort« ins Zentrum der materiellen Schöpfung, und dies spiegelt die Vorstellung wider, daß der Klang in einer Dimension jenseits der vier Elemente existiert.

So wird die Öffnung des fünften Chakras also zu einem doppelten Vorgang. Einerseits öffnen wir uns selbst, um unsere inneren Erfahrungen durch unsere organischen Kommunikationskanäle und ihre zahlreichen Stellvertreter im elektronischen Zeitalter in die Welt hinauszusenden. Aber wir öffnen uns auch für

neue Dimensionen, die in den nichtphysischen Bereichen des Bewußtseins liegen, damit diese Dimensionen
mit uns kommunizieren können. Kurz gesagt: Im fünften Chakra öffnen wir uns für das Hereinströmen
spiritueller Kommunikation von oben her, aus dem
sechsten und siebten Chakra, und das heißt von unserem ganzen spirituellen Universum.

Carlos Castaneda hat ausführlich darüber geschrieben, wie man in die Astralebenen des spirituellen
Bewußtseins gelangt, die zum fünften Chakra gehören,
und beachtliche und manchmal erschreckende paralle-
le Universen erleben kann. Ich selbst habe auch eine
Reihe von solchen außerkörperlichen Erfahrungen gemacht. Sie haben mich jenseits der Grenzen meines
physischen Körpers geführt. Ich bezweifle nicht ihre
Gültigkeit auf irgendeiner Ebene der Existenz. Selbst
ganz normale Träume tragen uns offenbar in diese
Dimension des fünften Chakras, wo wir einen Schritt
von der physischen Wirklichkeit entfernt sind.

Aber Joseph Chilton Pearce hebt deutlich hervor – und
stützt sich dabei auf Beobachtungen des spirituellen Lehrers Muktananda –: »Keine Erfahrung in diesem fünften
Chakra ist eine mystische Gotteserfahrung, auch wenn
sie ehrfurchterregend und paradiesisch erscheinen mag.
Das fünfte Chakra und seine Möglichkeiten müssen in
Begriffen erfaßt werden, und Gott ist kein Begriff.«

Auf der unteren Ebene der Funktion des fünften
Chakras haben wir also die Vokalisation und die Übermittlung von Begriffen durch Klangschwingungen und
die dazugehörigen technischen Medien. In den eher
esoterischen Dimensionen der Erfahrung des fünften
Chakras treffen wir auf die magische und manchmal
erschreckende Dimension, in der Träume wirklich zu
sein scheinen, wo uns Geister anspringen und uns dazu

herausfordern, sie als Produkte unserer überaktiven Vorstellungskraft zu entlarven, und wo schließlich sogar Visionen von Gott zu uns kommen, die unser spirituelles Leben inspirieren.

Im Laufe der Jahre habe ich mit vielen Klienten gearbeitet, die auf die astralen Dimensionen des fünften Chakras fixiert waren, und meine Behandlung war immer dieselbe: Ich habe ihnen geholfen, ihr sechstes und viertes Chakra zu erwecken, damit sie eine bessere Balance zwischen der männlichen Energie des Kehl-Chakras und der weiblichen Energie des sechsten und vierten Chakras herstellen konnten. Dies scheint eine recht platte intellektuelle Antwort auf ernste psychologische Probleme zu sein, die durch eine Überaktivität des fünften Chakras entstehen. Aber wenn wir die Kundalini-Methoden anwenden, die wir in diesem Buch gelernt haben, dann wird die Behandlung konkret und effektiv.

Aber das sind extreme Erscheinungen. Im großen und ganzen möchte ich mich auf das magische mittlere Spektrum im Leben konzentrieren, wo wir meistens ausgeglichen sind und unsere Chakren-Energien nur feiner einstellen müssen, ohne gleich das ganze System komplett zu überholen.

Die Verwendung von Klängen für Reinigung und Heilung

Das Sanskritwort für das Kehl-Chakra lautet *visuddha*, was wörtlich »Reinigung« bedeutet. In der Hindutradition wird der Klang als reinigende Kraft betrachtet. Er ist fähig, absolut alles zu durchdringen und alles, was er durchdringt, in Schwingung zu versetzen. In vielen spirituellen Traditionen hielt man Krankheit für einen

Mangel an lebendiger Schwingung oder für eine falsche Schwingung in einem Körperorgan. Und Klangtherapie ist in der einen oder anderen Form fast überall verwendet worden, um dem Körper zu mehr Gesundheit zu verhelfen.

Weise Männer und Frauen in der ganzen Welt haben sich in früheren Zeiten an diesem Verständnis von Krankheit und Heilung orientiert, wie ich in meinem Buch *Conscious Healing* ausführlich dargestellt habe. Es steckt viel Wahrheit in dieser Auffassung. Kranke Menschen haben oft flache, unharmonische Stimmen und ernste Unausgewogenheiten in ihren Schwingungsgewohnheiten auf der Ebene einzelner Chakren wie auch im Alltag. Wenn beim Sprechen Hemmungen im Kehl-Chakra auftreten, so weist dies im allgemeinen auch auf Störungen im ganzen Chakren-System hin.

Wenn wir die Vokalisierungskraft des Körpers verwenden, also die Klänge anstimmen, die ich Ihnen vorschlage, aber auch durch harmonisches Singen und Sprechen im allgemeinen, so können wir unmittelbar auf die tiefen Ebenen gesundheitlicher Störungen einwirken. Bei jeder Heilung – mental, physisch, emotional und spirituell – können wir ohne weiteres die Magie harmonischer Schwingungen anzapfen.

Zum Beispiel sind physisch kranke Menschen meistens im Kehl-Chakra blockiert, und wenn sie geheilt werden sollen, so sollte man behutsam gesunde Schwingungen durch das fünfte Chakra erwecken. Natürlich muß man das Chakren-System insgesamt regelmäßig ins Gleichgewicht bringen, wenn man Klangschwingungen zur Heilung verwenden will. Das Ziel ist die Homöostase, nicht die Überstimulation eines bestimmten Chakras, das vermeintlich die Gesundheit einer bestimmten Körperregion kontrolliert.

Als Atemmeditation für dieses fünfte Chakra möchte ich Ihnen den folgenden Heilgesang vorstellen. Diese Übung ist sehr einfach, sie kann aber äußerst tiefe Wirkungen erzeugen. Sie kann während des ganzen Tages durchgeführt werden, ganz egal, wo Sie sind oder was Sie gerade tun. Sie verlangt keine Konzentration und hat keine symbolische Bedeutung. Sie verwirklicht die reine Kraft des Klanges in Ihrem Körper.

Die Meditation des Summens

1. *Sie sitzen ruhig und beobachten, wie Ihre Atemzüge kommen und gehen, als ob Sie die Wellen am Strand kommen und gehen sehen. Jede ist verschieden, und dennoch sind sie sich alle ähnlich.*
2. *Hören Sie den Geräuschen zu, die durch Ihren Atem verursacht werden, wie ich es Ihnen früher bereits gezeigt habe. Hören Sie auf die feinen Schwingungen, die durch das Ein- und Ausströmen der Luft durch die Nase entstehen.*
3. *Lassen Sie allmählich beim Ausatmen Ihre Stimmbänder so sanft wie möglich schwingen. Dadurch entsteht ein ruhiger Summton. Die Lippen sind dabei geschlossen, ebenso die Augen.*
4. *Wenn die Lungen leer sind, so verstummen Sie ganz von selbst, und während Sie schweigend einatmen, spüren Sie, wie die Schwingungen, die vorher durch Ihr Summen entstanden sind, weiter durch den ganzen Körper laufen.*
5. *Fahren Sie mit diesem Summen einige Atemzüge lang fort, bis Sie das Gefühl bekommen, daß sie selbst zum Klang werden.*
6. *Werden Sie dann still, atmen Sie weiter, und lassen Sie die Schwingungen, die in Ihrem Körper entstanden sind, in Ihrem Bewußtsein weiterklingen, so daß Sie allen Zellen und Chakren zuhören können.*

Sympathische Schwingungen

Alle Entitäten im Universum haben die natürliche Neigung, nach Harmonie miteinander zu streben – das behaupten die Wissenschaftler ebenso wie die alten Meister. In der Physik wird die Neigung von zwei Schwingungsquellen, auf derselben oder einer zueinander harmonischen Frequenz zu schwingen, als Resonanz bezeichnet. Wenn zum Beispiel zwei Saiten in einer ähnlichen Frequenz schwingen, so werden sie sich bald auf dieselbe Frequenz oder eine höhere oder tiefere harmonische Frequenz einstimmen. Die Pendel von zwei Uhren, die zunächst phasenverschoben schwingen, werden sich ebenfalls irgendwann aneinander anpassen. Dies ist ein natürliches Schwingungsgesetz, und es ist für das gesamte Leben äußerst wichtig.

Zunächst bedeutet es, daß Menschen durch verschiedene Formen von Kommunikation ein gemeinsames Verständnis, eine harmonische Vision des Lebens suchen – und finden! – können. Das geschieht normalerweise bei Paaren, die zusammenleben. Sie kommen aus verschiedenen sozialen Hintergründen und haben zunächst verschiedene emotionale und begriffliche Schwingungen. Aber je mehr sie miteinander leben, um so mehr gelangen sie zu einer harmonischen Beziehung, sofern sie sich der Tendenz der Schwingungsanpassung unterwerfen.

Weiterhin gilt: Wenn zwei Schwingungsquellen zu einer einzigen Schwingung verschmelzen, so vergrößert sich die Amplitude dieser Schwingung, sie wird stärker. Wenn wir also unsere Kräfte vereinen, so wächst unsere Fähigkeit, die guten Nachrichten zu verbreiten und auch schwierige und disharmonische Zeiten durchzustehen. In diesem Sinne sagte der amerikanische Patriot

Benjamin Franklin: »Wir müssen alle fest zusammen-
hängen, sonst werden wir einzeln hängen!«

So können also Familien und Gemeinschaften, und
hoffentlich dann auch Nationen und Planeten harmonische Gefühle zueinander empfinden und ihre positiven
Vibrationen »amplifizieren«, also intensivieren. Wenn
dies nicht geschieht, so gibt es tatsächlich keine Hoffnung für den Frieden, für gegenseitiges Verständnis,
für spirituelle Teilnahme und schöpferisches Mitgefühl.

Aber diese sympathische Schwingung, diese Resonanz, wie sie auch genannt wird, müssen wir zuerst in
unserem eigenen System, im Körper, in den Chakren
verwirklichen, wenn sie sich manifestieren und mit
anderen resonieren soll. Wenn unser eigenes Schwin-
gungssystem disharmonisch ist, wenn unsere Chakren
gegeneinander kämpfen und sich nicht auf das Reso-
nanzprinzip einstellen, dann werden wir überall diese
Disharmonie verbreiten, wohin wir auch gehen.

Krankheiten aller Art basieren mit Sicherheit auf
dieser Dynamik, wenn sie nicht durch die Umwelt
erzeugt worden sind. Und der Weg zur Gesundheit
geht demnach auf jeden Fall darüber, eine Basisfre-
quenz in den Chakren zu erzeugen und sie zueinander
in Resonanz zu bringen, damit eine Grundfrequenz,
eine Harmonie und schließlich eine volle Symphonie
von wunderschöner Chakren-Musik durch das ganze
Energiesystem und das Zellenbewußtsein klingt. Dann
und nur dann können wir Gesundheit und Frieden
haben, ganz abgesehen von klaren Gedanken, strahlenden Gefühlen und spiritueller Verwirklichung.

Ich persönlich verwende regelmäßig die Meditation
des Summens, die ich Ihnen vorher gerade gezeigt
habe, um eine Grundresonanz in meinem Körper zu
erzeugen. Wenn ich dann einmal die tiefe, alles durch-

dringende Resonanz des Summens in meinem ganzen Sein verspüre, bin ich bereit, die einzelnen Chakren-Klänge anzustimmen und mich daran zu erfreuen.

An dieser Stelle in unserer Erforschung der Kundalini-Erweckung möchte ich Ihnen diese Meditation des Summens als Resonanzübung empfehlen, und ich hoffe, daß Sie regelmäßig Zeit aufwenden, damit sie ihre Kraft entfalten kann. Sie können sie überall und zu jeder Zeit ausführen, da es ein innerer Klang ist, der nicht für die äußere Welt vokalisiert wird. Ich hoffe, daß ich das deutlich genug gesagt habe und daß Sie sich von heute an Ihren Weg durch das Lehen summen!

Das Mantra für das fünfte Chakra

Sie werden bemerken, daß die Meditation des Summens im Grunde nichts anderes ist als das letzte Drittel eines jeden Chakren-Mantras. Das Mantra für das fünfte Chakra lautet beispielsweise HAM oder HANG. Wenn Sie den Summton mit geschlossenen Lippen anstimmen, so können Sie natürlich nicht HANG, sondern nur HAM summen.

Es ist nur der erste Konsonant eines jeden Mantras, durch das es sich von den Mantren der anderen Chakren unterscheidet. Es gibt tiefe und oftmals widersprüchliche Traditionen in bezug auf die Kräfte der verschiedenen Buchstaben des Sanskritalphabets. Zum Beispiel haben Sie sicher bemerkt, daß die Anzahl der Blütenblätter zugenommen hat, je höher wir im Chakren-System nach oben gestiegen sind. In den alten Yoga-Lehren werden die Blütenblätter mit den verschiedenen Buchstaben im Sanskritalphabet assoziiert und vermitteln verschiedene symbolische Bedeutungen für jedes einzelne Mandala. Das Mandala des fünften Chakras beinhaltet alle sechzehn Vokale des Sanskritalphabets, jeder Vokal gehört zu einem anderen Blütenblatt.

Die Analyse und Interpretation der Bedeutungen eines jeden Sanskritvokales könnte ein ganzes Buch füllen, aber das wird uns, glaube ich, praktisch nicht viel helfen, wenn wir in der Meditation mit einer unmittelbaren Bewußtseinserweiterung konfrontiert sind. Es ist vielmehr eine sehr kopflastige Übung, die zum intellektuellen Aspekt des fünften Chakras gehört, vor allem für Menschen aus dem Westen, wo das Sanskritalphabet überhaupt keine Bedeutung hat.

Allerdings ist es von Nutzen, wenn man weiß, daß jeder der Anfangskonsonanten eines Chakren-Mantras eine klare Bedeutung hat. Das L des Wurzel-Chakras steht für das Erdelement und zieht das Bewußtsein nach unten zur Basis der Wirbelsäule. Das V des Sexual-Chakras gehört zum Wasser, dem zweiten Element. Das R des Macht-Chakras steht für Feuer, das zum dritten Chakra gehörige Element. Das Y des Herz-Chakras steht für Luft, und wie Sie bereits voraussehen können, stellt das H des Kommunikations-Chakras den Raum oder Äther dar.

Je mehr Sie diese Mantren anstimmen, um so mehr werden Sie verspüren, daß Ihre innere Wahrnehmung tatsächlich zu genau dem Chakra wandert, das mit dem Anfangskonsonanten des entsprechenden Mantras verbunden ist. Dies erscheint manchmal als magisch, aber ich bin sicher, daß es nur die Erscheinungsform eines elementaren Gesetzes ist, das die Wissenschaft noch nicht benennen konnte.

Nehmen Sie sich jetzt Zeit, um das fünfte Chakra zu erforschen. Legen Sie das Buch beiseite, wenn Sie diesen Absatz gelesen haben, und wenden Sie sich Ihrer Atmung zu.

Erweitern Sie Ihre innere Wahrnehmung, so daß der ganze Körper im Jetzt darin erhalten ist. Sie können auch die Augen schließen. Summen Sie ein wenig, um alle Chakren in Schwingung zu versetzen, und lassen Sie dann das Mantra des fünften Chakras, HAM oder HANG, in der Tiefe Ihres Seins zum Leben erwachen und sich manifestieren.

Das Mandala des Kommunikations-Chakras

Wenn wir von unten nach oben durch die Chakren aufsteigen, bemerken wir, daß die Farben immer kühler und die Schwingungen der Farben immer kürzer und schneller werden. Erwartungsgemäß sind die Frequenzen der Erdenergie am längsten und niedrigsten. Wenn wir zum Himmel aufsteigen, beschleunigen sie sich, und die Farben verwandeln sich vom Rot der Erde zum Blau des Himmels.

In Übereinstimmung mit den alten Texten hat Zachary das fünfte Chakra so dargestellt, daß das Grün des Herz-Chakras darunter sich mit dem tiefen Blau des sechsten Chakras darüber mischt, anstatt das ganze Mandala in einem mittleren Blau wiederzugeben. Auf diese Weise wird das fünfte Chakra dynamisch.

Dieses Mandala bewirkt also genau das, was unser moderner Verstand wirklich braucht: Das Bewußtsein des männlichen fünften Chakras breitet sich weit genug aus, daß es in eine Einheit mit den weiblichen Energien des vierten und sechsten Chakras eintritt, die von unten und oben angrenzen.

Wenn Sie direkt in das Zentrum dieses Mandalas blicken, so werden Sie bemerken, daß sich das abwechselnde Grün und Blau der sechzehn Blütenblätter zu einem Mittelblau vermischt. Auf diese Weise taucht ganz plötzlich die Farbe des fünften Chakras auf. Dies ist die optische Magie, die Zachary uns vermittelt.

Wie ich zuvor bereits erwähnt habe, ist jedes Chakra mit einem Tier assoziiert. Diese Tiere erscheinen oftmals spontan, wenn Sie auf ein Mandala blicken. In diesem Fall sehen die Menschen oft den Elefanten des ersten Chakras wiederkehren, nur ist er diesmal weiß. Manchmal erscheint das Tier dieses Chakras auch als weißer Stier oder weißer Löwe.

Tiere besitzen bestimmte Grundeigenschaften, eine Grundschwingung, auf die wir uns einstimmen können, zu der wir in Resonanz treten können, um den wissenschaftlichen Ausdruck zu gebrauchen. Ich möchte nicht empfehlen, daß Sie sich bei der Meditation mit Gewalt das Bild eines Tieres vergegenwärtigen. Aber seien Sie offen dafür, wenn genau in der Mitte des Mandalas ein Tier erscheint.

Seien Sie auch offen für jede andere Art von Vision, die vor Ihren Augen erscheint, wenn Sie in den mittleren weißen Raum des Mandalas blicken. Um es noch einmal zu sagen: Ich gehöre nicht zu der Schule, die aktiv Bilder beschwört, um darauf zu meditieren. In dieser Hinsicht bin ich mehr Zen-Buddhist als Hindu. Ich bin der Meinung, daß wir unser Bestes tun sollten, um über Visionen hinauszugelangen, da sie immer durch unsere persönlichen Phantasien und unbewußten Aktivitäten beeinflußt sind.

Aber wenn sie auftreten, dann ist das durchaus in

Ordnung. Erleben Sie sie, genießen Sie sie ... aber fixieren Sie sich nicht darauf. Die Welt der Maya, der Illusion, des Festhaltens an Bildern und Visionen – anstatt sich von ihnen zu lösen –, ist eine Funktion des fünften Chakras. Seien Sie immer bereit, Ihre Visionen loszulassen, um zum sechsten Chakra, dem nicht-begrifflichen Bewußtsein, aufzusteigen. So weist das Mandala des fünften Chakras also bereits auf das tiefe Blau des sechsten Chakras, des Chakras der Intuition, und hinunter zum Grün des vierten, des Herz-Chakras. Seien Sie offen für großartige Visionen, die die begriffliche Metaphorik des spirituellen Erwachens in Ihrem Bewußtsein entfalten, seien Sie aber auch bereit, diese Visionen in jedem Augenblick loszulassen und weiterzugehen.

Bleiben Sie sich auch während der Meditation über das fünfte Chakra immer Ihres Atems bewußt. Dies ist ein Sicherheitsventil, das Sie davor bewahrt, sich in den Visionen und astralen Erfahrungen des fünften Chakras zu verlieren. Es wird Sie erden. Erinnern Sie sich an die Meditation des Atemankers, die ich Ihnen bereits gezeigt habe. Es ist eine wichtige Meditation, die Sie bei der Erforschung der tieferen Erfahrungsbereiche des fünften Chakras immer parat haben sollten.

Jetzt aber genug der Worte über dieses Chakra. Sie wissen, wo es liegt, wenn Sie die Empfindung des Summens in der Kehle verspüren.

Atmen Sie und erwecken Sie dieses Chakra durch die Schwingung des Summens. Stimmen Sie die Silbe HAM oder HANG an und aktivieren Sie weiter das fünfte Chakra.

Wenden Sie sich dem Mandala zu und betrachten Sie es.

10.

Die Verschmelzung des Verstandes mit dem Geist (Sechstes Chakra)

Die ersten fünf Chakren liegen unterhalb des Geistzentrums. Jetzt, im sechsten Chakra, erreichen wir den Punkt, an dem wir uns bewußt auf den Teil des Körpers konzentrieren, der selbst die bewußte Konzentration vollzieht: Der Geist blickt nun schließlich auf sich selbst.

Während das fünfte Chakra durch den Klang bestimmt war, also durch vergleichsweise langsame Schwingungen, die sich durch das Medium der Luftmoleküle in der Atmosphäre unseres Planeten bewegen, haben wir es im sechsten Chakra mit dem Licht zu tun, also jener Schwingungsenergie, die sich außerordentlich schnell fortbewegt und für ihre Übermittlung kein Transportmedium braucht.

Klang ist ein irdisches Phänomen, das durch die Reibung von Molekülen aneinander entsteht. Licht ist ein intergalaktisches Phänomen, das durch die Strahlungsemissionen aus atomaren und molekularen Systemen erzeugt wird. Wir irdischen Wesen können Klang durch unsere grob physiologischen Funktionen erzeugen: Wir können Luft aus der Lunge ausstoßen und diese Luft durch unsere Stimmbänder in Schwingung versetzen. Aber auf diese mechanische Weise können wir kein Licht erzeugen. Das Licht liegt jenseits unserer persönlichen Schöpfungskraft.

Unsere wichtigste Lichtquelle kommt natürlich aus unserer Sonne, die schon seit Äonen hell leuchtet. Selbst unsere Kohlen- und Ölressourcen, die auch nachts noch Licht erzeugen, wenn sie in Elektrizität verwandelt werden, entstammen letztlich der Sonnenstrahlung. Wasserkraftwerke wiederum beruhen auf den meteorologischen Abläufen der Erde, die ebenfalls von der Sonne mitverursacht werden. Nur Atomreaktoren erzeugen selbst Licht und Energie, aber dies geschieht durch die Nachahmung der nuklearen Brennöfen auf der Sonne. Wenn wir also über das sechste Chakra nachdenken, so reflektieren wir über unsere Beziehung zu dem Zentrum unseres Sonnensystems, der Sonne selbst.

Das sechste Chakra liegt zwischen und ein wenig oberhalb der Augen. Die Augen sind natürlich das wichtigste Sinnesorgan, um Licht in uns aufzunehmen und die Information, die durch reflektiertes Licht transportiert wird, in Bilder zu verwandeln, die uns Eindrücke über die äußere Welt vermitteln.

Man kann sich sehr leicht in intellektuelle Spekulationen über dieses geheimnisvolle sechste Chakra verlieren. Lehrer wie Thakin Kung betonen, daß man sich nicht so sehr dem Denken über das sechste Chakra hingeben, sondern vielmehr eine unmittelbare Berührung damit anstreben sollte. Sonst vernebeln wir unsere direkte Erfahrung dieses Energiezentrums und versäumen es, vom Denken des fünften Chakras in eine direkte Erfahrung des sechsten Chakras aufzusteigen.

Viele Menschen verbleiben chronisch im fünften Chakra, dem Chakra des begrifflichen Denkens, und hecken großartige Theorien über das sechste Chakra aus, ohne es jemals unmittelbar zu erfahren. Die Überwindung des fünften Chakras erweist sich für viele als äußerst schwierig, wie ich sowohl an mir selbst wie auch bei Klienten und Schülern im Laufe der Jahre feststellen konnte. Wie sehr wir uns doch an unsere Begriffe klammern! Aber letztlich ist das sechste Chakra jenseits der Begriffe.

Ich möchte Ihnen also nur einige wenige Schlüsselinformationen auf der begrifflichen Ebene mitgeben, damit Sie ein Sprungbrett haben, von dem Sie über die Begriffe hinaus in das Reich des sechsten Chakras vordringen können. Dann werden wir uns auf die praktischen Meditationsmethoden konzentrieren, mit deren Hilfe wir diesen Schritt vollziehen.

An dieser Stelle der Erörterung müssen wir über ein jahrtausendealtes Chakren-Konzept nachdenken. Der hinduistischen und buddhistischen Anschauung zufolge gibt es in der komplexen Funktionsweise des Kundalini-Systems zwei Hauptleitungen, durch die die Kundalini-Energie an der Wirbelsäule aufsteigt. Diese Kanäle werden als *Ida* und *Pingala* bezeichnet. Sie transportieren die Yin- und Yang-Ströme der Kundalini-Energie im Körper nach oben.

Diese weiblichen und männlichen Gegenstücke sind wie zwei Liebende innig verflochten, während sie sich durch die ersten fünf Chakren nach oben drehen. Aber im sechsten Chakra geschieht etwas Besonderes: Sie verschmelzen miteinander!

Der Sanskrittradition zufolge vereinigen sie sich in der Zirbeldrüse, vielleicht auch – wie einige zeitgenössische Neurologen vermuten – in der Hirnanhangdrüse. Dadurch entsteht das sogenannte Dritte Auge, das im Gehirn unmittelbar hinter der Mitte der Augenbrauen liegt. Und hier finden wir das sechste Chakra, wo sich die irdischen Gegensätze vereinigen, wo Yin und Yang eins werden, wo das Unmanifestierte und das Manifeste sich in spiritueller Hochzeit vermählen.

Ich erinnere mich, daß ich als kleiner Junge immer wieder jenen Satz aus dem Matthäus-Evangelium gelesen habe, der Jesus Christus zugeschrieben wird: »Wenn dein Auge also einfältig ist, wird dein ganzer Körper voller Licht sein.« Was konnte damit nur gemeint sein? Ich überlegte hin und her. Später versuchte ich in einem Seminar in das tiefere Geheimnis dieser Worte einzudringen, fand aber in der protestantischen Tradition nur wenig Hilfe.

Die wirkliche Antwort, die mir jedenfalls schlüssig erscheint, erhielt ich durch mein paralleles Studium der Yogatradition. Dort wurde deutlich erklärt, daß Menschen ihre Begriffe und Dualitäten loslassen müssen – das heißt, daß Ida und Pingala miteinander verschmelzen –, wenn sie jenes große Fluten von Licht in ihrem Körper verspüren wollen, das durch die Erweckung der Samenenergie des sechsten Chakras entsteht. Als kleiner Junge habe ich oftmals ein kurzzeitiges Erwachen des sechsten Chakras erlebt: Mein Körper war von einem Augenblick zum anderen von Licht erfüllt, und ich verlor für kurze Zeit mein normales Bewußtsein. Ich war überwältigt von der ekstatischen Erfahrung dieser Verschmelzung mit dem Universum, die mich jenseits der Dualitäten in reines weißes Licht trug.

Wenn ich mit irgend jemandem – außer meiner Großmutter – über diese Erfahrungen sprechen wollte, wurde ich regelmäßig ausgelacht oder einfach nicht ernst genommen. Eine Zeitlang glaubte ich, ich sei verrückt, und tat mein Bestes, um mich nicht mehr von solchen mystischen Zwischenspielen überwältigen zu lassen.

Aber als ich dann herangewachsen war, begann ich mich für alle Erklärungen zu interessieren, die die Religionen für diese Erfahrung des weißen Lichtes bereitstellen. Und in der Meditation erkannte ich, daß ich diese Erfahrung bewußt fördern konnte. Weiterhin bemerkte ich, daß die Beschreibungen der Visionen des sechsten Chakras aus den Yoga-Lehren fast genau meiner persönlichen Erfahrung entsprachen. Es war eine ungeheure Erleichterung, als ich herausfand, daß ich nicht die einzige Person war, die solche Unterbrechungen des normalen Alltagsbewußtseins erlebte.

Allerdings beging ich dann den jugendlichen Fehler, mich auf dieses Chakra zu fixieren, und das Ergebnis davon war, daß mein allgemeines Energiesystem ziemlich aus dem Gleichgewicht geriet und meine Gesundheit mehrere Jahre lang darunter litt. Ich strebte danach, die ganze Zeit im Licht zu bleiben und die Dunkelheit für immer hinter mir zu lassen. Mein spirituelles Licht sollte ohne Unterlaß leuchten.

Dabei leugnete ich im Grunde die universelle Wahrheit, daß es auch Dunkelheit geben muß, wenn es Licht geben soll. Wenn es Yang gibt, muß es auch Yin geben – Ida muß durch Pingala ergänzt werden. Spirituelle Reife erfordert die Bereitschaft, die gegensätzlichen Polaritäten in das ganze Bild der spirituellen Wirklichkeit aufzunehmen – und dann erst über den Dualismus hinauszugehen. Das ist die Erfahrung des sechsten Chakras.

Wenn Sie sich in diesem Übungsprogramm mit dem sechsten Chakra befassen, so möchte ich Ihnen empfehlen, ins Licht zu treten, aber auch die Dunkelheit zu akzeptieren. Erweitern Sie Ihren Begriff von spiritueller Verwirklichung so, daß beide Extreme darin enthalten sind, und finden Sie Ihr Zentrum in der Mitte. Steigen Sie zum strahlenden Licht des sechsten Chakras und schließlich auch des siebten Chakras auf, tauchen Sie aber auch regelmäßig in die Tiefen Ihrer uranfänglichen Finsternis hinab – in das schwarze Loch Ihres ersten Chakras, das aus dem Zentrum der Erde hervorkommt.

Die menschliche Erfahrung der Dualität von Dunkelheit und Licht kommt ganz praktisch aus unserer polaren Beziehung mit der Erde und der Sonne. Es ist die energetische Beziehung zwischen diesen beiden Kraftfeldern, die das Leben ermöglicht. Und nur wenn wir sowohl die Dunkelheit des Erdmittelpunktes wie auch die unendliche Helligkeit des Sonnenzentrums akzeptieren, können wir in das sechste Chakra eintreten, wo die beiden Augen zu einem werden, wo Dunkelheit und Licht zur Einheit verschmelzen.

Was bekommen Sie, wenn Sie gleiche Teile von unendlich hellem Licht mit unendlicher Dunkelheit mischen?

Antwort: eine ausgeglichene Erfahrung des sechsten Chakras.

Lassen Sie Ihr kleines Licht leuchten

In meiner Kindheit spielte mein Vater oft auf einem scheppernden Honky-tonky-Klavier, und wir sangen dazu ein Lied, in dem die folgende Zeile vorkam: »Dies kleine Licht in mir, ich will es leuchten lassen …«

Das ist eigentlich ein wunderschönes Mantra für das sechste Chakra.

Wir werden zu strahlenden Wesen, wenn wir das Licht des sechsten Chakras in unser gesamtes Energiesystem leiten. Aber es genügt noch nicht, Licht durch unser sechstes Chakra in die Welt zu leiten. Genauso wichtig ist es zu lernen, wie wir dieses Licht Schritt für Schritt in alle unteren Chakren bringen und sie auf diese Weise mit spiritueller Energie von oben erfüllen können.

Ich hoffe, Sie verstehen inzwischen, wie jedes einzelne Chakra, angefangen vom Wurzel-Chakra, uns hilft, mehr inneren Raum zu gewinnen und das nächsthöhere Chakra zu aktivieren. Gleichzeitig liegt die Erfüllung der höheren Chakren aber auch darin, ihre Energie in die unteren Chakren fließen zu lassen, so daß im energetischen System eine echte Gleichwertigkeit entsteht. Das Alte Testament teilt uns mit, daß Gott sowohl Dunkelheit wie auch Licht als gleichwertige Pole erschaffen hat. Das Licht in die Dunkelheit zu leiten ist ebenso wichtig wie die Dunkelheit in Licht zu verwandeln.

Wie ich bereits sagte, ist das Schöne am sechsten Chakra, daß wir erleben können, wie Dunkelheit und Licht miteinander verschmelzen. Und dadurch können wir als spirituelle Wesen alle Vorurteile in bezug auf Licht und Dunkelheit, höhere und niedrigere Chakren, Himmel und Erde transzendieren. Wie am Anfang dieses Buches möchte ich auch hier noch einmal den Ausspruch Buddhas zitieren, daß wirkliche Erleuchtung bedeutet, selbst den Begriff der Erleuchtung loszulassen.

Sobald Sie also ein einigermaßen intensives Erwachen des sechsten Chakras erleben, sind Sie spirituell gefordert, dieses Licht gleichmäßig durch das ganze Chakren-System fluten zu lassen. Wenn Sie aber auf das sechste Chakra fixiert bleiben und gewissermaßen im Licht schwelgen, so bringen Sie damit Ihr ganzes spirituelles Bewußtsein ernstlich aus dem Gleichgewicht. Ich weiß, daß viele spirituelle Lehrer an dieser Stelle protestieren würden, und natürlich lasse ich auch Ihnen die Freiheit, von meiner Meinung abzuweichen und sich hauptsächlich auf die höheren Chakren zu konzentrieren, wenn Sie dies für Ihren echten Weg halten. Ich möchte hier nur einfach meine Erfahrung mitteilen.

Bevor wir weiter voranschreiten, möchte ich Ihnen Zeit geben, über Ihre eigenen Erfahrungen mit dem Licht des sechsten Chakras zu reflektieren. Halten Sie einen Augenblick lang inne, atmen Sie, lassen Sie Ihr Bewußtsein so weit werden, daß Ihr ganzer Körper darin enthalten ist, und blicken Sie auf Ihr bisheriges Leben zurück. Erinnern Sie sich an Zeiten, in denen Sie sich strahlend, voller Energie und Licht, in mystischer Harmonie mit Gott und der Natur fühlten, in denen Ihr sechstes Chakra strahlte und leuchtete?

Die Magie des Kumbhaka-Atems

Ich habe Ihnen bereits eine Atemmeditation gezeigt, mit deren Hilfe Sie die Kundalini-Energie nach oben leiten können, damit das sechste Chakra – oder andere Chakren – erweckt wird, nämlich die alternative Nasenatmung: Sie atmen durch das eine Nasenloch, schließen es dann mit Daumen oder Zeigefinger und atmen dann durch das andere Nasenloch, schließen es, wechseln wieder zum ersten Nasenloch und immer so weiter.

Jetzt möchte ich Ihnen eine weitere grundlegende *pranayama*-Methode zur Erweckung der Chakren vorstellen. Sie heißt *kumbhaka*-Atemkontrolle. Es gibt zwei entgegengesetzte Zustände von *kumbhaka*. Bei dem einen wird der Atem nach einer vollen Einatmung angehalten, wenn also die Lungen vollständig mit Luft gefüllt sind, im entgegengesetzten Zustand wird der Atem nach einer vollständigen Ausatmung angehalten, wenn also die Lungen vollkommen entleert sind.

Wenn Sie einatmen und dann den Atem anhalten, ziehen Sie die Kundalini-Energie aus der Tiefe an der

Wirbelsäule entlang nach oben und halten diese Energie am Gipfel Ihres Energiesystems. Wenn Sie dann ausatmen und den Atem anhalten, so ziehen Sie Licht und Energie von den oberen Chakren zu den unteren herab. Auf diese Weise bringen Sie bei jedem Einatmen die Kundalini-Energie aktiv nach oben, um die oberen Chakren zu erwecken und das Hereinströmen von Licht von oben zu fördern. Dann bringen Sie bei jedem Ausatmen dieses Licht nach unten in die Tiefe. Auf diese Weise erhalten Sie die vollkommene Mischung von Himmel und Erde, und Ihr Energiesystem wird auf immer höheren Ebenen des Bewußtseins ausbalanciert.

Ich möchte Ihnen jetzt eine klare, einfache und ungefährliche Übung vorstellen, wie Sie die *kumbhaka*-Übung in der Chakren-Meditation und vor allem für die Erweckung des sechsten Chakras einsetzen können. Sie werden im Laufe der Jahre viel Zeit brauchen, um dieses scheinbar einfache Atemmuster zu meistern, wenn Sie seine ganze Kraft anzapfen wollen. Es ist ohne Zweifel äußerst wirksam und lohnend.

Kumbhaka Eins: Der balancierte Atem

Dies ist vielleicht die wichtigste von allen *pranayama*-Atemmeditationen. Ich empfehle Ihnen, daß Sie von allen drei Übungen, die ich Ihnen jetzt gleich erklären werden, die erste am häufigsten praktizieren, um auf diese Weise Ihr ganzes Chakren-System auf einmal durch eine balancierte Aufladung zu erwecken.

Zählen Sie bis ZWEI und atmen Sie dabei durch beide
Nasenlöcher ein.

Zählen Sie bis VIER und halten Sie dabei den Atem bei
voller Lunge an.
Zählen Sie bis SECHS und atmen Sie dabei aus.
Zählen Sie bis VIER und halten Sie dabei den Atem bei
entleerter Lunge an.
Wiederholen Sie diesen Zyklus.

Sie werden erkennen, daß dieses Atemmuster die Kundalini-Energie in Ihrem System fast immer erweckt und an der Wirbelsäule aufsteigen läßt. Das schnelle Einatmen (ZWEI), bei dem Sie die Lungen schnell mit Luft füllen müssen, dient vor allem dazu, den Körper aufzuladen und Energie an der Wirbelsäule nach oben zu leiten. Das Anhalten des Atems (VIER) beim Maximum der Einatmung dient dazu, das Bewußtsein im sechsten und siebten Chakra zu halten, so daß das Licht von oben in den Körper fluten und sich mit der aufsteigenden Kundalini-Energie verbinden kann.

Das langsame Ausatmen (SECHS) läßt die Energie und das Licht sanft nach unten durch die Chakren strömen, was oftmals als seliger Schauer von weißem Licht erlebt wird. Achten Sie darauf, daß Sie vollständig ausatmen und dadurch das Bewußtsein auch tatsächlich bis ganz zum Wurzel-Chakra nach unten bringen.

Wenn Sie dann den Atem bei entleerter Lunge anhalten (VIER), so zapfen Sie von neuem die Kundalini-Energie von unten an und können sie dann beim nächsten schnellen Einatmen wieder an der Wirbelsäule entlang nach oben bringen.

Dieses Atemmuster wird schließlich bewirken, daß Ihr Bewußtsein zum Herz-Chakra in der Mitte gelangt, während aber gleichzeitig die übrigen Chakren aufgeladen und ausbalanciert werden. Führen Sie diese Übung etwa sechs bis zwölf Atemzyklen lang durch und beobachten Sie, wie Ihre Kundalini-Erfahrung intensiviert wird, selbst wenn dies Ihre erste Erfahrung mit *kumbhaka* ist.

Kumbhaka Zwei: Superaufladung nach oben

Dieses zweite *pranayama*-Atemmuster sollte vorsichtig und mit Maßen durchgeführt werden, da es viel Kundalini-Energie schnell an der Wirbelsäule entlang nach oben bringt und die höheren Ebenen der beiden oberen Chakren erweckt.

Das Muster ist wie folgt: Sie zählen bis sechs und atmen langsam und tief ein, zählen wieder bis sechs und halten dabei den Atem an, zählen bis vier und atmen dabei vollständig aus. Wenn Sie die Lungen durch das Ausatmen entleert haben, halten Sie den Atem diesmal nicht an, sondern beginnen den Zyklus von neuem: Sie zählen bis sechs, atmen dabei langsam ein und fahren in diesem Muster so lange fort, wie es Ihnen angemessen erscheint. Ich werde das Muster noch einmal in einfacher Form aufschreiben:

> Zählen Sie bis SECHS und atmen Sie dabei langsam ein.
> Zählen Sie bis SECHS und halten Sie dabei den Atem an.
> Zählen Sie bis VIER und atmen Sie dabei aus.
> Wenn Sie die Lungen entleert haben, halten Sie den Atem diesmal nicht an.
> Wiederholen Sie dieses Muster mehrere Male.

Mit dieser Atemmethode richten Sie das Bewußtsein im Körper auf die oberen Chakren und bringen immer neue Kundalini-Energie an der Wirbelsäule nach oben in diese höheren Energiezentren. Während Sie beim Maximum der Einatmung den Atem anhalten, konzentrieren Sie sich ganz von selbst auf das sechste Chakra, die Stelle, an der das dritte Auge liegt. Dann lassen Sie die Luft ganz einfach ausströmen. Das geschieht normalerweise innerhalb von vier Rhythmuseinheiten. Sie sollten sich aber frei genug fühlen, den Rhythmus leicht abzuwandeln, wenn Sie das Gefühl haben, daß Ihre Atmung in einer der Phasen mehr oder weniger Zeit braucht. Ich gebe Ihnen hier nur die allgemeine Formel. Sie können sie im Laufe der Zeit Ihrer eigenen Persönlichkeit anpassen.

Wenn Sie den Atem bei entleerter Lunge nicht anhalten, bleibt das Bewußtsein weiterhin in den höheren Chakren konzentriert. Dieses Atemmuster ist eine sehr starke Pumpe für die Kundalini-Energie, die deutlich auf das Bewußtsein einwirkt. Probieren Sie es selbst aus und erleben Sie die Magie dieser Übung in Ihrem Chakren-System.

Kumbhaka Drei: Die Beruhigung des Energiesystems

Sie werden oftmals eine beruhigende Meditation nötig haben, um andere Kundalini-Meditationen auszugleichen, eine Meditation, die Ihre Energien glättet und Sie wieder in die unteren Chakren bringt. Das wird durch *Kumbhaka Drei* geleistet. Sie sollten sie regelmäßig praktizieren, um sicher zu sein, daß Sie Ihre Kundalini-Erfahrung nicht bis ins Übermaß steigern.

Diese Übung verläuft genau umgekehrt wie die vorige. Sie zählen bis sechs und atmen dabei aus, zählen wieder bis sechs und halten dabei den Atem an, dann zählen Sie bis vier und atmen dabei ein, und ohne den Atem beim Maximum der Einatmung noch einmal anzuhalten, zählen Sie bis sechs und atmen dabei aus. Fahren Sie mit diesem Atemmuster so lange fort, wie Sie es als richtig empfinden. Ich will es wieder kurz zusammenfassen:

Zählen Sie bis SECHS und atmen Sie dabei aus.
Zählen Sie bis SECHS und halten Sie den Atem an.
Zählen Sie bis VIER und atmen Sie dabei ein.
Halten Sie den Atem beim Maximum der Lungenfül-
   lung nicht an.
Wiederholen Sie dieses Muster mehrere Male.

Mit dieser Atemmeditation bringen Sie das Bewußtsein in die unteren Chakren, nach unten zur Festigkeit der Erde, Sie konzentrieren sich nicht mehr auf die oberen Chakren. Als ich am Neuropsychiatrischen Institut von New Jersey arbeitete, wurden die Wirkungen dieses Meditationsmusters von einem Forschungsteam untersucht. Wir haben dabei festgestellt, daß Herzschlag und Blutdruck einer Person durch diese Übung schnell absinken und eine allgemeine Beruhigung der Gefühle und des Denkens stattfindet.

Seither habe ich dieses Atemmuster nervösen Klienten wie auch Schülern empfohlen, die die Neigung hatten, Ihre Kundalini-Kraft zu sehr zu stimulieren. Ich empfehle Sie auch Ihnen von Herzen. Sie können sie überall und zu jeder Zeit durchführen, wenn Sie sich bewußt beruhigen und Ihr energetisches System in der Erde zentrieren wollen. Experimentieren Sie gleich jetzt mit diesem Muster und lassen Sie seine Kraft auf sich einwirken, damit Sie sich entspannen und eine innere Balance finden.

Die Erweckung des magischen Klanges OM

Nach all diesen Chakren-Abenteuern kommen wir jetzt endlich bei der Quelle des berühmten Klanges OM an, der manchmal auch mit AUM wiedergegeben wird. Sie werden sofort bemerken, daß dieser Klang am Anfang des Mantras nicht den gewohnten maskulinen Konsonanten aufweist. In den hinduistischen Lehren würde das heißen, daß wir jetzt die konkreten, manifesten Konsonanten hinter uns gelassen haben und in das geistige Reich der immateriellen Vokale eingetreten sind.

Das sechste Chakra ist ganz deutlich ein weibliches Chakra, das zusammen mit dem Sexual-Chakra und dem Herz-Chakra eine umfassende Dreiheit von Yin-Energien im Körper erzeugt, von denen jede durch männliche Energiezentren umgeben ist. Wie Sie wahrscheinlich wissen, assoziieren wir in der Populärpsychologie unseren logischen, denkenden, problemlösenden Verstand (das fünfte Chakra) mit männlichen Eigenschaften und unseren intuitiven, spirituellen, künstlerischen Geist (das sechste Chakra) mit weiblichen Eigenschaften. Und damit entspricht unsere moderne Wahrnehmung dieser Qualitäten den alten spirituellen Lehren.

Auf der nächsten Seite möchte ich die sieben Chakren aus einer etwas unüblichen Perspektive darstellen, damit wir neue Erkenntnisse über das Wechselspiel des Weiblichen und Männlichen in unserem Energiesystem gewinnen können. Anstatt die Chakren in der Vertikalen darzustellen, möchte ich sie horizontal anordnen:

1 Basis	2 Sexualität	3 Wille	4 Herz	5 Klang	6 Licht	7 Krone
MÄNNLICH	WEIBLICH	MÄNNLICH	WEIBLICH	MÄNNLICH	WEIBLICH	MÄNNLICH
Yang	+	Yang	+	Yang	+	Yang
	Yin	+	Yin	+	Yin	

*

So sehen die Chinesen das Gleichgewicht von Yin und Yang im menschlichen Energiesystem. Die starken männlichen Chakren liegen an der Außenseite und sind dem ungeformten Licht und der ungeformten Energie ausgesetzt, die von oben und von unten kommt. Diese Energie wird dann transformiert, wenn sie in die weiblichen Chakren, also das Sexual-Chakra und das Dritte Auge gelangt, die zusammen ein Paar bilden. Diese verfeinerte Energie und das Licht wandern dann weiter in die inneren männlichen Chakren des Willens und des Klanges, die ein weiteres Paar bilden. Und schließlich erreicht die Energie den Mittelpunkt des Energiesystems, wo es schließlich in die Kraft des Herzens, die Liebe, verwandelt wird.

Die drei weiblichen Mantras des Chakren-Systems sind, wie Sie wissen, VAM, JAM und AUM. VAM erzeugt eine starke sexuelle Energie, JAM ist viel weicher und ausgeglichener im Herzen, und AUM ist rein und sanft und dringt doch in die äußersten Tiefen und Höhen des Universums vor.

Jedes einzelne dieser Mantren erweckt nicht nur das ihm zugeordnete, sondern auch die beiden anderen Chakren. Und wenn diese Chakren durch die Klangschwingung stimuliert werden, so stimulieren sie natürlich auch die männlichen Chakren, die daneben liegen. Und so geht auch der Ausgleich des Chakren-Systems vor sich: Die Wechselwirkung aller Chakren verbreitet die Energie gleichmäßig im ganzen System, wenn man nicht gerade in bestimmten Chakren blokkiert ist oder eine Kundalini-Meditation durchführt, die die Energie nur in eine Richtung lenkt.

Sehr oft erhalten Schüler in der indischen Meditationspraxis nur das Mantra OM. Es ist in unserer Gesellschaft ein wenig zum spirituellen Klischee geworden, da viele Meditationslehrer diesen Klang als den einzigen Schlüssel zur Erleuchtung angepriesen haben – natürlich nur, wenn man ihn immer und immer wieder bis ins Unendliche intoniert.

Unter einem hervorragenden Lehrer kann dieser etwas einseitige Zugang durchaus funktionieren. Zum Beispiel mußten Schüler in der Zen-Tradition jahrelang den Klang MU anstimmen. Wenn ein Schüler in seinen Gefühlen und Erkenntnissen schon genügend ausbalanciert und auch diszipliniert ist, dann kann diese Art der Meditation genügen.

Aber die meisten von uns sind ziemlich verwirrt und unbalanciert in den Chakren, wenn wir mit der Meditation beginnen, und deshalb können wir nicht immer nur eine Stunde pro Tag OM oder MU singen, bis irgend etwas Ungeheures geschieht. Obwohl also das OM vielleicht nicht die ganze Antwort auf die Frage nach der spirituellen Evolution ist, ist die OM-Meditation dennoch eine höchst angenehme Erfahrung, wenn sie am rechten Platz durchgeführt wird, nämlich als Mantra für das sechste Chakra. Dieses Mantra verdient viel Aufmerksamkeit in unserem spirituellen Leben. Es kann ein Weg in das große weiße Licht und darüber hinaus oder auch wieder zurück sein.

Ich möchte Ihnen jetzt die Gelegenheit gehen, die magischen Kräfte des OM oder AUM zu erwecken. Lassen Sie zunächst den Klang AUM tief in Ihnen entstehen. Lassen Sie ihn dann stimmlich werden und in Ihnen und in Ihrer Umgebung schwingen. Während Sie diesen Klang erzeugen, richten Sie dann das Bewußtsein auf das Dritte Auge in der Mitte der Stirn. Seien Sie offen für eine Erfahrung, die Sie noch niemals zuvor gemacht haben.

Das Mandala für das sechste Chakra

Nun kommen wir zur visuellen Darstellung des sechsten Chakras. Hier kehren wir zur absoluten Einfachheit zurück, wie Zachary es auch dargestellt hat. Das grundlegende Bild zeigt die nach oben strömenden Energien von Ida und Pingala, die im Zentrum des weißen Lichts verschmelzen.

In einem sehr wichtigen Sinne gibt dieses Mandala die beiden Seiten des menschlichen Gehirns wider, also die beiden Gegensätze von kognitiver und intuitiver Bewußtseinstätigkeit. Wie immer in seinen Mandalas weist Zachary auch hier auf das nächste Chakra hin. In diesem Fall ist es das siebte Chakra, wo sowohl die intuitiven wie auch die kognitiven Funktionen des Bewußtseins verschwinden und wir uns mit dem Göttlichen jenseits unseres Bewußtseins verbinden. Dies deutet Zachary mit der Darstellung der Gegensätze und dem reinen weißen Licht in der Mitte an.

Aber die Farbenergien in diesem Mandala bringen uns auch in die entgegengesetzte Richtung, und zwar nach unten zur Farbe des kognitiven fünften Chakras, so daß wir auch eine Orientierungshilfe in dieser Richtung haben. Das erinnert uns daran, daß das Ziel keineswegs immer nur oben, oben und nochmals oben ist. Das Ziel ist es, in beide Richtungen fließen zu können.

Das Tier für das sechste Chakra ist, wie könnte man es anders erwarten, die Eule, die uns manchmal aus diesem Yantra anstarrt. Die Frage der Eule ist selbst wieder ein Mantra: »Hu, Hu ... wer bist du?« Wenn man dies als Zen-*koan* nimmt, als eine Frage, die zu spiritueller Verwirklichung führt, so lohnt es sich wirklich, darüber einmal nachzudenken.

Die Zeit ist gekommen, sich den Bildtafeln zuzuwenden, das Mandala für das sechste Chakra aufzuschlagen und mit seiner Hilfe die innere spirituelle Wirklichkeit zu erspüren. Die Meditation möchte immer herausfinden, was im Jetzt tief im Inneren vor sich geht – und dann wird dieser Vorgang mit intensivierter spiritueller Energie geladen, damit eine Verwandlung stattfinden kann. Gehen Sie jetzt also entweder ruhig durch eine volle Kundalini-Meditation oder experimentieren Sie nur mit den Methoden für das sechste Chakra, wenn Sie sich für das visuelle Element dieses Chakras öffnen.

11.

Unendliche Glückseligkeit
(Siebtes Chakra)

Meine drei wichtigsten Kundalini-Lehrer haben es alle kategorisch abgelehnt, das siebte Chakra zu erörtern. Sie waren der Meinung, daß man dieses Chakra ohne irgendeine begriffliche Voreingenommenheit erleben müsse, die die unmittelbare Erfahrung stören könnte.

Deshalb zögere ich ein wenig und frage mich, ob ich überhaupt irgend etwas über dieses letzte Chakra schreiben soll. Aber da ich mit Ihnen nicht persönlich arbeite, glaube ich, daß ich Ihnen doch eine gewisse Vorstellung über das Wesen des siebten Chakras vermitteln sollte.

Der Sanskritname dieses Energiezentrums lautet *sahasrara*, und das bedeutet »mit Tausend multiplizieren«. Wenn man es etwas freier übersetzt, so bedeutet es, daß man die unendlichen spirituellen Dimensionen anzapft, die jenseits der Koordinaten des persönlichen Bewußtseins liegen. Die Erweckung des siebten Chakras ist mit Sicherheit eine Erfahrung, in der wir unser individuelles Bewußtsein transzendieren und in eine vollkommene und bewußte Harmonie mit der unendlichen spirituellen Ganzheit des Universums eintreten.

Die alte chinesische Weisheitslehre von Lao Tse, das Tao Te King, sagt gleich zu Anfang, daß es unmöglich ist, einen Namen für das Göttliche zu nennen. Dementsprechend gibt es auch kein Mantra für dieses Chakra.

Der Klang, den Sie in der Meditation über dieses Chakra vernehmen, ist nichts weniger als der Klang des Universums, der unmittelbar in Ihnen widerhallt.

In der westlichen Kultur wird die Erweckung des siebten Chakras manchmal als die »Erlangung des Christusbewußtseins« bezeichnet. Aber selbst dieses Wort steht im Grunde zwischen einer Person und ihrer Erfahrung des siebten Chakras. Das Christusbewußtsein ist ein Begriff der Transzendenz, aber es ist noch immer ein Begriff, der letztlich beiseitegelegt werden muß, damit wir zur Erweckung des sechsten und siebten Chakras fortschreiten können.

Ich möchte einfach sagen, daß das siebte Chakra jener Energiewirbel ist, der unmittelbar auf dem Kopf liegt und auch über der Kopfmitte weiterwirbelt, wo Sie das individuelle Bewußtsein transzendieren und mit dem unendlichen Bewußtsein verschmelzen. Im siebten Chakra hören Sie auf, als abgetrenntes Wesen zu existieren. »Sie« sind verschwunden. Es gibt kein »Ich« mehr. Nur noch unendliches Bewußtsein, in dem Sie als integraler Teil aufgehen.

Diese »ich-lose« Erfahrung bringt Sie zu einem Zustand von äußerster spiritueller Wonne. Das Eigenartige am Bewußtsein des siebten Chakras ist, daß es offenbar die Seligkeit selbst ist. Wenn wir wirklich eine Bezeichnung finden müssen, so wäre dieses universelle Bewußtsein das glückselige Bewußtsein. Mehr können wir nicht sagen.

Erfüllung ohne Mühe

Den Zustand der Seligkeit können wir nicht durch unseren Geist erzwingen. Er tritt nur dann ein, wenn wir uns durch Methoden, wie ich sie in diesem Buch vermittelt habe, darauf vorbereiten. Und selbst dann stellt er sich von selbst zur richtigen Zeit ein.

Manchmal gelangen wir in die Seligkeit des siebten Chakras, nachdem wir eine halbe bis ganze Stunde die Kundalini-Meditation praktiziert haben. Manchmal kommt sie auch spontan zu uns, wenn wir es am wenigsten erwarten. Ich nehme an, daß jeder und jede einzelne von uns schon oft im Leben in die Seligkeit des siebten Chakras hineingeglitten ist, vor allem als Kinder, als dieser selige Zustand für uns noch eine alles durchdringende Wirklichkeit und ein elementares Lebensgefühl war. Dies ist der Garten Eden, den wir als Kinder bewohnt haben, als alles in unserer Umgebung und in unserer Gefühlswelt diese Einheit mit dem Göttlichen noch begünstigte.

Auch als Erwachsene gleiten wir oft für kurze Zeit in diesen seligen Zustand, zum Beispiel nach dem Liebesakt. Und manchmal gehen wir an einem Herbstmorgen einfach nur draußen spazieren, schnappen ein wenig Luft, spüren den frischen Wind auf den Wangen und geraten in Verzückung.

Der oft zitierte Cowboy-Spruch aus meiner Kindheit bringt es auf den Nenner: »Man kann ein Pferd zum Wasser führen, aber man kann es nicht zum Trinken zwingen.« Sie können die Kundalini-Energie pflichtbewußt durch die unteren Chakren nach oben leiten, aber wenn Sie zum höchsten Energiewirbel gelangen, können Sie Ihre Seele nicht mehr dazu veranlassen, den unendlichen Nektar des siebten Chakras zu trinken. Sie können auf die Schwelle zugehen, indem Sie Atem-, Konzentrations-, Klang- und Mandala-Übungen praktizieren, aber der tatsächliche Übergang in den Zustand der Seligkeit, in die unendliche Gnade der spirituellen Einheit mit dem Göttlichen, geht ganz von selbst, ganz mühelos vonstatten.

Das Einatmen von Seligkeit

Wenn Sie bei Ihren täglichen Meditationen das Bewußtsein vom sechsten zum siebten Chakra lenken, so sollte Ihre Atmung vollkommen unkontrolliert, spontan, ruhig werden, als ob das Universum »Sie atmen« würde, während Sie selbst überhaupt keine Anstrengung unternehmen.

Dies ist eine der Eigenschaften der Erfahrung des siebten Chakras: Ihre Atmung vermittelt Ihnen ein ganz neues Gefühl in der Brust. Seligkeit ist mit Sicherheit eine Atemerfahrung. Es ist das Gefühl reiner Freude darüber, daß wir am Leben sind und an der großen Atemerfahrung allen Lebens auf diesem Planeten teilnehmen.

Mehr möchte ich nicht sagen, außer daß ich Sie ermutigen möchte, sich bei jeder Kundalini-Meditation für diese selige Atemerfahrung zu öffnen.

Konzentration auf das siebte Chakra

Sicherlich haben Sie bemerkt, daß Ihr Bewußtsein auch dann, wenn Sie sich auf ein einzelnes Chakra konzentrieren, ein anderes Chakra wahrnehmen kann. Dies geschieht am ehesten mit Chakren, die nebeneinanderliegen, oder mit Chakren, die dieselbe Wertigkeit, also Yin oder Yang, haben.

Wenn Sie sich also dem ersten Chakra zuwenden, so können Sie ohne weiteres auch das darüberliegende zweite Chakra mit wahrnehmen. Das ist die natürliche Schönheit der Kundalini-Meditation. Und oftmals, wenn Sie sich auf das zweite Chakra konzentrieren, werden Sie bemerken, daß auch das vierte Chakra in eine harmonische höhere Resonanz mit dem zweiten Chakra eintritt.

Ich bin sicher, daß Sie inzwischen erkannt haben, daß das höchste Ziel darin besteht, alle Chakren gleichzeitig wahrnehmen zu können. Dies kann bereits geschehen, wenn Sie es ein wenig geübt haben, das Bewußtsein zu öffnen und zu erweitern.

Und wenn Sie die halbstündige Kundalini-Meditation durchführen, die ich jetzt gleich beschreiben werde – das Bewußtsein wandert hier Schritt für Schritt von Chakra zu Chakra nach oben und vollzieht nacheinander die Meditationen für jedes Chakra – so werden Sie auf der Höhe des siebten Chakras erkennen, daß Sie schon viele Male in der Meditation einen intensiven Kontakt mit diesem Chakra hergestellt haben. Die Ankunft am höchsten Chakra heißt nur, daß Sie sich der unendlichen Seligkeit hingeben, während all die anderen Chakren darunter in einer richtigen Symphonie von unermeßlicher Kraft und Schönheit erklingen.

Das schweigende Mantra des siebten Chakras

Wenn Sie vom OM des sechsten Chakras zum siebten Chakra übergehen, so lassen Sie einfach das AUM im Schweigen ausklingen. Die Schwingungsenergie wird weiterhin Ihr Chakren-System durchdringen. Oftmals ist es der Weg, dem Sie folgen, wenn Sie zum siebten Chakra aufsteigen. Es wird zu einem schweigenden, aber alles durchdringenden Mantra. Es ist der Klang des singenden Universums, der in jeder Zelle Ihres Körpers das Gefühl der Seligkeit erweckt.

Wenn Sie das Gefühl haben, daß Sie nun in diesen seligen Zustand eintreten, sollten Sie sich Ihres Atems bewußt bleiben, damit er sich nicht angesichts der Weite dieser Erfahrung verspannt. Seien Sie aufmerksam, aber kontrollieren Sie nicht. Schließlich kann es im Paradies ja keine Kontrolle geben. Sie müssen Ihre ganze Disziplin beiseitelegen und hinter sich lassen. Sie werden zu einem Geschöpf, das in vollkommener harmonischer Resonanz lebt und atmet und in dessen ausgelassener Freude das Universum widerhallt. Vollkommene Kontrolle wendet sich an diesem Punkt in ihr gleichwertiges Gegenteil: spontane Teilnahme.

Alan Watts hat die Wonne des siebten Chakras manchmal als die Begegnung mit dem Großen Lachen bezeichnet, das das ganze Leben durchdringt. Ganz ähnlich hat es auch Gurdijeff mehrere Male in seinen Schriften dargestellt. Es gibt ein Lachen im Zustand der Seligkeit, das nicht vokalisiert wird ... aber es ist da, kitzelt jede einzelne Zelle und schwingt im reinen Vergnügen des Seins.

Ich empfehle Ihnen, Ihre Aufmerksamkeit bei jeder Kundalini-Meditation zum siebten Chakra zu lenken, und wenn es nur für fünf Minuten ist. Erwarten Sie nicht jedesmal eine ungeheuer wonnevolle Begegnung mit dem Göttlichen, aber schauen Sie regelmäßig in diese Richtung, damit Sie sich intim mit dem Unendlichen anfreunden.

Das Wichtigste ist dabei, daß Sie nicht vor diesem Zustand zurückschrecken. Wilhelm Reich soll einmal gesagt haben, daß das siebte Chakra nichts weiter ist als der Ort, an dem Sie Ihren Hut aufhängen. Das siebte Chakra sind Sie. Sie sind es selbst. Lassen Sie sich nicht von irgendwelchen Leuten verunsichern, wenn es doch nur darum geht, sich selbst zu begegnen ... auch wenn dieses Selbst unendliche Weite bedeutet!

Das siebte Mandala

Das Mandala, das Zachary für das siebte Chakra gezeichnet hat, ist eine Vision vom Paradies. Es soll Sie mehr und mehr in die Richtung der Glückseligkeit führen. Es ist die Vision einer Krone mit sechzehn strahlenden Blütenblättern. Diese sechzehn äußeren Blütenblätter des Kronen-Chakras sind vollkommen geformt und stellen die Sammlung von Licht und Energie aus allen Richtungen rund um die Krone Ihres Kopfes dar.

Vergessen Sie nicht: Wenn die Kundalini-Energie zum siebten Chakra aufsteigt, so befreit sie sich explosionsartig von Ihrem persönlichen Energiesystem und verschmilzt mit dem unendlichen Energiesystem, das Sie umgibt. Wenn Ihre Chakren nicht gerade ernstlich aus dem Gleichgewicht sind, so wird eine deutlich spürbare Empfindung von Licht und Energie in Ihren Körper fließen, jedes Chakra mit Wonne füllen und persönliche Unausgewogenheiten mit der universellen Kraft der Liebe heilen.

Liebe und Seligkeit: Diese beiden Worte sind wohl untrennbar. In vielen heiligen Schriften heißt es, daß man die Verwirklichung des siebten Chakras nicht erlangen kann, wenn nicht das vierte Chakra mit universeller Liebe strahlt. Ganz offensichtlich gibt es eine Verbindung zwischen Liebe und Seligkeit, wenn das siebte Chakra erwacht. Nicht nur Licht, sondern auch unendliche Liebe fließt in den Körper. In diesem Zustand ist es ein und dasselbe.

Wenn Sie einmal die Kundalini-Energie durch alle sechs Chakren nach oben gebracht haben, dann ist diese Energie, die als grobe sexuelle Energie beginnt, in Willen, Mitgefühl, Wissen und Weisheit transformiert worden. Und jedesmal, wenn die Energie durch ein Chakra aufgestiegen ist, hat das Chakra auch ein entsprechendes Herabfluten von Licht und Liebe von oben erlebt.

Noch bevor Sie Ihre Aufmerksamkeit also auf das siebte Chakra gelenkt haben, haben Sie in Ihren täglichen Meditationen bereits ein wunderschönes Herabströmen von glückseliger, liebevoller Energie durch Ihr Kronen-Chakra erlebt. Aber nur, wenn Sie Ihre Aufmerksamkeit bewußt auf das siebte Chakra selbst lenken, können Sie diese strahlende Energie unmittelbar an ihrer Quelle erleben.

Wie ich bereits erwähnt habe, weiß niemand, was diese »Energie« eigentlich ist. Ich verwende das Wort »Energie«, weil ich in unserer Sprache kein besseres kenne. Natürlich ist Licht eine Art von Energie. Der Heilige Geist ist Energie. Liebe ist Energie. Das elektromagnetische Kraftfeld unseres Körpers ist Energie, ebenso wie das tausendfältige Kraftfeld des Planeten, auf dem wir leben. Es gibt auch Manifestationen der Energie im Universum, die wir unmittelbar erleben, dennoch aber nicht begrifflich oder physisch beherrschen oder verstehen können. Meditation ist das Mittel, um einen Zugang zu dieser hohen Ebene der Energie zu erlangen. Das erste und siebte Chakra sind die Punkte, an denen subtile Ströme dieser Energie in unser Chakren-System gelangen. Und sie vereinigen sich auf der Höhe des Herzens.

Wenn Sie auf das Mandala des siebten Chakras blicken, so werden Sie sehen, daß die Blütenblätter sowohl als »Sender« der Kundalini-Energie ins universelle Bewußtsein wie auch als »Empfänger« universeller Energie in unserem eigenen Körper fungieren. So sollte es auch sein. Zwei in Einem.

Manche Wissenschaftler haben die Erfahrung des siebten Chakras auf eine plötzliche Übererregung der Zirbel- oder Hirnanhangdrüse im Gehirn reduziert. Dies könnte sicherlich viele der seligen Zustände erklären, in die wir eintreten, wenn wir mit dem Universellen Bewußtsein verschmelzen. Die Biochemie ist ein Teil des unendlichen Tanzes, mit dem sich das Universum in unserem Körper und unserem Geist manifestiert.

Aber die Erfahrung selbst bestätigt, daß es im Leben mehr gibt als die deduktiven Ableitungen der Wissenschaft und daß die Erweckung der Kundalini-Kraft mehr beinhaltet als Biochemie. Denn die biochemische Dimension ist nur ein endlicher Weg, um das Unendliche zu betrachten.

Wenden Sie sich nun ohne weitere Worte dem Mandala für das siebte Chakra zu und erforschen Sie Ihr eigenes immer tiefer werdendes Bewußtsein vom Göttlichen.

12.

Liebe als Zentrum
der Kundalini-Kraft

Sie haben jetzt eine solide Grundlage in allen sieben Chakren Ihres Energiesystems. Wenn Sie sich Zeit nehmen, um die Meditationen, die ich beschrieben habe, regelmäßig zu üben, so können Sie tiefer und bewußter in den Genuß, die Kraft, das Mitgefühl, die Weisheit und Selbstverwirklichung der Kundalini eintreten.

Aber den meisten Menschen genügt es nicht, die grundlegenden Kundalini-Meditationen als spirituelle Disziplin zu kennen. Erwünscht ist vielmehr eine konkrete Auswahl von Meditationsabfolgen, unter denen man auswählen kann, je nach Gemütslage, Energieniveau und verfügbarer Zeit. Erst dann kann dieses Übungsprogramm zu einem lebenslangen spirituellen Weg werden.

In diesem Kapitel möchte ich ihnen zuerst eine kurze Meditation zur Chakren-Integration vorstellen, die »Meditation der sieben Atemzüge«. Wenn Sie diese Meditation beherrschen, haben Sie immer genügend Zeit dafür. Und oftmals können fünf solche kurzen Meditationen inmitten des täglichen Lebens ebenso bedeutsam sein wie eine einzige halb- oder ganzstündige Meditation, die einmal am Tag an einem ruhigen Ort durchgeführt wird. Auch in der modernen Gesellschaft braucht es die Disziplin und Regelmäßigkeit, mindestens eine halbe Stunde am Tag allein zu meditieren. Aber für kurze Kundalini-Meditationen haben wir jeden Tag auch viele kürzere Zeiträume zur Verfügung, und davon sollten wir auch regelmäßig Gebrauch machen.

Die Meditation der sieben Atemzüge

Wenn diese Meditation einmal zum festen Bestandteil Ihrer täglichen spirituellen Gewohnheiten geworden ist, so können Sie damit in sehr kurzer Zeit sehr tief in die Kundalini-Kraft eintreten. In dieser hektischen Welt ist ein solcher Zugang zur Meditation lebenswichtig, auch wenn traditionelle Meditationslehrer angesichts der Kürze der Sitzungen die Stirn runzeln würden. Aber wie ich bereits sagte: Ein bewußter Atemzug ist wertvoller als tausend Atemzüge ohne Bewußtsein.

Die Meditation der sieben Atemzüge ist einfach. Es ist eine Synthese des ganzen Übungsprogramms, das Sie in diesem Buch gelernt haben. Denken Sie daran, daß Sie die Meditation im Stehen, Sitzen oder Liegen praktizieren können, beim Autofahren, bei der Arbeit am Bürotisch, wenn Sie einen Graben ausheben, etwas essen, im Bett liegen, im Wartezimmer des Zahnarztes sitzen, an einer geschäftlichen Versammlung teilnehmen usw.

Nach dieser Meditation der sieben Atemzüge können Sie dann, solange Sie wollen oder Zeit haben, ruhig und unwillkürlich weiteratmen, um den gesteigerten Energiezustand Ihres spirituellen Systems noch für einige Zeit bewußt zu erleben.

Mit dieser intensivierten spirituellen Aufladung gehen Sie dann an die Dinge heran, die Sie als nächstes tun müssen. Und was Sie auch tun, Sie verbreiten reines weißes Licht und strahlende Liebe. Sie lehren durch Ihr eigenes Energiesystem und lassen auch andere Menschen an Ihrer umfassenden spirituellen Wirklichkeit teilhaben.

Die Meditation der sieben Atemzüge

Halten Sie eine oder zwei Minuten inne. Stimmen Sie sich einige Atemzüge lang auf Ihren Atem ein. Öffnen Sie Ihr Bewußtsein so weit, so daß Sie auch den Herzschlag und den ganzen Körper im Jetzt erspüren. Beobachten Sie, wie die Energie jetzt gerade in Ihrem Nervensystem strömt.

1. *Beim nächsten Atemzug (dem ersten Atemzug der eigentlichen Meditation) stimmen Sie das Mantra LAM oder LANG an – im stillen oder laut, je nach Ihrer gegenwärtigen Situation. Kontrahieren Sie Schließmuskel und Bauchmuskeln, damit Ihre Aufmerksamkeit sofort zum ersten Chakra wandert. Während Sie einatmen, lassen Sie dann die Kundalini-Energie in Ihrem Körper nach oben strömen, und wenn Sie über eine gute Visualisierungsfähigkeit verfügen, lassen Sie auch das Mandala des ersten Chakras vor Ihrem geistigen Auge erscheinen.*

2. *Wenn Sie dann zum zweitenmal ausatmen, richten Sie Ihre Aufmerksamkeit auf die Sexualorgane. Bringen Sie Ihre Chakren mit der Silbe VAM oder VANG zum Klingen, bis Sie die Lungen vollständig entleert haben. Halten Sie einen Augenblick den Atem an und öffnen Sie sich für das Aufsteigen der Kundalini-Energie. Erspüren Sie gleichzeitig, wie Energie von oben in Sie hineinfließt. Lassen Sie dann beim Einatmen den Energiestrom noch anwachsen, und visualisieren Sie das Mandala des Sexual-Chakras, während Sie langsam einatmen.*

3. *Halten sie nun bei gefüllten Lungen einen Augenblick lang den Atem an, so daß Sie wieder Ihr Energiesystem als Ganzes erfahren können, und lassen Sie dann das dritte Ausatmen beginnen. Richten Sie Ihre Aufmerksamkeit auf das Macht-Chakra und stimmen Sie im stillen oder laut das Mantra RAM oder RANG an. Kontrahieren Sie Schließmuskel und Bauchmuskeln, während Sie vollständig ausatmen. Halten sie einen Augenblick lang die Luft an und erspüren Sie die Schwingungen, die sich in Ihrem System weiterverbreiten. Atmen Sie ein und lassen Sie das Mandala des Macht-Chakras in Ihr Bewußtsein treten. Öffnen Sie sich für das Hereinfließen von Licht und Energie von oben und unten.*

4. *Halten Sie bei gefüllten Lungen einen Augenblick lang den Atem an, atmen Sie langsam aus und stimmen Sie dabei das Mantra JAM oder JANG für das Herz-Chakra an. Strecken Sie die Arme nach der Seite aus, um sich auch physisch auf das Herz-Chakra zu konzentrieren. Halten Sie die Luft an, spüren Sie, wie die Energie durch das ganze Chakren-System fließt, und visualisieren Sie das Mandala für das vierte Chakra, während Sie langsam einatmen.*

5. *Halten Sie den Atem bei gefüllten Lungen einen Augenblick an, lassen Sie Ihre Aufmerksamkeit zur Kehle aufsteigen, atmen Sie langsam aus und stimmen Sie dabei das Mantra HAM oder HANG für das fünfte Chakra an. Wenn Sie ausgeatmet haben, halten Sie einen Augenblick lang den Atem an; erspüren Sie Ihre Chakren von oben nach unten, visualisieren Sie das Mandala für das fünfte Chakra und atmen Sie dabei langsam ein. Lassen Sie die Energie höher und höher steigen.*

6. *Halten Sie nun wieder bei gefüllten Lungen den Atem an und richten Sie Ihre Aufmerksamkeit auf das Dritte Auge zwischen den Augenbrauen. Atmen Sie aus und lassen*

Sie dabei die Silbe OM durch Ihr ganzes spirituelles Sein klingen. Halten Sie den Atem wieder kurz an, wenn Sie ausgeatmet haben, bringen Sie die höheren Energien und das Licht tief nach unten in Ihre unteren Chakren. Beim Einatmen visualisieren Sie dann das Mandala des sechsten Chakras, während Sie die Kundalini-Energie durch Ihr ganzes Energiesystem aufwallen lassen.

7. *Halten Sie den Atem bei gefüllten Lungen längere Zeit an, richten Sie Ihre Aufmerksamkeit auf die Oberseite des Kopfes, auf das Kronen-Chakra, wo sich Ihr persönliches Sein mit dem unendlichen Bewußtsein vereinigt. Lassen Sie sich von dem Licht, das von oben in Sie hineinfließt, erfüllen, atmen Sie langsam aus, während Licht und Liebe auf wunderbare Weise von oben bis unten in Ihren Körper fluten. Werden Sie leer. Weiten Sie Ihr spirituelles Bewußtsein ...*

Die Meditationserfahrung der Gleichzeitigkeit

Wie ich zuvor bereits kurz erwähnt habe und wie Sie es selbst sicherlich im Laufe Ihrer täglichen Meditationen entdecken werden, besitzen wir die erstaunliche Fähigkeit, eine Meditation zu erlernen, die mehrere Schritte beinhaltet, und diese Schritte dann zu einem simultanen Geschehen zu verschmelzen. Wenn diese Fähigkeit des menschlichen Bewußtseins, das ganze Chakren-System auf einmal zu erfassen, aktiviert wird, kann sich die Magie dieses Übungsprogrammes erst so richtig entfalten. Das also ist unser Ziel. Alle einzelnen Bestandteile dieser Meditation führen uns in diese Richtung.

Zum Beispiel werden Sie bemerken, wenn Sie die

Meditation des Gesamtkörperbewußtseins aus Kapitel 2 öfters wiederholt haben, daß Ihr Geist schon aus reiner Gewohnheit Herzschlag, Gleichgewicht, ja den ganzen Körper auf einmal wahrnimmt, auch wenn Sie Ihre Aufmerksamkeit nur auf den Atem richten. Sie werden also in nur einem einzigen Atemzug vollkommen lebendig im Hier und Jetzt.

Ich weiß, daß mehrere von meinen früheren Lehrern dagegen protestieren würden, daß ich Ihnen empfehle, den traditionell langen Meditationsprozeß in ein kurzes dynamisches Geschehen zu verwandeln. Aber mir wird in meinen Meditationen immer klarer, daß wir Meditation nicht als ein Geschehen betrachten sollten, das wir nur einmal oder zweimal am Tag in zurückgezogener Stille absolvieren, sondern als einen schnellen und dennoch tiefen Akt inmitten all unserer tagtäglichen Beschäftigungen.

Leider läßt uns das moderne Leben nicht sehr viel freie Zeit, um uns der Erweckung der Kundalini-Kraft zu widmen. Wir müssen einfach Wege finden, wie wir inmitten unserer hektischen Tage einen schnellen Kundalini-Kontakt herstellen – oder wir bekommen überhaupt keinen Kontakt. Die Meditation der sieben Atemzüge ist meine Methode, um die alte Tradition mit dem modernen Leben zu verbinden.

Ich möchte Ihnen also empfehlen, das Kundalini-Bewußtsein idealerweise mindestens einmal pro Stunde einige Minuten lang mittels der Meditation der sieben Atemzüge zu erwecken. Das scheint eine große Herausforderung zu sein, aber das ist nicht der Fall. Sie werden ein so plötzliches Aufwallen von positiver, strahlender, transformierter Energie in Körper und Geist verspüren, wenn Sie die Meditation der sieben Atemzüge praktizieren, daß Sie sie ganz von selbst immer öfter und öfter durchführen werden. Was uns Vergnügen macht, zieht uns an, und die Kundalini-Meditation schenkt uns, wenn sie richtig durchgeführt wird, großes Vergnügen.

Wenn wir also auf diese Weise meditieren, werden wir in unserem täglichen Leben immer mehr auf die Glückseligkeit zusteuern, ganz einfach deswegen, weil es sich gut anfühlt. Die psychologische Dynamik, mit der sich Gewohnheiten bilden, gehört ganz von selbst zu diesem Übungsprogramm. Wenn wir nicht die Gewohnheit annehmen, regelmäßig die Kundalini-Kraft anzuzapfen, werden wir überhaupt nichts von ihr bemerken. Deshalb also müssen wir unsere Meditationen so durchführen, daß wir uns dabei wohl fühlen und sie immer von neuem wiederholen wollen!

Um den Bogen dieses Buches abzuschließen, möchte ich noch einmal wiederholen, was ich schon zu Beginn sagte: daß uns die bewußte Erfahrung des Atems zur Glückseligkeit führt. Wenn der Atem bewußt befreit wird, so daß er sich ohne Spannungen seinem natürlichen Wonnezustand nähern kann, dann geht auch das gesamte Energiesystem in diese Richtung. Es ist immer dieser anfängliche Akt, die Aufmerksamkeit auf die Atmung zu lenken, der zu einem mindestens zeitweiligen Kontakt mit den Wonnezuständen der Kundalini-Energie führt.

Ich möchte Ihnen jetzt ein wenig Zeit und Raum geben, damit Sie selbst beobachten können, ob und wie Ihr Bewußtsein ohne Anstrengung in höhere Ebenen eintreten kann.

Beginnen Sie mit einer sanften Gesamtkörperwahrnehmung, entweder Schritt für Schritt oder, wenn Sie es im Gedächtnis behalten haben, als schnellen, dynamischen Vorgang.

Konzentrieren Sie sich auf die Wahrnehmung der Luft, die durch die Nase hinein- und hinausströmt, die Atembewegungen von Brust und Bauch, den Herzschlag oder Puls, das Gefühl des Gleichgewichts, Ihren ganzen Körper im Hier und Jetzt, und öffnen Sie das Bewußtsein so weit, daß alle Chakren auf der Wirbelsäule auf einmal darin enthalten sind.

Das Ende ist der Ausgangspunkt

Wir erreichen nun das Ende der ersten linearen Erforschung der Übungen in diesem Buch. Ich hoffe, daß Sie bereits spüren können, daß ich dieses Buch als zyklische, spiralige Erfahrung angelegt habe, so daß Sie am Ende des ersten Lesedurchganges ganz von selbst wieder zum Anfang zurückblättern wollen, um die tieferen Dimensionen zu entdecken, die sich Ihnen öffnen werden, wenn Sie die ersten Meditationen in diesem Buch von neuem vollziehen.

Wenn Sie die Kundalini-Meditation zu einem integralen Teil Ihres Lebens machen wollen, so werden Sie als nächstes jeden der meditativen Prozesse länger und tiefer erleben wollen. Wenn ich Ihnen diese Methoden persönlich nahebringen würde, so würde ich Sie regelmäßig zu den Anfangsschritten zurückführen, die auch die letzten Schritte sind.

Ich möchte nun einen Überblick anfügen, wie Sie die fünf Meditationsarten, die Sie in diesem Buch gelernt haben, zu einer vollständigen Meditationssitzung zusammenstellen können. Sie können wählen, welche Sie sich für ihre tägliche Übung als eigene Einheit merken wollen. Sie sollten sich frei fühlen, diese elementaren

Arten des Bewußtseinsflusses je nach Ihren Bedürfnissen und Vorlieben zu modifizieren.

Überschlagen Sie die Zeit, die Ihnen täglich für Ihre Meditation zur Verfügung steht. Vielleicht haben Sie ein- oder zweimal am Tag zwanzig bis dreißig Minuten Zeit. Oder drei- bis viermal am Tag fünf bis zehn Minuten, um das Aufwallen der Kundalini-Energie zu genießen. Vielleicht sogar zehnmal am Tag einige Minuten, um die Kundalini aufzuladen und auszubalancieren. Nutzen Sie jeden freien Augenblick!

Meditation Eins: Die Meditation der Sieben Atemzüge (1–5 Minuten)

Diese Meditation habe ich schon zuvor in diesem Kapitel beschrieben. Für unsere moderne Zeit ist sie außerordentlich praktisch. Ich gebe zu, daß ich sie selbst erfunden habe. Mein Vater war ein Erfinder, und ich bin in dieser Hinsicht eben ein kleiner spiritueller Splitter von einem alten Block. Ich konnte keine traditionelle Meditationsmethode finden, die diese offensichtliche Lücke in unserem modernen Leben gefüllt hätte, also habe ich diese Übung entwickelt. Meine Schüler und ich haben damit mehr als zwölf Jahre experimentiert, und ich finde sie äußerst wirkungsvoll und förderlich. Sie können also eine neue Tradition weiterführen.

Ich empfehle Ihnen, diese Meditation mindestens fünfmal am Tag zu vollziehen, wenn möglich, jede halbe Stunde.

Lassen Sie sie zu einer äußerst wertvollen Gewohnheit werden. Sie werden zuerst ein gewisses Maß von Disziplin brauchen, aber Disziplin kann eine zutiefst befriedigende Erfahrung sein. Öffnen Sie Ihren Stundenplan für kurze Zwischenspiele, in denen die Kundalini-Energie die Chance erhält, durch Sie zu wirken – und festigen Sie diese Gewohnheit!

Meditation Zwei: Pranayama-Atemsitzung (5–30 Minuten)

Diese Meditation sollten Sie mindestens zwei- bis dreimal pro Woche praktizieren.

1. Die Übung der Energiepumpe ermöglicht Ihnen die Balancierung des Einatmens und Ausatmens.
2. Die Atemmeditation zur Hebung der Kundalini-Kraft lädt Ihr Kundalini-System auf.
3. Der Feueratem lädt Sie weiter auf.
4. Die abwechselnde Nasenatmung balanciert das Hereinfließen der Energien von oben und unten aus.
5. Die Atemmeditation des *Kumbhaka*, bei der Sie beim Einatmen, beim Anhalten der Luft und beim Ausatmen zählen, stimuliert oder beruhigt Ihr Energiesystem.
   Meditieren Sie in Stille zwischen diesen Atemmeditationen und erleben Sie Ihre Chakren!

Meditation Drei: Mantra-Singen (5–30 Minuten)

In diesem Übungsprogramm biete ich mehrere Mantren an. Jedes von ihnen kann fünf Minuten bis zu einer halben Stunde intoniert werden oder in Kombination mit anderen Mantren gesungen werden.

Manchmal macht es Spaß, die Meditation der sieben

Chakren durchzugehen, wenn man sich zuvor auf das Chanten konzentriert hat. Lassen Sie die anderen Chakren-Meditationen einmal beiseite und genießen Sie eine volle Mantrensitzung, am besten laut gesungen, um diese Dimension ihres Bewußtseins voll zu erwecken.

Es wird auch andere Zeiten geben, zu denen Sie es eher passend finden, eine ganze Sitzung lang nur OM zu singen, seien es nun zwei oder sechzig Minuten.

Ebenso wird es Zeiten geben, da Sie bemerken, daß eines Ihrer Chakren zu wenig Energie hat, und Sie werden ein paar Minuten oder länger das Mantra für eben dieses Chakra anstimmen, um mehr Energie in diesen Lebensbereich zu bringen.

Und vergessen Sie auf keinen Fall, daß Sie das Summen von Mantren zu einer täglichen Gewohnheit machen, um auf diese Weise elementare Schwingungsenergie in all ihre Tätigkeiten zu bringen.

Meditation Vier: Mandala-Sitzung (10–30 Minuten)

Manchmal werden Sie sich einfach nur auf Atmung, Wirbelsäule und den ganzen Körper auf einmal einstimmen wollen, um dann über die sieben Mandalas im Buch zu meditieren.

Die Konzentration auf die visuelle Erfahrung in der Meditation ist in sich schon konstruktiv, außerdem aber auch eine hervorragende Übung für ein müheloses Visualisieren der Mandalas in späteren Meditationen.

Sie können sich auch auf nur ein Chakra oder zwei zusammenhängende Chakren in einer Meditationssitzung konzentrieren und dabei die Mandalas und Mantras zur Erweckung männlicher oder weiblicher Energie verwenden, je nach Ihren aktuellen Wünschen und Bedürfnissen.

Meditation Fünf: Die große tägliche Sitzung (20–60 Minuten)

Jetzt kommen wir zur vollen Kundalini-Meditation, bei der wir uns für jedes Chakra viel Zeit nehmen und alle vier Instrumente der Kundalini-Erweckung einsetzen, bevor wir zum nächsten Chakra weitergehen. Am besten ist es, wenn Sie diese Meditation mindestens einmal am Tag durchführen, vorzugsweise früh am Morgen, aber wenn das nicht möglich ist, dann kann es auch zu jeder anderen Zeit geschehen.

Hier geht es also um das volle Meditationsprogramm. Es kann ohne weiteres auf eine ganze Stunde ausgedehnt werden, indem man bei jedem Chakra die vier Methoden intensiver anwendet und am Ende länger im Bewußtsein aller Chakren zusammen verharrt.

Wie bei den anderen Meditationsprogrammen, die ich gerade skizziert habe, werden Sie natürlich den Text zu Rate ziehen müssen, um sich an die einzelnen Abläufe zu erinnern, wenn Sie sie noch nicht gemeistert haben. Für die volle Chakren-Meditation liefert Teil II Kapitel für Kapitel die jeweiligen Meditationen. Ich hoffe, Sie werden sich Zeit nehmen, um den ganzen Prozeß der sieben Chakren zu meistern, denn dies ist der Kern des ganzen Kundalini-Programmes, das wir gelernt haben.

Die volle Kundalini-Sitzung mit allen sieben Chakren

Sitzen Sie ruhig, konzentrieren Sie sich darauf, frei zu atmen, und praktizieren Sie die Ganzkörperwahrnehmung, um Ihre Aufmerksamkeit voll und ganz in die Gegenwart zu bringen. Durchlaufen Sie dann ohne Anstrengung den Fluß der unten aufgelisteten Meditationen und halten Sie sich notfalls an den Text, um Ihr Gedächtnis aufzufrischen.

Chakra Eins
Element: Erde
Konzentration: Schließmuskelkontraktion
Atem: Energiepumpe
Mantra: LAM oder LANG
Mandala: Vierblättrig

Chakra Zwei
Element: Wasser
Konzentration: Genitales Erwachen
Atem: Hebung der Kundalini-Kraft
Mantra: VAM oder VANG
Mandala: Sechsblättrig

Chakra Drei
Element: Feuer
Konzentration: Kraft im Bauch
Atem: Feueratem
Mantra: RAM oder RANG
Mandala: Zehnblättrig

Chakra Vier

Element: Prana, Luft
Konzentration: Das Kreuz
Atem: Abwechselnde Nasenatmung
Mantra: JAM oder JANG
Mandala: Zwölfblättrig

Chakra Fünf

Element: Klang/Schwingung
Konzentration: Summen
Atem: Reinigung
Mantra: HAM oder HANG
Mandala: Sechzehnblättrig

Chakra Sechs

Element: Licht
Konzentration: Das Dritte Auge
Atem: *Kumbhaka*
Mantra: OM oder AUM
Mandala: *Ida-Pingala*

Chakra Sieben

Element: Geist
Konzentration: Öffnung der Krone
Atem: Glückseligkeit
Mantra: Stilles OM
Mandala: Kronenemanationen

Wenn Sie diesen Ablauf öfters praktiziert haben, so wird er sich ganz natürlich bei Ihnen einstellen, wenn Sie von der einen Meditation zur nächsten übergehen. Alle Teile sind in Wirklichkeit ein großes Ganzes, jedes geht ganz natürlich in das nächste über. Bei jedem Chakra konzentrieren Sie sich einfach auf die jeweilige

Körpergegend und praktizieren dabei Konzentration, Atmung, Mantra-Singen und Mandala-Betrachtung oder -Visualisierung.

Gehen Sie in der Geschwindigkeit von einem Chakra zum anderen, die sich ganz natürlich von alleine einstellt. Wenn Sie die Kundalini-Energie durch alle Chakren nach oben gebracht haben, atmen Sie eine Weile bewußt und empfinden Sie die Art der Energieströme in Ihrem Körper, die sich als Ergebnis der Meditation eingestellt hat.

Öffnen Sie sich auch für neue geistige Begegnungen, die nun zu Ihnen kommen. Sie sind jetzt im Empfangsmodus des spirituellen Bewußtseins, in dem Sie mit den tieferen Dimensionen des Universums kommunizieren und von Angesicht zu Angesicht Ihrer eigenen göttlichen Wirklichkeit gegenüberstehen. Genießen Sie es!

Und achten Sie darauf, daß Sie nach Beendigung der Meditationssitzung diesen mächtigen, glückseligen, weisen, liebenden, verwandlungsfähigen Geist, der sich eingestellt hat, mit allen Menschen, die Sie in ihrem täglichen Leben treffen, freigebig teilen. Das ist der wirkliche Kundalini-Weg, der die Welt verändern wird ... heute!

Schlußworte

Wir haben in diesem Buch viele wirkungsvolle Methoden behandelt. Ich hoffe, es kommt die Zeit, da Sie alles, was ich Ihnen beigebracht habe, verdaut haben, um dann mit Ihrer eigenen spirituellen Weisheit Variationen über die klassischen Themen spielen zu können, die ich Ihnen vorgelegt habe. So soll es auch sein, und Sie dürfen gern die allgemeinen Modelle der verschiedenen Meditationen den Empfehlungen Ihres inneren Meisters anpassen. Denn diese Modelle entwickeln sich auf eine Weise, die zu Ihren persönlichen und spirituellen Bedürfnissen im Jetzt paßt.

Wir haben immer die Wahl, unser Bewußtsein für spirituellen Fortschritt einzusetzen oder es achtlosen Gewohnheitsmustern auszuliefern. Verwenden Sie das elementare spirituelle Werkzeug der Aufmerksamkeit so, daß Sie die elementaren Methoden der Kundalini-Meditation auf wunderbar genußvolle Weise einsetzen!

Denken Sie daran, daß Sie die Freiheit haben, das Bewußtsein Ihrer sieben Chakren zu erwecken und sich selbst in das Licht und die Macht Ihrer Kundalini-Energie zu geleiten, und zwar in jeder Situation: Wenn Sie Ihre Kinder zur Schule bringen, in einem Wartezimmer sitzen, Freunden zuhören, ein Buch wie dieses lesen, den Sonnenuntergang beobachten, fernsehen, eine belebte Straße entlanggehen, an Ihrem Computer oder Arbeitstisch sitzen, ein Glas Wein in einem Restaurant trinken, sich mit Ihrem Sexualpartner liebend vereinigen, den Hund ausführen, in einem Flugzeug vom

Boden abheben, durch den Park joggen, auf dem Topf sitzen, in der Kirche knien, dem Wind, der in den Bäumen seufzt, zuhören, die Schuhe zubinden, duschen, einschlafen, in Ungnade fallen, den Verlust eines geliebten Menschen betrauern, meditieren, Ihren nächsten Atemzug tun ...

Sie müssen wissen, daß Sie sich beim Beginn jeder Meditation für einen unmittelbaren Kontakt mit Ihrem inneren Meister und den spirituellen Meistern aller Zeiten öffnen, aber auch für alle anderen Meditierenden auf der Erde. Die Öffnung Ihres Bewußtseins, um in die große spirituelle Gemeinschaft des gegenwärtigen Augenblicks einzutreten, ist das höchste Ziel der Kundalini-Meditation.

Mögen wir uns bei all unseren Meditationen regelmäßig im Bewußtsein des siebten Chakras treffen und unsere Seelen und Energien vereinen, damit wir unsere Gemeinsamkeit auf dieser Erde spüren und vom unterbewußten Wissen der Einheit zu einer bewußten, freudvollen Gemeinsamkeit von harmonisch resonierenden Schwingungen, Kundalini-Klängen und spiritueller Einheit voranschreiten! Segen, Fülle und Erleuchtung – und viel Freude auf dem Weg!

Bilden Sie eine eigene
Kundalini-Gruppe

Meditation wird oft als sehr persönliche, einsame Erfahrung betrachtet, und auf vielerlei Weise ist dies auch wahr. Aber ich habe in der Arbeit mit meinen Schülern und Klienten im Laufe der Jahre erkannt, daß es äußerst hilfreich ist, sich in einer Gruppe von Gleichgesinnten vielleicht einmal die Woche oder auch nur einmal im Monat zu treffen, um in einem kleinen Kreis von Freunden die Erfahrungen mit den Kundalini-Methoden auszutauschen.

Es ist auch sehr wirkungsvoll, zum Meditieren zusammenzukommen, die Atemmeditationen zu vollziehen, zusammen die Mantren anzustimmen, in eine gemeinsame Erfahrung der einzelnen Chakren und dann aller Chakren zusammen einzutreten, verbunden durch ein stilles OM, das uns in die universellen Reiche eines kollektiven spirituellen Bewußtseins bringt.

Ich empfehle Ihnen, sich ans Werk zu machen, Zettel in Ihrer Umgebung aufzuhängen, vielleicht auch Annoncen in die Zeitung zu setzen und einen Gruppenraum ausfindig zu machen, um Leute, die ebenfalls daran interessiert sind, zu Kundalini-Meditationen einzuladen. Wenn Sie wollen, können Sie dieses Buch anfangs als Brennpunkt für die Gruppe verwenden, bis sie sich dann in genau die Richtung entwickelt, die den jeweiligen Gruppen-Bedürfnissen entspricht.

Kundalini-Seminare

Gelegentlich finden spezielle Kundalini-Seminare statt, die Sie vielleicht besuchen wollen. Wenn Sie an einer intensiven Meditationserfahrung interessiert sind, schreiben Sie an:

Retreats with John Selby
P.O.Box 861
Kilauea, HI 96754, USA

Wir haben auch eine Musikkassette hergestellt – »Zen Tunes« –, die bei der obigen Adresse erhältlich ist. Wir freuen uns auch über Briefe, in denen Sie Ihre Meditationserfahrungen beschreiben.

Transformative Kunst

Alle Fragen über transformative Kunst und die visuellen Werkzeuge der Kundalini-Kraft können an die folgende Kontaktadresse gerichtet werden:

Zachary Zelig Studios
1821 Wilshire Blvd., Suite 400
Santa Monica, CA 90403, USA
001/213/828-13 31